Estudios doctorales en educación musical y artística de España y Portugal
Visión y recorrido

Estudos doutorais em educação musical e artística de Espanha e Portugal
Visão e percurso

Estudios doctorales en educación musical y artística de España y Portugal
Visión y recorrido

Estudos doutorais em educação musical e artística de Espanha e Portugal
Visão e percurso

Edited by
David Forrest, Maravillas Díaz-Gómez & Alberto Cabedo-Mas

AUSTRALIAN SCHOLARLY

© David Forrest, Maravillas Díaz-Gómez and
Alberto Cabedo-Mas 2017

First published 2017 by
Australian Scholarly Publishing Pty Ltd
7 Lt Lothian St Nth, North Melbourne, Vic 3051
Tel: 03 9329 6963 / Fax: 03 9329 5452
enquiry@scholarly.info / www.scholarly.info

ISBN 978-1-925588-71-2

ALL RIGHTS RESERVED

Cover: A Golden Circle and Graphite Orb 1st Itertion, Dr Rhett D'Costa, 2016.
Each Orb 80 cm diameter with 20 cm spacing between. Acrylic polymer.

Cover design: Wayne Saunders

Índice

Investigación doctoral: Prólogo
David Forrest vii

Introducción
Maravillas Díaz-Gómez y Alberto Cabedo-Mas ix

MÚSICA Y PSICODIDÁCTICA

Se hace camino al andar
María José Aramberri 3

El recorrido doctoral. Ilusión y perseverancia
Cristina Arriaga Sanz 15

El piano, mi tesis y yo
Alfredo Bautista 26

Em cadência suspensiva:
Memórias e reflexões de uma viagem inesquecível
Ana Luisa Veloso 40

ARTE Y TECNOLOGÍAS DIGITALES

La investigación como proceso creativo
Lourdes Cilleruelo 59

Tecnología y educación musical.
Un viaje de transformación profesional y de vida
Felipe Gértrudix Barrio 71

BIVEM: Una tesis líquida. Relato autobiográfico
Andrea Giráldez Hayes 82

ARTE CONTEMPORÁNEO A ESTUDIO

Hacia una disciplina personal
Estela García Ballesteros 97

La pintura de Matisse. Un estudio inacabado
Magdalena Jaume 107

INVESTIGAR EN EL AULA

En busca de mejoras en el aula de música a través de la investigación-acción y el *Flipped Learning*
Antonio J. Calvillo Castro 125

Do percurso doutoral ao autoconhecimento
Clarisa Gomes Foletto 141

Out of the box: Músicas más allá de las aulas
Adolf Murillo Ribes 154

EDUCACIÓN MUSICAL Y CONTEXTO SOCIOCULTURAL

Carrera de fondo: Inicio y proceso de un viaje de superación
Noemy Berbel-Gómez 169

Un viaje en forma sonata: Autopercepciones sobre mi doctorado
Alberto Cabedo-Mas 183

Reflexiones para contrarrestar la conocida soledad del investigador
Remigi Morant-Navasquillo 193

POLÍTICAS EDUCATIVAS

Cerrar un círculo: Una razón más para embarcarse en la elaboración de una tesis doctoral
Baikune de Alba Eguiluz 211

Doze anos depois: Reflexões sobre uma tese de doutoramento em avaliação no ensino das artes visuais
Teresa Torres de Eça 221

Crianças frente ao ecrã
João Paulo Queiroz 232

Transitar por el camino de la investigación: Un relato autobiográfico
María Elena Riaño Galán 251

Una carta a modo de cierre
Maravillas Díaz-Gómez 264

Notas sobre los autores 269

Investigación doctoral: Prólogo

David Forrest

Esta colección comenzó con una serie de conversaciones basadas en trabajos previos sobre investigaciones doctorales realizadas en educación musical, educación artística, teatro y educación de la danza, y el arte. Maravillas Díaz y Alberto Cabedo veían la necesidad y el beneficio potencial de esta colección desde la perspectiva de los educadores de música españoles y portugueses.

Los escritores han capturado su manera de pensar acerca de sus experiencias de doctorado cubriendo un lapso de tiempo. Algunas de estas experiencias están vivamente grabadas en la memoria, mientras que otras han sido templadas y atenuadas. Sin lugar a dudas nuestro pensamiento cambia y evoluciona.

Estos comentarios individuales ofrecen observaciones y consideraciones sobre cómo su doctorado surgió, se desarrolló, se transformó y se resolvió. Las contribuciones individuales se dividen en dos secciones. La primera incluye detalles de la investigación (título, resumen y universidad) para proporcionar un contexto para la discusión. En la segunda sección, a los escritores se les dió la opción de reflexionar sobre su experiencia de doctorado o de responder a una serie de preguntas orientadoras. Entre ellas, la motivación para estudiar y la elección de la institución, el proceso de elaboración de la propuesta de investigación y cómo se desarrolló a lo largo del proceso, y la determinación del enfoque metodológico. A esto se sumaron las consideraciones sobre orquestar el trabajo/ empleo, la vida (y la familia) y el apoyo durante todo el proceso. Se pidió a los participantes que identificaran los problemas a los que se enfrentaron durante la candidatura y, en retrospectiva, qué harían de manera diferente. También se les pidió que consideraran qué consejo darían a los futuros candidatos de doctorado.

Las áreas de investigación dentro de la disciplina se expanden y la complejidad de la investigación se refinan. Cada año aumenta el número de personas que completan doctorados. El objetivo original de la serie ha sido presentar una gama de trayectos personales reflexivos de músicos y educadores que han completado su investigación doctoral y que podría ser de ayuda a futuros candidatos de doctorado.

En las colecciones anteriores se hizo referencia al comienzo de la Odisea de Homero. Es apropiado volver de nuevo. Los participantes han escrito con el conocimiento de que a través de estos comentarios los trayectos de otros podrían ser más fáciles, pero esperemos que sean igualmente aventureros y al hacerlo nos "cuenten de nuestro tiempo, también".

Introducción

Maravillas Díaz y Alberto Cabedo

> *La angustia del aislamiento trajo consigo la necesidad imperativa de la comunicación. (...) El arte, como el lenguaje, es un medio de comunicación; ambos tienen un origen común y han servido a los mismos propósitos.*
>
> Carlos Chávez

Iniciamos estas páginas con las palabras que el polifacético compositor y director de orquesta Carlos Chávez pronunciaba en una de las conferencias celebradas en la universidad de Harvard[*]. En su intervención, Chávez apuesta por la importancia del arte como comunicación desde la premisa de que como entes sociales "estamos siempre ante un problema de entendimiento, y buscando los medios para poder lograrlo". Pues bien, el libro que os presentamos parte de ese principio: buscar medios que nos ayuden a entender, a partir de los testimonios de quienes transitaron por los estudios de doctorado, los retos a los que se somete y se enfrenta el doctorando que desea investigar en educación artística. Asimismo, dichos testimonios nos invitan a razonar sobre la importancia que para la comunidad educativa supone dar a conocer los avances emanados de dichas investigaciones si, como se espera, deseamos avanzar en el campo educativo en general y artístico en particular.

Algunos autores, evidencian que en el transcurso del proceso de su investigación y debido en ocasiones al auto aislamiento al que se sometieron han sentido angustia. Asimismo, exponen que a lo largo del camino se vieron

---

[*] El texto íntegro y traducido al español de las conferencias que Carlos Chávez impartió en la Universidad de Harvard (1958–1959) está recogido en el libro *El pensamiento musical* publicado en 1964 por el Fondo de Cultura Económica (México).

envueltos en una gran implicación profesional y personal que no siempre es satisfactoria.

Quizás, y en parte debido a ello, conceden gran importancia al poder que ejerce la comunicación que se establece con otros investigadores, interesados o no en nuestro tema de estudio, pero siempre con perspectiva investigadora. De igual modo, parece haber un acuerdo unánime sobre la compensación que supone ver el trabajo concluido y la dicha que se obtiene al dar a conocer la investigación, la tesis doctoral, a la comunidad científica a través de su defensa pública. Por otra parte, se otorga suma importancia a las publicaciones derivadas de la investigación en revistas especializadas, escenario ineludible para conectar con otros investigadores con los mismos intereses e inquietudes.

A lo largo de estas páginas, diecinueve investigadores nos acercan de forma magistral a lo que les aconteció, a partir de la decisión de investigar en su ámbito de estudio y en sus diferentes manifestaciones artísticas: música, tecnología, pintura, publicidad... Es un discurso hablado que sale del interior al exterior con el afán de invitar a todos aquellos alumnos de doctorado, interesados en el arte y en la educación, a adentrarse en el amplio y no menos apasionante campo de la investigación.

Asimismo, son voces que proceden de diferentes universidades de España y Portugal lo que hace que sea más meritorio el contenido de la obra. A todos ellos, nuestro agradecimiento más sincero por la extraordinaria cooperación mostrada en todo momento. Compartimos con el director de Arte de la BBC y exdirector de la Tate Gallery Will Gompertz (2015, p.160) el que "hace falta valor psicológico para tomar la palabra y expresar los sentimientos en público", y así lo han hecho los autores que participan en el libro. No era tarea fácil lo que se les pedía, revelar de forma tan directa como la que han narrado ilusiones, tropiezos, logros y sensaciones, ha supuesto para nosotros, como coordinadores de la obra, una gran satisfacción por el resultado obtenido, convencidos del gran aporte que sin duda va a suponer a quienes se inician en este importante cometido que es investigar.

Los capítulos siguientes están ordenados en seis apartados en relación a las temáticas de las tesis doctorales que el libro recoge.

- El primero de ellos, lleva por título *Música y Psicodidáctica* y muestra el testimonio de cuatro investigadores, dos de ellos en el ámbito de la enseñanza profesional de música y otros dos, en el medio de la enseñanza general en la etapa educativa de primaria. El término psicodidáctica hace referencia a un campo común de problemas en el que se converge tanto desde la psicología como desde las didácticas o, para ser más exactos, desde la rama de la psicología especialmente interesada por los procesos de aprendizaje/enseñanza y desde la preocupación didáctica por la organización y enseñanza/aprendizaje de los diversos contenidos académicos en todas las etapas educativas, tanto en la enseñanza general como especializada (Mintegi, Esnaola, Díaz, y Goñi, 2011).

- La utilización de herramientas tecnológicas en busca de la mejora continua en educación artística, es tema de preocupación e interés para docentes e investigadores, como queda patente en las tres investigaciones o capítulos que el segundo apartado *Artes y tecnologías digitales* recoge, dos de ellos en el ámbito de la música y uno de las bellas artes.
- Las vanguardias del siglo XX cuentan con dos capítulos de dos investigadores de áreas artísticas diferenciadas como son pintura y música, enmarcadas bajo el título *Arte contemporáneo a estudio*.
- Transformar nuestra propia práctica docente, a partir de un proceso de investigación en el aula y fuera de ella, es el objetivo de las tres tesis que aborda el cuarto apartado con tres capítulos bajo el título *Investigar en el aula*.
- El quinto apartado, también con tres capítulos, lleva por título *Educación musical y contexto sociocultural*. En él se recogen tres tesis doctorales en las que queda probada la importancia de la educación musical como generadora de proyectos que permitan una socialización beneficiosa en el alumnado y en la comunidad.
- Finalmente, el sexto apartado hace referencia a *Políticas educativas* con cuatro nuevos capítulos que reúnen cuatro investigaciones de diferentes ámbitos educativos, y que aportan evidencia empírica para la mejora de las políticas y prácticas pedagógicas, tanto en la enseñanza formal como no formal.

Todos los capítulos persiguen un triple propósito: que la lectura de sus páginas invite a proyectar nuevas miradas y reflexiones para avanzar en el conocimiento, que podamos apostar por un diálogo entre diferentes disciplinas artísticas, y, por último y objetivo principal de este libro, que pueda servir de testimonio para futuras investigaciones y necesarias tesis doctorales.

No queremos terminar sin agradecer al Dr. David Forrest su extraordinaria implicación en la edición de este libro así como el excelente apoyo con el que hemos podido contar en todo momento.

Referencias

Gompertz, W. (2015). *Piensa como un artista*. Barcelona: Taurus.

Mintegi, L., Esnaola, I. Díaz, M. y Goñi, A. (2011). Los quince años (1996/2010) de la Revista de Psicodidáctica. *Revista de Psicodidáctica/ Journal of Psychodidactics, 16* (1), 3–17.

MÚSICA Y PSICODIDÁCTICA

Se hace camino al andar

María José Aramberri

Centro Superior de Música del País Vasco – Musikene

maramberri@musikene.net

Comportamiento estratégico en el estudio de una obra musical. Estrategias metacognitivas implicadas.
Universidad Nacional de Educación a Distancia, Madrid, España, 2004

Resumen de la Tesis

Comportamiento estratégico en el estudio de una obra musical. Estrategias metacognitivas implicadas, es una aportación al extenso campo que abarca la de la Música, y se enmarca en aquellas investigaciones sobre conductas relacionadas con el aprendizaje musical, desde planteamientos cognitivos y con una marcada orientación pedagógica. Con ella quisimos contribuir al conocimiento del comportamiento estratégico y metacognitivo del alumnado de las enseñanzas musicales especializadas regladas al estudiar una obra musical para su posterior interpretación y ofrecer un instrumento diseñado para la evaluación de dicho comportamiento (*ECEMEM*). Si partimos de que la interpretación de una obra musical implica no solo la adquisición de un alto grado de pericia en el dominio del instrumento sino además supone que el intérprete reconstruya personalmente la obra, estamos valorando no solo implícita sino explícitamente la necesidad de activar las habilidades metacognitivas de los sujetos que reciben una formación para llegar a ser músicos profesionales. Entendemos que interpretar una pieza musical es el resultado de una decisión estratégica y esto implica tomar decisiones conscientes y voluntarias sobre las acciones a realizar en unas determinadas condiciones contextuales. A pesar de que se debería realizar un entrenamiento explícito de estrategias cognitivas y metacognitivas con el fin de enseñar a los alumnos a que autorregulen eficazmente los procesos involucrados en su aprendizaje musical, en la práctica común no existe un espacio para este tipo de instrucción. No obstante, observamos que estas estrategias pueden estar presentes sin la existencia de procesos de instrucción específicos, y algunas de ellas son desarrolladas por el alumnado de una forma espontánea o bien como resultado de una instrucción metacognitiva implícita por parte del profesorado. Esta investigación fue dirigida al alumnado de los tres grados en los que se dividen estas enseñanzas de los entonces conservatorios superiores del País Vasco (Bilbao, Vitoria y San Sebastián) y a los alumnos del primer curso de grado superior del único centro en la actualidad de esta comunidad en su primer año de andadura (Musikene, curso 2001–2002). Partícipes de esta necesidad de mejora y conscientes de la existencia de grandes diferencias respecto al ejercicio de los procedimientos quisimos hacer una contribución con nuestro trabajo, cuya finalidad se concretó en los siguientes objetivos direccionales:

- Contribuir al conocimiento del comportamiento estratégico y metcognitivo de los alumnos de música de las enseñanzas especializadas regladas al estudiar una obra para su posterior interpretación.
- Poner a prueba un instrumento de evaluación del comportamiento estratégico y metacognitivo en el estudio de una obra musical (*ECEMEM*).
- Identificar posibles relaciones entre el comportamiento estratégico de los alumnos de música de grado elemental y medio de las enseñanzas regladas del País Vasco al estudiar una obra musical para su posterior interpretación, con las variables sexo, edad, especialidad instrumental y rendimiento académico.
- Identificar posibles relaciones entre los resultados obtenidos por los alumnos de grado superior en nuestro cuestionario, además de con las variables antes señaladas, con los estilos de aprendizaje y la motivación.

***

Primeros pasos en solitario ...

Mi objetivo inicial no fue realizar una tesis doctoral. Yo solo quería seguir aprendiendo. Pero observando los pasos que fui dando en el pasado, con la perspectiva que da el tiempo, la mayor parte de ellos apuntaban en esa dirección. La música, la pedagogía y la psicología se estaban entrelazando y convirtiéndose en un eje de inquietud intelectual muy potente

Empecé con cinco años a estudiar música y diez años después, las clases recibidas en el conservatorio (solfeo, piano ...) me llevaban a imaginar otras maneras de enseñar y de aprender. Con este incipiente interés me matriculé en la facultad de Pedagogía y dos años después también en la de Psicología. Allí obtuve muchas respuestas a los numerosos problemas que encontraba en los procesos de enseñanza-aprendizaje de la música.

Me familiaricé con diversas metodologías activas (Willems, Kodály ...) y en ellas sí pude observar que los contenidos musicales estaban presentados desde una reflexión psicopedagógica, que en muchos casos no encontraba en las aulas de los conservatorios.

La falta de auto-observación del propio aprendizaje (muy poco propiciada por el profesorado), así como el escaso uso de estrategias aplicadas al estudio por parte del alumnado en el marco de las enseñanzas especializadas de la música, eran cada día objeto de constante reflexión.

En 1992 comencé con lo que finalmente sería mi principal actividad profesional, la enseñanza de Pedagogía musical en los conservatorios superiores de música. En aquel momento, lo que hoy es una completa especialidad, era tan solo una asignatura.

La preparación de las clases, la atención al alumnado, la preocupación porque aprendieran lo que consideraba era tan importante para su futuro como profesores y que debían experimentarlo previamente como alumnos, requerían una gran parte de mi tiempo.

Fue un periodo de ocho años (1987–1995) en el que me mantuve en solitario centrada en la formación en los conservatorios de música y alejada de la universidad. No obstante, seguía participando en cursos de especialización didáctico-musical, leyendo y reflexionando sobre artículos y libros relacionados con la psicodidáctica, yoga-meditación, etc., con el leitmotiv de seguir aprendiendo para enseñar mejor. Todo ello, como ya he señalado anteriormente, sin una actitud plenamente consciente, se iba entrelazando y me situó (o me situé) en el ámbito de la metacognición, concretamente en el meta-aprendizaje.

Entre los materiales sobre los que reflexionaba entonces estaba el libro del que fue mi profesor de psicología de la educación en la universidad de Deusto (Bilbao), Javier Burón, titulado *Enseñar a aprender. Introducción a la metacognición* (1993), que podríamos considerar como el primer escrito y editado en España sobre esta temática. Su lectura y las que siguieron en relación a este tema en aquel momento incipiente (al menos en España), dieron luz a muchas de mis dudas, y desde entonces supe que quería, que necesitaba profundizar seriamente sobre ello. Creía que podría encontrar en la metacognición un marco que me diera respuestas y que de algún modo me permitiera corroborar lo que aún eran intuiciones.

En este tiempo las facilidades que tenemos desde hace unos años para acceder a la información a través de internet no eran posibles. Así que tras un "rastreo artesanal" por los cursos propuestos por las diferentes universidades españolas encontré un curso sobre metacognición. La suerte estaba de mi parte ya que lo impartía la UNED (Universidad Nacional de Educación a Distancia) y esto me permitía poder realizarlo ya que no podía desplazarme a otra ciudad al entonces tener una familia con dos niños pequeños, además de mi trabajo en el conservatorio.

El curso formaba parte del programa de doctorado *Intervención educativa desde el enfoque cognitivo* del Departamento de Métodos de Investigación y Diagnóstico en Educación de la Facultad de Filosofía y Ciencias de la Educación de la UNED en Madrid. Tuve que esperar un año para matricularme y el día que fui admitida aún lo recuerdo con gran emoción. Estaba claro que mi motivación por esta temática estaba situada en sus valores más altos.

Me matriculé en 1995 y gracias a ello no solo me adentré en el campo de la metacognición sino que pude revisar y actualizar parte del conocimiento ya adquirido en otras universidades, así como iniciarme en el ámbito de la investigación aplicada a la educación musical.

Durante dos años estuve realizando diversos cursos sobre aprendizaje significativo, metacognición, estrategias, métodos de investigación, etc., y no tuve ninguna duda a la hora de elegir el contenido de mi trabajo para obtener la Suficiencia Investigadora: *La metacognición aplicada al aprendizaje de la música en las enseñanzas especializadas*.

Un cambio crucial ...

En 1996 comencé a realizar este trabajo de investigación compaginándolo con mi trabajo como profesora de pedagogía musical en el conservatorio de Vitoria, con la realización de diversos cursos de formación, mi familia ..., y fue en ese periodo cuando conocí a Ana Lucía Frega, una popular pedagoga musical. Me invitaron a escucharle a uno de sus cursos en el País Vasco y me impresionó no solo que en sus explicaciones combinara con espontaneidad y acierto contenidos psicológicos, didácticos y musicales, sino que afianzó mi decisión de continuar con la investigación y darle incluso una mayor proyección que para la que inicialmente estaba destinada. Me mostró su tesis doctoral *Metodología comparada de la Educación Musical* (1996), y me guio en algunos aspectos relativos a la metodología y contenido de mi investigación.

Pero lo que realmente me marcó un antes y un después fue cuando me propuso trabajar con Maravillas Díaz, entonces presidenta de ISME–España. Aún no nos conocíamos aunque ambas vivíamos en la misma ciudad, Bilbao, y trabajábamos en educación musical, para la universidad del País Vasco en su caso, y para los conservatorios en el mío. Así comenzamos una relación profesional y personal que fue creciendo y que, por supuesto, aún se mantiene pasados más de veinte años desde nuestro primer encuentro.

Muchos fueron los cambios que se operaron en este tiempo. En 1997 pasé a formar parte de la Junta Directiva de ISME–España junto a Maravillas Díaz, y al resto de miembros, Pilar Figueras, Ángels Arnaus y Andrea Giráldez, iniciando así una nueva etapa que tuvo una repercusión muy positiva en el desarrollo de mi futura tesis.

Había concluido una etapa caracterizada por cierto aislamiento para pasar a otra que me permitió conocer profesionales muy completos que combinaban equilibradamente sus conocimientos musicales, psicopedagógicos y metodológicos. Casi todos ellos, investigadores activos, me sirvieron de modelo y de estímulo.

El interés por la investigación aplicada a los procesos de enseñanza-aprendizaje de la música cada vez estaba más focalizado pero así mismo cada vez se extendía más a las diferentes variables en las que iba profundizando (estilos de aprendizaje, motivación intrínseca ...). La idea inicial de mi trabajo se mantenía pero cada vez se enriquecía más gracias a los contactos con estos profesionales (Silvia Malbrán, Johanella Tafuri, Liane Hentschke ...) a través de los cursos, jornadas y seminarios que desde ISME–España se fueron celebrando en nuestro país.

Tardé cuatro años en presentar mi trabajo para la Suficiencia Investigadora (2000), no solo por el escaso tiempo que disponía, sino también porque iba aprendiendo nuevas cuestiones que ampliaban mi perspectiva y que quería incluir en el trabajo. Todo me parecía poco. Sin duda, el buen consejo de mi tutora Elvira Repetto me ayudó a decidir cerrarlo y defenderlo, para un año después presentar mi proyecto de tesis doctoral en el mismo departamento (MIDE-II) de la UNED en Madrid. Esta decisión surgió como una consecuencia natural a la constante dedicación al tema de investigación elegido y al interés que seguía y sigue suscitándome, aunque inicialmente, cuando me matriculé en el primer curso relacionado con la metacognición, esto no fuera una opción que tuviera en cuenta

El proyecto presentado era una continuación del trabajo piloto inicial (2000) que se vio ampliado, pero no variado. Se desarrolló el marco teórico y se perfeccionaron los procedimientos metodológicos utilizados.

Se reorganizó y desarrolló con los resultados de nuevas investigaciones el marco teórico del trabajo previo presentado para la Suficiencia Investigadora. Con el objetivo de ubicar nuestra aportación y el deseo de facilitar un acercamiento comprensivo a este ámbito de aplicación de la metacognición se introdujo esta área concreta de estudio de un modo progresivo (aprendizaje significativo, metacognición, metacognición y aprendizaje, metacognición y aprendizaje musical).

Respecto a la metodología de la investigación, teniendo en cuenta que nuestro principal objetivo era conocer el comportamiento estratégico y metacognitivo en el estudio de una obra musical para su posterior interpretación, se optó por un método descriptivo de carácter cuantitativo y para ello se elaboró un cuestionario compuesto por 50 ítems (*ECEMEM*). El procedimiento elegido además de ser el idóneo para nuestro estudio, era el que había trabajado con mayor profundidad tanto en las asignaturas de ambas licenciaturas como en las del programa de doctorado. Así, en la investigación inicial, se puso a prueba el cuestionario con una muestra inferior y la validez de nuestro instrumento en aquel momento fue la que nos otorgó el criterio de los cien expertos en cuyas opiniones se fundamentó su elaboración. Además, en esta primera fase ya se pudo observar una estabilidad de los resultados obtenidos por los alumnos que contestaron al cuestionario en las distintas clases que conformaban cada uno de los cursos de las enseñanzas musicales estudiadas. En el desarrollo de la tesis, de acuerdo a las orientaciones de mi tutora, para comprobar la fiabilidad estadística del cuestionario en relación a su consistencia interna se utilizó además el coeficiente Alpha de Cronbach y se realizó un análisis detallado de cada ítem (con el programa SPSS), para comprobar que ninguno pudiera afectar negativamente a este coeficiente. Así mismo, el índice de fiabilidad como estabilidad fue obtenido mediante el procedimiento de la repetición, estimado a partir de la correlación de las puntuaciones de los sujetos que contestaron en dos ocasiones separadas temporalmente por dos meses. Por último, en esta fase para comprobar la validez interna o de constructo del cuestionario, se utilizó la técnica del análisis factorial que reflejaría una estructura trifactorial que coincidía con nuestra categorización inicial.

Estas sucesivas "ampliaciones" (de muestra de estudio, de procedimientos …) me obligaron a tener que cubrir espacios de conocimiento que en ese momento no disponía (necesitaba adquirirlos o en otros casos actualizarlos o desarrollarlos). Iban apareciendo de forma gradual a medida que se iba desarrollando la investigación e iba dando respuesta a ellos contratando a profesores particulares para que me ayudaran en esos aspectos (por ejemplo, uso de programas estadísticos, programas informáticos …) o recurriendo al puntual consejo de amigos especialistas en diversas áreas de estudio. De este modo, al ser un proceso gradual y dar respuesta a los problemas o dificultades a medida que estos se iban presentado, no tuve ninguna sensación de indefensión, sino todo lo contrario. Eran nuevos aprendizajes y esto me estimulaba.

Reflexiones en torno a la "ya" realizada Tesis Doctoral

Quizá uno de los aspectos que más favoreció que pudiera realizar la tesis en un momento personal de gran actividad personal y profesional fue que realmente estaba realizando un aprendizaje estratégico del contenido de mi trabajo de tesis. Por un lado, todo lo que iba aprendiendo podía progresivamente irlo aplicando en mis clases de Pedagogía Musical y posteriormente a otras asignaturas de la especialidad (Metodología de la Investigación en Educación Musical, Psicología de la Educación y del desarrollo en edad escolar…).

Impartía clases sobre contenidos relativos al perfil y formación de un pedagogo musical, a aprender y enseñar en música, etc. Para ello era necesario que previamente hiciera "míos" esos aprendizajes y esto me obligaba a profundizar significativamente ellos. La posibilidad de poder transferirlos a diferentes contextos, incluido el de mis clases, me permitía detectar ambigüedades o consistencias derivadas de los mismos. Así, por ejemplo, las preguntas y respuestas de los alumnos en relación a algunos de los contenidos de la tesis me generaban nuevas ideas en relación a ellos que posteriormente aplicaba.

El aprender de un modo significativo los aspectos tratados en mi investigación incluyendo la trasferencia de estos a diferentes contextos fueron factores que favorecieron mi profundo interés por seguir aprendiendo sobre la temática de mi estudio, pero no fueron los únicos.

El tema de investigación me permitió que parte de esas estrategias cognitivas y metacognitivas que estaba analizando para su aplicación en un contexto musical, poco a poco las estaba incorporando a mi propio repertorio, a aquellas que ya previamente utilizaba en mi estudio y en mi trabajo. Esto optimizó notablemente el tiempo de dedicación a la investigación, lo convirtió en realmente estratégico y eficaz. Estos conocimientos y procedimientos los aplicaba al tiempo dedicado al trabajo de la tesis así como a las restantes actividades a realizar (clases, orientación de alumnos, organización y evaluación de cursos, planificación de proyectos..., e incluso al ámbito más personal y doméstico). Los contenidos de mi tesis estaban (están) muy presentes en mi vida, podríamos decir que eran transversales a las variadas actividades de mi día a día. Su constante puesta en práctica a lo largo de los años finalmente los convirtió en hábitos en los que hoy me puedo apoyar con comodidad. Mis actividades y el tema de la investigación estaban ya plenamente entrelazados y con el paso del tiempo esta relación se ha consolidado.

Intentando conectar nuestras experiencias (La de mis alumnos y la mía) con las del doctorando

Quizá esto sea uno los logros que más satisfacción me ha aportado la realización de la tesis. Pero pensando en estos magníficos beneficios no puedo obviar que también tuve que salvar algunas dificultades (soledad, falta de tiempo personal, cansancio físico y mental, dudas sobre la necesidad de realizar una tesis, falta de conocimientos actualizados para abordar determinados problemas, "cómo dividirse en varios siendo uno" …). Reflexionando en ello y sobre todo en lo que creo que en su día me ayudó a alcanzar los objetivos que me había propuesto con mi tesis doctoral, he ido recogiendo algunas ideas, que sin la intención de ser exhaustivas quizá puedan orientar a quienes deseen realizar un "viaje doctoral". Estas ideas podrían ser como pilares que faciliten la construcción sólida de un trabajo de estas características. Y digo "podrían ser" ya que evidentemente las diferencias entre las personas, de objetivos a la hora de emprender este tipo de trabajos, la necesidad externa o interna de llevarlo a cabo, las limitaciones de tiempo y de recursos, y un largo etcétera, condicionarían sin duda su eficacia. Estas ideas no solo provienen de mi propia experiencia sino que trasladadas a más de un centenar de alumnos al orientarles sus trabajos de investigación al finaliza sus estudios superiores en música, he constatado los beneficios de su presencia en muchos casos.

- Estar intrínsecamente motivada por el tema de la investigación fue sin duda el motor que me permitió alcanzar la meta. Buscar y encontrar un tema que quieras sinceramente luchar por él es una importante ayuda en todo el proceso. Mantener la ilusión no solo por la meta final (y no me refiero a ser doctor sino a alcanzar los objetivos direccionales de la investigación) sino acrecentarla en cada paso que consigues avanzar, tomando conciencia de la competencia personal al alcanzar esos objetivos, no demasiados ambiciosos (para garantizar su logro) que uno tras otro te llevan a conseguir el objetivo final. Con esta sincera motivación por el tema de estudio tomas conciencia que no solo tus cogniciones están comprometidas en el proyecto sino toda tu persona. Se convierte en un "bajo continuo" que se hace presente en todos los ámbitos de tu vida. De este modo permaneces alerta y así descubres las oportunidades que te ofrecen los diferentes contextos en los que se desarrolla tu vida para seguir avanzando en tu tema de estudio (ya sea adquiriendo nuevos conocimientos, observando otras posibles aplicaciones de los que ya posees, contrastando reflexiones previas, etc.).

- En relación a lo anterior quisiera destacar la importancia de adquirir y ser capaz de aplicar estrategias compensatorias de la motivación. Se trata de un largo proceso en cual, y a pesar de la motivación inicial, aparecerán fluctuaciones. Debemos estar preparados a ellas ya que sin duda surgirán en muchos momentos. A través de la auto-observación y del estudio acerca de las estrategias cognitivas y metacognitivas implicadas en el aprender, conseguí desarrollar un pequeño repertorio de ellas que me ayudó en esos momentos y que me permitió en muchos casos controlar algunas creencias y actitudes negativas ("no voy a ser capaz", "esto es imposible" …), creando ámbitos de aprendizaje que me estimulaban, promoviendo así mi propia motivación intrínseca.

- Los otros son una ayuda indispensable en todo el proceso desde su inicio hasta el final. Por diversas razones, algunas ya expuestas, en la realización de la tesis pasé sobre todo al inicio por muchos momentos de soledad. Por un lado, el estar matriculada en una universidad distante a mi lugar de residencia y tener una intensa vida personal y profesional; y por otro, la temática de estudio que me hacía sentir en muchos momentos "en tierra de nadie", ya que en la universidad el tema musical era anecdótico y en los conservatorios de música no se hablaba de metacognición, despertaron sentimientos de soledad que poco favorecían un eficaz desarrollo del trabajo. Por ello fui proactiva en este sentido y aproveché muchas de las oportunidades que experiencias pasadas y presentes me ofrecían. Así para combatir esas actitudes negativas, ese postergar el trabajo para otro día, la falta de contraste de las ideas propias, etc., mantuve un compromiso con algunas personas con las que regularmente quedaba para leerles lo que iba escribiendo (qué importante es que te escuchen), plantearles las dudas que se me presentaban, expresarles mis sentimientos positivos y negativos respecto al trabajo que estaba realizando, escuchar maneras alternativas de ver lo que yo les planteaba (qué importante es escuchar) … Amigos que incluso desde otras áreas de estudio fueron un apoyo imprescindible.

- El desarrollo de un variado repertorio de estrategias para afrontar el estudio fue y es para mi un pilar básico. Veo muy difícil poder alcanzar un objetivo tan ambicioso como es el realizar una tesis doctoral sin disponer de ellas y/o saberlas aplicar adecuadamente. En este sentido que el contenido de mi tesis recogiera estos aspectos favoreció enormemente que pudiera ser consciente de muchas de ellas y detectar las condiciones de mi propio aprendizaje en las que podría ser más apropiado su despliegue. Aplicadas a la planificación, a la supervisión del proceso y a la evaluación de los resultados que se iban obteniendo, me permitían controlar las variables involucradas para hacer un uso más óptimo de ellas. A modo de ejemplo, señalar la importancia de establecer objetivos a largo, medio y corto plazo, planificar cada jornada de estudio con objetivos muy concretos fácilmente evaluables teniendo en cuenta los diversos factores que puedan influirlos (tarea, sujeto, contexto), revisar su consecución a medida que se van desarrollando, evaluarlos al final de la jornada de estudio, no olvidar premiarse por su logro y dejar pequeños espacios de tiempo entre las diferentes tareas de una jornada ya que el posible retraso en una de ellas puede impedir el desarrollo de las siguientes con la consiguiente insatisfacción de no haber logrado lo propuesto.

- Aunque el cuidado por las condiciones ambientales en las que habitualmente desarrollamos nuestro estudio podría incluirse en el apartado anterior he querido significarlo porque he podido comprobar su efecto en el trabajo realizado y de ahí su importancia. Obviamente, los ambientes han de ajustarse a la singularidad de cada persona, al tipo de tarea que va a realizar, a los recursos de que disponga, etc. Por ello, esto no es más que un ejemplo de cómo se puede tener en cuenta esta variable que sin duda afecta a nuestros aprendizajes. Como la concentración es muy necesaria para la actividad mental que hay que desplegar seleccioné los horarios que por mi trabajo y responsabilidades familiares tenía libres. No antepuse la tesis a estar con mis hijos …, sino que busqué un tiempo que solo fuera mío y que no les pudiera afectar. De este modo, el final del día se convirtió en el momento más adecuado para ello. Siempre en un mismo espacio (salvo contadas excepciones) donde había lo necesario para no tener que levantarme constantemente, que me resultaba estéticamente agradable (y esto me hacía sentir bien), no ruidoso y en el que la música siempre estaba presente. Aunque fue variada la música que escuché en esos años (y que aún sigo escuchando con un significado muy especial), Astor Piazzola y J.S. Bach fueron sin duda el hilo musical de mi tesis y de mí misma en ese periodo. De hecho las numerosas repeticiones de la obra de estos grandes compositores cuando estudiaba condicionó mi conducta y en el momento en que escuchaba los primeros compases de esas obras ya estaba preparada para iniciar una jornada más de estudio. Mi atención, nivel de concentración y motivación estaban listos. Como homenaje a su música la defensa de mi tesis comenzó con el *Tango- Etude nº3* del compositor argentino.

Quisiera para terminar, destacar la necesidad de llegar a acuerdos con las personas con las que convives (familia, amigos, compañeros de trabajo). Quizá en el caso de estudiantes que se dedican exclusivamente a la preparación de su tesis y sin familia que dependa de ellos, por ejemplo, este apartado sobraría. Pero creo que somos muchos quienes nos hemos embarcado en este viaje ya dentro de una actividad profesional y con una vida personal con responsabilidades. Aunque cada uno de nosotros firmamos con nuestro nombre la tesis ésta no sería posible sin la ayuda, la colaboración, apoyo, de las personas con las que convivimos que no son pocas las ocasiones en las que hacen suyas nuestras obligaciones para darnos ese espacio que tanto necesitamos para el estudio (no es extraño que el trabajo de tesis vaya precedido de largas listas de agradecimientos). Es posible que de forma natural esto suceda, como fue en mi caso, y encuentres ese apoyo incondicional y a medida que surgen las dificultades estas se vayan resolviendo. Pero no todos los casos pueden ser así y por ello considero que desde el comienzo hay que establecer acuerdos entre las partes para que durante el periodo de realización de la tesis contemos con el apoyo necesario y no nos sintamos culpables por no poder dedicarles ese tiempo.

A modo de epílogo, los versos de poeta español Antonio Machado (1875–1939)

> *Caminante no hay camino,*
> *se hace camino al andar.*

Referencias sobre la investigación realizada

Aramberri, Mª J. (2005). Evaluación del comportamiento estratégico en el estudio de una obra musical. *Eufonía, nº34*, 70–9.

El recorrido doctoral. Ilusión y perseverancia

Cristina Arriaga Sanz

Universidad del País Vasco

cristina.arriaga@ehu.es

La motivación en el área de educación musical en sexto curso de educación primaria.
Universidad del País Vasco, España, 2004

Resumen de la Tesis

Esta tesis surge de la inquietud por comprender los condicionantes personales y contextuales que intervienen en la enseñanza de la música en sexto de primaria. También de la consideración de la motivación como uno de los elementos fundamentales en la realización de actividades de aprendizaje. Participaron en la experiencia 116 estudiantes de 6º curso de Educación Primaria pertenecientes a cuatro centros de la Comunidad Autónoma Vasca. El diseño metodológico combina diferentes instrumentos de recogida de datos para permitir conocer no sólo el índice de motivación del alumnado y la posible influencia de sus hábitos y necesidades, sino también características de la interrelación entre profesorado y alumnado, y diferentes aspectos del contexto donde se desarrollan las clases de educación musical. Se elaboró un sistema de análisis de la actuación del docente en torno a categorías relacionadas con el tipo de actividades, material, contenidos, repertorio, organización del grupo clase, presentación, instrucciones, realización y ayuda individual. Los tópicos de organización de las entrevistas al profesorado fueron: experiencia, formación y hábitos musicales, planificación, repertorio y materiales, gustos del alumnado, dificultades y evaluación. Para la estimación del nivel de motivación se utilizó un cuestionario que se fundamenta en 4 niveles: interés, atracción y gusto por la asignatura, expectativas de interacción e interacción pedagógica. Los resultados obtenidos parecen mostrar relaciones entre la motivación del alumnado y la práctica educativa del profesorado, su caracterización y su forma de estructurar las tareas de aprendizaje, en el sentido de que un mayor centramiento en el estudiante da lugar a un mayor nivel de motivación. Se relaciona la baja motivación con ausencia de presentación, fragmentación y ofrecimiento de ayudas. Las formas de actividad conjunta con ayudas personalizadas y una relación afectiva y cercana dan lugar a niveles más altos de motivación del alumnado. Estos resultados, además de confirmar que el papel del profesorado al organizar la actividad en función de las diferencias individuales favorece la motivación, permiten relacionar ésta con factores afectivos como valoración personal, disponibilidad para el alumnado y respeto. Otros resultados significativos sugieren que la motivación está relacionada con la idea que tiene el alumnado respecto a la dificultad de la música. Aunque el alumnado más motivado prefiere actividades relacionadas con la interpretación instrumental y la audición musical, en los colegios en los que la percepción de dificultad que se tiene de la asignatura es más alta, prefieren actividades en las que el papel activo es menor, como escuchar música. Y viceversa, si perciben que la dificultad no es alta, se implican más en actividades como la interpretación instrumental (más activas), la actividad recibida con más agrado en nuestra muestra. Estos resultados avalan la idea de que el alumnado se implica más en aquellos contextos educativos en los que se siente más capaz para desarrollar la tarea.

***

Mi recorrido doctoral: Primeros pasos

La misma inquietud que me llevó a iniciar mis estudios de doctorado sigue estando en mí, tan viva como entonces. El deseo de entender mejor el aprendizaje de la música: ¿qué le atrae a un estudiante cuando elige estudiar música?, ¿cuáles son los factores que nos atraen para aprender música?, ¿qué inicia el proceso de aprendizaje?, ¿cuáles nos ayudan a persistir, a continuar?, ¿cuál es el papel de la familia?, ¿qué le atrae a un estudiante cuando tiene que estudiar música obligatoriamente en un centro escolar?

Cuando me matriculé en los cursos de doctorado estaba trabajando en un centro de educación secundaria, pero anteriormente había desarrollado mi labor docente durante once años en un conservatorio de música, por lo que llevaba unos años de relación con la enseñanza musical en dos ámbitos diferentes. Había tenido la oportunidad de relacionarme con un buen número de estudiantes de música, impartiendo clases grupales y clases individuales; durante mi labor docente pude constatar cómo hay alumnos y alumnas que acuden obligados, otros acuden interesados, algunos pierden el interés y hay quienes continúan cada vez con mayor interés. Me interesaba mucho profundizar en estos aspectos que me afectaban como profesora de música. Acudí a la Universidad del País Vasco con ilusión, atraída por los cursos de doctorado del programa de Psicodidáctica. Siempre me ha agradado la enseñanza y durante la formación en el conservatorio había echado en falta más asignaturas relacionadas con la docencia, tanto en lo que se refiere a la vertiente psicológica como a la pedagógica, así que pensé que era una oportunidad perfecta para profundizar en ambos campos.

En aquel momento las distintas asignaturas se impartían a lo largo de dos cursos lectivos, en el segundo de los cuáles deberíamos realizar una investigación. Aunque tenía claras cuáles eran mis inquietudes, no acababa de ver claro cómo dar forma a este primer trabajo. No obstante, a lo largo del primer curso fui consciente de la importancia de realizar una buena revisión bibliográfica, así que pensé que en esta primera investigación sería muy oportuno realizar una revisión bibliográfica de los textos y de los métodos relacionados con la educación musical en los diferentes ámbitos formales, no formales e informales. Efectivamente, esta revisión me facilitó dar los primeros pasos en el mundo de la investigación pero, sobre todo, me permitió conocer muchos recursos y materiales relacionados con el aprendizaje de la música en distintos campos, escuelas de música (que comenzaban en España), conservatorios, educación primaria y secundaria. Por mi experiencia, y también por los resultados de este análisis bibliográfico, me sentí muy atraída por la investigación acerca del tipo de repertorio, principalmente de la utilización de la música moderna como elemento motivador para el aprendizaje de la música. Esto me parecía especialmente fundamental en la educación musical en los colegios, tanto en primaria como en secundaria.

¿Cuál es la metodología más adecuada?

No obstante, seguía teniendo dificultades para concretar la metodología con la que iba a llevar a cabo la investigación. Por una parte me interesaba conocer la opinión de muchos estudiantes, por lo que quedaba descartado un estudio de caso; por otra parte, sí quería tener datos con un poco de profundidad, relacionar la información recogida acerca de las inquietudes de los estudiantes, con distintos factores. Dudaba entre cuestionarios, entrevistas, observación, grabaciones, todos estos instrumentos me parecían atractivos, pero no sabía cuál escoger ni si era posible combinarlos.

Creo que en esta etapa es importante evitar la dispersión; a mí me ocurre que tengo mucha curiosidad por todo aquello que tiene que ver con el mundo de la educación. Es verdad que la curiosidad es un motor importante, pero corres el peligro de querer incluirlo todo y llegar a todo. Aquello que leía me parecía interesante, todo me parecía posible y a veces me desviaba; empezaba a leer algo, que me llevaba a otra cosa, y a otra, y me perdía en la teoría sin llegar a concretar objetivos y la metodología que conlleva querer alcanzar estos objetivos. Quizá me alargué demasiado en esta fase.

Durante este proceso, había cursado una asignatura relacionada con la motivación, impartida por el Dr. José Mª Madariaga, del área de conocimiento de Psicología Evolutiva y de la Educación. Aunque en un principio muchos temas me parecían atractivos y dignos de estudio, también me encontraba algo dispersa, pero me fui dando cuenta de que el tema me atraía más que el trabajo con un tipo de repertorio u otro; en realidad el estudio de la motivación intenta dar respuesta a las preguntas que yo siempre me había hecho y que he enumerado más arriba: ¿por qué elegimos estudiar música? ¿por qué seguimos estudiando música? ¿qué pasa cuando tienes que estudiar música obligatoriamente? ¿cuál es el papel del profesor o la profesora en este proceso? ¿qué factores influyen? ¿su forma de actuar? ¿el ambiente, el contexto?

Poco a poco fui dando forma a todas estas cuestiones. Después de varias reuniones con este profesor, el Dr. José Mª Madariaga, en las que exponía inquietudes, posibilidades, limitaciones ... poco a poco fui dando forma al estudio. Me interesaba la motivación, y conocíamos cuestionarios para medir la motivación en materias escolares. También quería conocer la opinión del alumnado, podíamos construir una relación de preguntas complementarias acerca de cuestiones más relacionadas con la educación musical, sus ideas, necesidades y hábitos, basada en otros cuestionarios y sometida a una revisión de expertos. Me parecía importante conocer en profundidad la opinión del profesorado, su percepción de la educación musical, sus objetivos personales, sus inquietudes, dificultades y la influencia de su formación, a través de entrevistas semiabiertas. Y también quería tener conocimiento de lo que hacían en clase, sus formas de actuación, de relación con el alumnado y de acompañar en el aprendizaje. Podía observar y grabar algunas clases. Todo se iba despejando, podía hacer bastantes cosas de las que a mí me interesaban.

De hecho, creo que un elemento clave del estudio, que personalmente me sirvió de ayuda para comprender mejor el proceso, fue el hecho de seguir una metodología mixta, a través de la realización de cuestionarios, entrevistas y observación, para luego triangular los datos obtenidos y obtener datos en profundidad y proponer posibles futuras líneas de investigación.

Comienza la investigación. Decisiones importantes

El siguiente paso que debíamos abordar era la búsqueda de la muestra. Por aquella época había iniciado una nueva etapa laboral, ya que me contrataron en la Universidad del País Vasco, pasando de ser una alumna de doctorado a ejercer de profesora en el departamento de Didáctica de la Expresión Musical, Plástica y Corporal, como profesora asociada. Mi labor profesional se centró entonces en la enseñanza a futuros docentes de educación musical en educación primaria. Decidí centrar la muestra del estudio en esta misma etapa, la educación primaria, concretamente en sexto curso (el último curso de primaria, con alumnado de 12 años, edades cercanas a las que yo conocía a través de mi labor profesional anterior, en secundaria y en escuelas de música). Entendí que esa iba a ser también parte fundamental de la docencia que iba a impartir a partir de entonces. Es decir, si el alumnado al que iban dirigidas mis clases se estaba preparando para ser docente en educación primaria, me interesaba dirigir la investigación a este contexto. Me parecía muy importante que el tema estuviera relacionado con mi situación profesional.

Con este nuevo puesto de trabajo comenzó también la asistencia a congresos científicos; en uno de ellos conocí a una persona que estaba realizando una investigación con una compañera de Departamento, y me podía facilitar el contacto con profesorado de educación primaria. Esta compañera coordinaba un *Berritzegune*, centro que ofrece servicio de apoyo a la formación e innovación educativa colaborando con los distintos centros docentes para contribuir a la mejora de los procesos educativos, dando respuesta a sus necesidades y, especialmente, a las nuevas demandas sociales que han surgido durante los últimos años. En este *Berritzegune* se realizan reuniones semanales de profesorado de música de diferentes niveles, para compartir inquietudes acerca de la asignatura, así como materiales y recursos, se organizan cursos u otras tareas que se estimen necesarias.

Una vez que clarifiqué y acordé con mi director de tesis el objeto de investigación, la motivación del alumnado de música en educación primaria, así como la metodología y los instrumentos de recogida de datos (cuestionarios, entrevistas y grabación en vídeo de algunas clases), se me ofreció la posibilidad de acudir a algunos de estos seminarios del *Berritzegune* en los que se reunían los profesores y profesoras de música en educación primaria para explicar el proyecto y contactar con docentes interesados en participar. El tema era de interés para muchos de ellos, pero el hecho de observar y grabar las clases en vídeo era complicado. Por otra parte, algunos docentes no tenían estabilidad y podía suceder que, una vez comenzada la investigación, no continuaran en el mismo centro. No obstante, tampoco era necesario contar con muchos profesores o profesoras, ya que éstos iban a ser estudiados en profundidad; la muestra sí iba a ser más numerosa en lo que respecta al alumnado, y la mayoría tenían dos grupos, así que me podían facilitar el contacto con un número suficiente de alumnos y alumnas.

Finalmente, pudimos contar con la generosa colaboración de cuatro docentes, que además presentaban características personales y profesionales diferentes entre sí, lo que nos proporcionaría después una riqueza de variables muy interesante para la interpretación de los resultados. Una vez establecido el contacto, procedimos a realizar un primer calendario de visitas para organizar las grabaciones de las clases, las entrevistas al profesorado y los cuestionarios dirigidos al alumnado.

Paralelamente a la elección de la muestra, procedimos a definir las preguntas de la entrevista dirigida al profesorado y los ítems del cuestionario dirigido al alumnado relacionado con las preferencias, ideas, necesidades y hábitos. He de decir que, en mi caso, esta etapa de recogida de datos, con visitas, grabaciones, cuestionarios, fue muy intensa y sólo la pude realizar debido al horario como docente universitaria y a las facilidades que también encontré por parte del profesorado que intervino en la investigación. Por un lado, la preparación de las clases, al ser un trabajo nuevo, me llevaba su tiempo, pero por otro, al trabajar más por las tardes, podía acudir a algunos centros por la mañana. Principalmente complicada fue la grabación de las clases, dado que yo asistía a las mismas, y tenía que hacer coincidir su horario –mucho más estricto, puesto que las clases de música sólo se imparten una hora por semana en cada curso- con el mío. Fue más abierto, en cuanto a horario se refiere, lo que concierne a las entrevistas, que se dejaron para el final de curso, cuando ya existía una relación de confianza entre el profesorado y yo, y los cuestionarios, para los que también acudí personalmente, pero contamos con la ventaja de la implicación de una parte importante del profesorado de los centros para pasarlos en otras clases diferentes de la de música, con lo cual se ampliaba el horario.

Sin embargo, esta locura de horarios también tenía su parte agradable. Observar las clases siempre me parecía gratificante, constatar las diferentes formas de presentar contenidos, diferentes materiales y ver en directo las intervenciones del alumnado, bastante espontánea en general, enseguida se acostumbraron a mi estancia allí. Aprendí mucho durante estas visitas, y también me ayudaron a entender mejor el proceso y a comenzar a establecer posibles categorías que me facilitarían el análisis posterior de estas grabaciones, así como alguna pista para elaborar la entrevista que llevaríamos a cabo a final de curso. También intentaba encontrar algún rato para mirar por encima los cuestionarios y me gustaba porque me proporcionaba la oportunidad de conocer mejor al alumnado de esa edad en general. Y sobre todo, me proporcionaba una visión global del proceso, lo que siempre ayuda a comprender mucho más el delicado binomio enseñanza-aprendizaje, que no siempre va de la mano. Recuerdo esta etapa con ilusión por recoger los datos, por ver qué habían contestado los estudiantes, qué clase habría preparado cada docente, recoger las entrevistas.

Sorteando dificultades

Más complicada fue la siguiente etapa, el análisis de los datos. Entre cuestionarios, entrevistas y grabaciones, me había juntado con muchísimo material y tenía que estructurarlo y analizarlo. Para esto necesitaba mucho tiempo. Y en algunas ocasiones, aprovechaba todos los ratos posibles para hacer algo, meter este dato, repasar lo que escribí ayer, estos momentos siempre vienen bien. Pero era especialmente importante disponer de tiempos continuados, mañanas o tardes enteras, y aislada de la familia o de compañeros y compañeras. Es decir, no era suficiente con tener una hora aquí y otra allá, porque se trata de un proceso de profundización, de reflexión; además, es un trabajo que, una vez iniciado te absorbe, y te cuesta salir. Una amiga mía decía que mientras haces la tesis no llegas puntual a ningún sitio. Porque te atrapa, y eso es lo fascinante, pero también molesto para los que te rodean en muchas ocasiones.

Y el susto vino poco después; después de pasar un verano sin vacaciones, analizando todos los datos, y dispuesta a comenzar la redacción final, recibí la noticia de que debía realizar una oposición para acceder a mi puesto de trabajo fijo en la Universidad. Esto significaba tener que preparar un proyecto docente y su defensa delante de un tribunal evaluador que valoraría mis aptitudes para continuar como profesora titular. Vinieron noches sin dormir, no iba a poder compatibilizar las clases, la tesis y la preparación de este proyecto. Dudaba sobre el camino a seguir, pero veía que era importante consolidar mi puesto de trabajo. Finalmente decidí interrumpir la redacción de la tesis y presentarme a la oposición. Pensé que la tranquilidad de tener un trabajo fijo también me iba a proporcionar tranquilidad para realizar la última etapa de la tesis. Algunos miedos se cruzaron por mi cabeza y resonaban también en las conversaciones con los que me rodeaban: ¿y si luego no sigues? ¿todo este trabajo se quedará sin finalizar?

Pero esta investigación ya formaba parte de mí, y sé que puedo ser muy perseverante cuando me propongo algo, así que procedí a guardarlo todo de la forma más organizada posible para poder luego retomarlo con facilidad. Fueron unos días muy intensos, parecía que estaba despidiéndome de mis propios hijos, clasificando todo en carpetas, con notas claras que me permitieran continuar fácilmente. En este sentido me di cuenta de lo importante que es el orden en este tipo de trabajos. Gracias a que había mantenido un orden riguroso en la lectura de los textos, tomando nota de cada artículo leído, un resumen del mismo y la ubicación (en mi casa o en la biblioteca) para volver a recurrir a él; los artículos o libros de los que no disponía formato digital, también estaban cuidadosamente clasificados por temas. Además, parte del trabajo siguió vivo de alguna manera, porque muchas de las cosas que había aprendido leyendo, observando, incluso conversaciones con mi director de tesis, también fueron parte de mi propio proyecto para la oposición.

Efectivamente, una vez finalizada con éxito la oposición, y después de un brevísimo descanso, pude continuar con la redacción de la tesis, sin duda para mí la parte más intensa, más dificultosa. Si durante la recogida de datos tuve que coordinar mis horas de docencia con la docencia de los profesores y profesoras de los centros, ahora necesitaba tiempo también para transcribir, analizar, organizar la información. Los fines de semana y las tardes libres las dedicaba prácticamente a esta labor. Llega un momento en que tienes que ser muy perseverante, porque el tiempo avanza, llevas tiempo trabajando en un tema, a veces insegura, pero siempre dedicando muchas horas, horas robadas a veces a tus seres queridos, a tu vida familiar y social, por eso es importante perseverar y es fundamental elegir bien la persona que te va a tutorizar, a guiar, a acompañar en el camino.

Apoyos importantes

Y en todo el proceso tuve la suerte de contar con el apoyo y la ayuda constante de mi director de tesis. Este aspecto es fundamental, aunque a veces no es controlable. La realización de la tesis lleva unos años; es un camino intenso que puede llegar a absorber de manera que hasta se olvida uno mismo de las personas que están a nuestro alrededor. Muchas veces te encuentras solo porque recopilas mucha información –que incluso no utilizas después-, tienes que tomar decisiones; lees mucho, tomas notas, interpretas, comparas, casi siempre en soledad, hasta que puedes hablarlo con tu director o directora de tesis, por lo que, si la relación con él o con ella no funciona como tú deseas, el camino es menos fácil. En este sentido me considero afortunada, no sólo por lo que pude compartir, sino por la disponibilidad, reuniones largas, en las que debatíamos e interpretábamos diferentes temas con total confianza y que me ayudaron a interpretar muchos datos y sobre todo a reflexionar. Recuerdo con cariño este proceso. Y todo lo que aprendí durante el mismo, aunque no esté implícitamente escrito en la tesis, porque todo está relacionado con la docencia, con futuras investigaciones, y es un proceso muy personal, en mi caso surgido de un interés interno, que es clave para muchas cosas que se desarrollan después, tanto en la faceta docente como investigadora.

Una vez ordenados los datos y redactada la tesis completa, llega el momento de la defensa. También recuerdo con ilusión aquellos días, porque lo resumes todo y llevas tu trabajo en la cabeza, dedicando mucho tiempo a pensar lo que vas a decir, cómo lo vas a decir y cómo lo vas a presentar. Se sintetiza todo, cobra de nuevo un sentido global, que a veces pierde uno durante el camino. Es importante, en este sentido, contemplar este día como un día de intercambio de opiniones, otra oportunidad para aprender, de personas que llevan mucho tiempo en este campo de la investigación y que, con sus comentarios, te brindan de nuevo una oportunidad para aprender, que es de lo que se trata, al fin y al cabo.

No hubiera sido posible si …

Observar todo el proceso desde la distancia me permite distinguir cuáles fueron los aspectos fundamentales que me acompañaron durante el proceso y me ayudaron a finalizar con éxito. El motor principal es la ilusión, sin un interés genuino por hacer mejor las cosas, aprender, comprender e investigar, habría sido más difícil. Porque la tesis es, ante todo, una oportunidad para mejorar. Siempre es algo positivo.

El orden en el trabajo, en la búsqueda, en la clasificación y establecer un calendario es importantísimo. Ya he mencionado la oportunidad de dialogar con el director o la directora pero, igualmente, el poder hablar con otros compañeros y compañeras que están también realizando la tesis, aunque sean de temáticas diferentes, es fundamental. En mi caso conté con una compañera del departamento de Psicología que estaba realizando la tesis y con la que pude aprender muchas cosas de estadística, una de mis debilidades, pero sobre todo recibí comprensión; estábamos en la misma situación, ilusionadas con nuestro trabajo, y también compartíamos temores, frustraciones e inseguridades. Y esto nos servía para apoyarnos y avanzar. Es importante hablar en este proceso, porque es un camino introspectivo y no te permite muchas oportunidades de salir al exterior; sin embargo, conocer a personas que también están realizando la tesis te permite sentirte acompañada.

Y por último, antes de finalizar es obligado mencionar el papel de la familia, que en mi caso desarrolló una paciencia digna de admiración, porque escribir una tesis es un trabajo largo, apasionante y absorbente; en ocasiones uno llega a desaparecer y tiene que hacer también esfuerzos para conectarse. Es por todo ello que el capítulo de agradecimientos que acompaña una tesis es largo en número de caracteres y profundo en nivel de intensidad.

Referencias sobre la investigación realizada

Arriaga-Sanz, C. y Madariaga-Orbea, J.M. (2014). Is the perception of music related to musical motivation in school? *Music Education Research, 16*(4), 375–96.

Madariaga-Orbea, J.M. y Arriaga-Sanz, C. (2011). Análisis de la práctica educativa del profesorado de música y su relación con la motivación del alumnado. *Cultura y Educación, 23,* 463–47.

El piano, mi tesis y yo

Alfredo Bautista

National Institute of Education,
Nanyang Technological University (Singapur)
Alfredo.Bautista@nie.edu.sg

Concepciones de profesores y alumnos de piano sobre la enseñanza y el aprendizaje de partituras musicales [Piano teachers' and students' conceptions of the teaching and learning of musical scores].
Universidad Autónoma de Madrid, España, 2009

Resumen de la Tesis

Mi tesis doctoral se enmarca en la línea de investigación sobre conocimiento intuitivo y cambio conceptual. Adoptando el marco de teorías implícitas, se investigaron las concepciones de profesores y alumnos de conservatorios de música (concretamente de piano) sobre la enseñanza y el aprendizaje de partituras musicales. Las concepciones de los profesores (n = 45) fueron analizadas de acuerdo a las variables *Años de experiencia docente* y *Nivel educativo en que se enseña*, y las de los alumnos (n = 215) según la variable combinada *Edad y nivel educativo*. Se utilizaron tareas y preguntas abiertas para recoger los datos del estudio de profesores, y cuestionarios de dilemas para el estudio de alumnos. Los análisis de datos fueron realizados mediante lexicometría, análisis no-paramétricos y paramétricos. Los resultados mostraron concepciones muy distintas acerca de lo que implica enseñar y aprender partituras musicales, tanto entre profesores como alumnos: desde las concepciones más tradicionales (reflejo de teorías implícitas de naturaleza *directa*), pasando por ciertas posiciones de complejidad intermedia o mixta (teoría *interpretativa*), hasta llegar a las concepciones más innovadoras y afines a los planteamientos psicoeducativos y curriculares actuales (teoría *constructivista*). Se sugiere que las concepciones identificadas podrían ser resultado de factores de naturaleza generacional, socio-cultural, evolutiva y, por supuesto, educativa. Se discuten las implicaciones, limitaciones y futuras líneas de investigación.

***

Introducción: Del amor al odio por el piano

Todo empezó cuando mis padres me trajeron aquel CASIO PT-100 de Canarias. Yo tenía 6 años. En mi familia no había nadie particularmente interesado en la música o que tocase algún instrumento, aunque, como en todas las casas españolas, la música siempre estaba por todas partes (en televisión, en la radio que había en la cocina, en el coche, en los festivales del colegio, en las fiestas de mi pueblo, etc.). Aquel teclado pequeñito me introdujo sin darme cuenta en el mundo de la música. No sé muy bien por qué, pero me encantaba pasar horas y horas aprendiendo por mí mismo las canciones que escuchábamos, las que me gustaban, y jugando con los botoncitos de colores con los que sonaban ritmos y efectos distintos. Me parecía fascinante. Además de sacar *de oído* las canciones y tocarlas con un solo dedo (por supuesto, el índice de la mano derecha), también me gustaba cambiarles el ritmo para que sonaran diferente o inventar mis propias canciones y ponerles letras tontas, sobre todo para burlarme de mi hermano pequeño... Recuerdo lo mucho que me divertía. También recuerdo que cuando alguien venía a casa, me gustaba enseñarles las canciones nuevas que estaba aprendiendo para ver si tardaban mucho en reconocerlas. Hacer música se convirtió en mi juego favorito.

Dado que parecía gustarme la música y tener talento para ella, mis padres me preguntaron poco después si quería ir a clases con un profesor particular en nuestro pueblo. Por supuesto, les dije "¡Sí!" sin pensármelo dos veces. Era verano cuando empecé. Tenía 7 años. Había otros niños de mi edad en el grupo, así que ir a clase era divertido por verles y salir del aburrimiento de estar en casa encerrado todo el verano... Pero, para mi sorpresa, las lecciones de música en sí no tenían demasiado de divertidas. Aún enamorado de mis canciones con el CASIO PT-100, de repente me vi haciendo movimientos extraños con el brazo delante de un libro llamado *Primero de Solfeo*. Yo no tenía la menor idea de qué demonios estábamos haciendo, ni de para qué necesitábamos aprender solfeo, ni de cómo eso me ayudaría a mí a aprender otras canciones. "Primero tenéis que estudiar solfeo durante un año y, si todo va bien y aprobáis el examen del conservatorio, el año que viene empezaremos a dar piano", nos dijo el profesor. "Y tú, Alfredo, deja de tocar de oído porque luego se cogen vicios …" Como niño bueno y obediente, seguí al pie de la letra las instrucciones del profesor, aunque realmente no entendía por qué había que aprender música de ese modo tan aburrido. Con todo el dolor de mi corazón, encerré mi CASIO PT-100 en un cajón y me centré en practicar el dichoso solfeo, pese a encontrarlo infernal. Meses después, aprobé el examen de primero de solfeo como estudiante libre en el conservatorio de mi provincia, y tras ello empezamos a dar clases de piano. Casi todos los niños abandonaron durante ese primer año. Y no me extraña… Creo que yo no abandoné, en parte, porque me sentía *especial* por haber aprobado el examen y porque todo el mundo parecía muy entusiasmado con mi aparente talento musical. Por otra parte, siempre me ha gustado aprender cosas nuevas, prácticamente cualquier cosa. Después de todo, las clases no estaban tan mal …

Durante los años siguientes, estudié piano con varios profesores, inicialmente como alumno libre y después como alumno oficial del conservatorio provincial. Por fortuna, todos ellos eran docentes muy dedicados y bien formados, cálidos y afectivos a nivel personal, motivadores y totalmente comprometidos con darme una buena formación pianística clásica. El único *pero* es que, con su mejor intención, el tipo de formación que me dieron se acercaba mucho más a la de un gimnasta que a la de un intérprete. "Este trimestre sólo vamos a hacer ejercicios de Hanon, escalas y arpegios. Ya tocaremos piezas al trimestre siguiente". "No toques las obras enteras. Practica por pasajes, a manos separadas y con metrónomo". "El objetivo este mes es que aprendas a sentir cómo articula la primera falange de los dedos". "No toques en grupos ni en bandas. Eso es para los malos músicos". "Para no coger vicios, prohibido escuchar discos del repertorio que te he mandado este curso". Era muy habitual escuchar este tipo de frases en las clases, tanto en las mías como en las de mis compañeros, pues muchos profesores entendían que dominar el instrumento a nivel técnico era necesario e imprescindible antes de poder empezar hablar de música. De hecho, hubo ciertos profesores a quienes nunca –insisto, ¡nunca!– escuché hablar de expresividad o de cómo transmitir ideas o sentimientos al tocar. Estaba claro que lo importante no era disfrutar y emocionarse haciendo música, sino tocar limpio e inmaculado, sin errores ni *parones*, y con absoluta precisión y control a nivel motriz. Para otros profesores, el objetivo principal no era ayudarme a tocar lo mejor posible, sino a tocar mejor que los alumnos de los otros profesores, para sacar mejor nota o para ganarles en el concurso anual. Yo era uno de "los buenos" del centro y, por tanto, la competitividad era absolutamente explícita, a la vez que muy motivadora y adictiva. Muchos elogiaban y admiraban mi forma de tocar. Sin embargo, yo realmente no tenía la sensación de saber casi nada sobre las piezas que estaba interpretando. Simplemente sabía mover los dedos. Confieso que veces me sentía como un mono de repetición, pues cada año aprendía un nuevo repertorio que repetía y repetía hasta la saciedad. Ahora bien, también me sentía muy bien valorado y extremadamente motivado … Y lo tenía claro: quería estudiar el grado superior, terminar de formarme con un gran maestro y convertirme pianista profesional.

Pero todo cambió de forma radical cuando comencé mis estudios superiores. Lamentablemente, fue una de las experiencias más negativas de mi vida. No sólo buena parte de las clases eran ejemplos perfectos de antipedagogía, sino que en ocasiones se llegaba a rozar el maltrato psicológico a los estudiantes. "Para tocar el piano bien hay que pagarlo con sudor y lágrimas". Efectivamente, algunos compañeros salían llorando del aula a menudo. Otros, como yo, nunca llegamos a llorar, pero teníamos insomnio y nos daban náuseas al acercarnos al conservatorio el día de clase, por los nerviosos que sentíamos al pensar qué pasaría ("¿Me dará clase hoy o me pedirá que vea la clase de otros? Si me escucha, ¿me echará si se enfada porque hago algo mal? ¿Nos dedicaremos simplemente a hablar de su vida y de sus conciertos? ¿Vendrá a clase o se habrá ido de gira?"). En los casos más extremos, discursos suicidas … Lo más dramático es que ningún estudiante se quejaba. Todos asumíamos que ese trato era normal y necesario, y que para llegar a ser buenos pianistas teníamos que sufrir y pasar por todo aquello. Incluso nos sentíamos privilegiados por haber sido aceptados como alumnos de ese centro que, en su día, era supuestamente considerado *de élite*. Al tercer año, colapsé. Sencillamente, no podía continuar en ese ambiente tan tóxico.

Me estaba destruyendo no sólo a nivel musical, sino sobre todo personal. Yo siempre había sido un estudiante excelente, tanto en el conservatorio como en el colegio, y de repente me vi con la autoestima por los suelos. Decidí tomarme un año de respiro. En los primeros meses, no sólo era incapaz de acercarme al piano sino también de escuchar música clásica. Sentía que todo aquello me daba asco y la idea de volver al conservatorio me daba miedo, literalmente. Pero, de algún modo, me recompuse poco a poco como pude y decidí terminar. Por mi personalidad, nunca me habría perdonado el no haberlo intentado de nuevo. Por suerte, durante mi cuarto año, encontré el apoyo externo de un gran maestro y amigo, de quien en unos meses aprendí todo lo que no había podido aprender en los tres años anteriores. Sobre todo, me ayudó a disfrutar tocando el piano y a recobrar la confianza en mí mismo. Superé mi examen de décimo de piano con la calificación de *Sobresaliente*. Varios días después del examen, dije a todo el mundo que no quería saber nada más de piano.

Cambio de rumbo: Quiero ser investigador

Mi nefasta experiencia en el conservatorio superior me llevó a explorar otras áreas de conocimiento con las que crecer no sólo intelectualmente, sino también a nivel personal y social (¡ya había tenido demasiado tiempo de soledad estudiando piano!). Decidí estudiar la Licenciatura en Psicología en la Universidad Autónoma de Madrid (UAM). Cursar las diferentes asignaturas de la carrera me llevó a plantearme numerosos interrogantes acerca de los factores educativos, psicológicos, sociales y culturales implicados en la educación instrumental profesional. ¿Por qué la enseñanza del piano sigue tan anclada en planteamientos tan tradicionales, típicos de anteriores culturas del aprendizaje? ¿Cómo es posible que la música, tratándose de un dominio de conocimiento artístico, se enseñe y se aprenda desde un enfoque tan marcadamente técnico y reproductivo? ¿De dónde surgen las resistencias que tanto profesores como alumnos de música muestran para asumir formas más innovadoras y constructivas de enseñar y aprender? ¿Por qué se entiende que para llegar a ser intérprete uno tiene que sufrir? ¿Por qué tantos y tantos alumnos abandonan sus estudios musicales, aparentemente tan desmotivados por la práctica instrumental? Y en último término, ¿cómo se podría promover el cambio educativo que reclaman los conservatorios de música? Preguntas como estas hicieron que mis intereses profesionales comenzaran a dirigirse hacia el ámbito de la investigación.

Dichos intereses me llevaron inicialmente a realizar el Periodo Docente de Tercer Ciclo del Programa de Doctorado en "Historia y Ciencias de la Música", impartido en la UAM, cuando aún cursaba el cuarto curso de psicología. Sin embargo, enseguida descubrí que mis objetivos investigadores no encajaban en las líneas de trabajo de dicho programa, centradas fundamentalmente en aspectos musicológicos e históricos.

Un año después, establecí contacto con la profesora Mª del Puy Pérez Echeverría, con quien cursé la asignatura de *Practicum* en la Facultad de Psicología. Tuve entonces la oportunidad de participar como oyente en un curso de doctorado titulado "Las Concepciones sobre el Aprendizaje y la Enseñanza", impartido por ella y otros profesores de la facultad. Esto me dio la oportunidad de colaborar en distintas investigaciones sobre dicha temática. Estas experiencias formativas me permitieron encontrar un marco sólido con el que, a mi juicio, se podían responder buena parte de mis interrogantes. De ahí que, una vez concluida la Licenciatura en Psicología, decidiera matricularme en el programa de doctorado "Desarrollo Psicológico, Aprendizaje y Educación: Perspectivas Contemporáneas", incorporándome al equipo de investigación con el que posteriormente realicé mi tesis doctoral.

Poco después de iniciar mis estudios doctorales en dicho programa, la Universidad Autónoma de Madrid me concedió una beca/contrato de Formación de Profesorado Universitario (FPU–UAM), de junio de 2005 a junio de 2009, gracias a la cual me fue posible dedicar con exclusividad este periodo de mi vida a labores académicas y de investigación. Mi formación doctoral estuvo en todo momento a cargo de los profesores Mª del Puy Pérez Echeverría y Juan Ignacio Pozo, a quienes siempre agradeceré su ayuda, confianza y afecto durante la realización de mi tesis.

Mi Tesis Doctoral

El periodo de realización de mi tesis doctoral lo recuerdo como muy estimulante e intenso. Como la mayoría de doctorandos, tuve fases donde me sentí absolutamente perdido y desmotivado, a punto de tirar la toalla.

Otras fases fueron excelentes, realmente disfrutando con todo lo que estaba aprendiendo y produciendo como investigador.

En el periodo de iniciación a la investigación, realicé un estudio titulado "La Enseñanza de Partituras Musicales: Concepciones de Profesores de Piano". Este primer estudio formó parte de la memoria que presenté en marzo de 2007 para obtener el Diploma de Estudios Avanzados (DEA), en el Departamento de Psicología Básica (Facultad de Psicología, UAM). A raíz de los resultados encontrados, elaboré un proyecto de tesis doctoral que llevaba por título "Concepciones de Profesores y Alumnos de Piano sobre la Enseñanza y el Aprendizaje de Partituras Musicales [Piano teachers' and students' conceptions of the teaching and learning of musical scores]". Fue presentado y aprobado por dicho departamento en mayo de 2007.

La temática de mi tesis doctoral surgió de mi interés por contribuir a mejorar la calidad de la enseñanza instrumental en España. El trabajo se enmarcó en la línea de investigación sobre conocimiento intuitivo y cambio conceptual. Adoptando el marco de teorías implícitas, me interesé en analizar las concepciones de profesores y alumnos de conservatorios sobre la enseñanza y el aprendizaje de partituras musicales. Decidí centrarme en el piano porque era el instrumento que yo conocía. Realicé dos estudios independientes. De forma muy breve, el Estudio 1 fue realizado con 45 profesores de piano. Fueron seleccionados en función de su cantidad de experiencia docente y del nivel educativo en que enseñaban. Por su parte, en el Estudio 2 participaron 215 estudiantes de piano, quienes fueron seleccionados según su edad y nivel educativo. Se utilizaron tareas y preguntas abiertas para recoger los datos del estudio de profesores, y cuestionarios de dilemas para el estudio de alumnos. Los análisis de datos fueron realizados mediante lexicometría, análisis no-paramétricos y análisis paramétricos. Los resultados mostraron concepciones muy distintas acerca de lo que implica enseñar y aprender partituras musicales, tanto entre profesores como alumnos: desde las concepciones más tradicionales (reflejo de teorías implícitas de naturaleza *directa*), pasando por ciertas posiciones de complejidad intermedia o mixta (teoría *interpretativa*), hasta llegar a las concepciones más innovadoras y afines a los planteamientos psicoeducativos y curriculares actuales (teoría *constructivista*). A partir los datos obtenidos, propuse que las concepciones de profesores y alumnos podrían ser resultado de factores de naturaleza generacional, socio-cultural, evolutiva y, por supuesto, educativa. En la última sección, discutí las implicaciones, limitaciones y futuras líneas de investigación.

Elegir un marco teórico para desarrollar mi tesis no fue algo difícil. Desde el comienzo, me incorporé a un sólido y amplio grupo de investigación con una clara línea teórica en relación al estudio de las concepciones de la enseñanza y el aprendizaje (el marco de teorías implícitas), y que por supuesto yo también adopté, quizás sin explorar lo suficiente otros marcos alternativos. También tuve la suerte de contar la ayuda de un grupo de 'psico-músicos' con intereses muy afines a los míos (José Antonio Torrado, Amalia Casas, Cristina Marín, Guadalupe López), con quienes compartí largos e interesantes debates, discusiones y reflexiones sobre música, educación e investigación, por supuesto junto a mis directores de tesis.

Mucho más difícil fue, por un lado, concretar mis ambiciosas pretensiones iniciales en preguntas específicas de investigación. Como nos pasa a la mayoría de doctorandos, comenzamos queriendo cambiar el mundo (p.ej., mejorar de forma radical la forma en que se enseña y aprende a tocar el piano) y, poco a poco, nos damos cuenta de que hacer una tesis doctoral requiere ser mucho más preciso y específico, además de humilde… En mi caso, tuve que dejar de lado como el 70% de lo que inicialmente tenía en mente. Por otro lado, también fue difícil diseñar los instrumentos de recogida de datos. Al existir pocos estudios sobre concepciones de profesores y alumnos de música basados en el marco de teorías implícitas, tuve que "agarrar el toro por los cuernos" y diseñar mis propios cuestionarios. Para ello tuve que leer mucho (la mayoría de las veces sobre temas no directamente relacionados con mi tesis), pensar con lógica y creatividad, y sobre todo, dejarme guiar por mi propia intuición y curiosidad. ¿Qué es lo que quiero saber yo, más allá de lo que hayan investigado otros en el pasado? Pienso que muchos doctorandos (y también muchos investigadores consolidados) deberían plantearse esta pregunta más a menudo.

Algo que resultó extremadamente enriquecedor fue la realización de cuatro estancias de investigación en centros extranjeros, que fueron financiadas por mi beca de Formación de Profesorado Universitario (FPU–UAM). Las dos primeras (2005 y 2006) fueron con Nora Scheuer y Montserrat de la Cruz, en el Centro Regional Universitario Bariloche de la Universidad Nacional del Comahue (Argentina). La tercera (2007) con Susan Hallam, del *Institute of Education* de la *University of London*, hoy día *University College London* (Reino Unido). Finalmente, la cuarta (2008) fue con Bárbara M. Brizuela, en

Tufts University (Estados Unidos). Por diferentes motivos, todas las estancias me aportaron excelentes aprendizajes y experiencias, tanto a nivel académico e intelectual (otras teorías, nuevos métodos de analizar datos, herramientas imprescindibles como EndNote, etc.). como a nivel personal (aprender a vivir en otros contextos, conocer otros países, hacer nuevos amigos, etc.). Todas las estancias contribuyeron positivamente a la calidad de mi tesis doctoral y se materializaron en publicaciones y/o presentaciones en congresos. Siempre estaré agradecido por su ayuda desinteresada a estas cuatro profesoras, con quienes hoy día sigo manteniendo una fluida relación académica.

También resultó increíblemente positivo (a la vez de agotador) el hecho de encargarme de la redacción de la revista *Infancia y Aprendizaje*. Durante toda mi etapa doctoral, tuve el privilegio de tener muchos maestros (editores, evaluadores, autores) que, sin saberlo, me enseñaron infinidad de cosas. Poder interactuar con tantos investigadores, tener acceso a los informes de evaluación de los artículos, sentir los agobios de los autores (especialmente noveles) por publicar para poder acreditarse, conocer las entrañas de lo que implica escribir y revisar el trabajo que uno hace… fueron experiencias que me ayudaron a comprender lo que implica y requiere ser productivo y exitoso como investigador. Sería fantástico que todos los doctorandos pudieran tener oportunidades similares.

Prácticamente desde el comienzo de mi doctorado, mis directores de tesis comenzaron a hablarme de lo importante que era publicar, especialmente en revistas, y de lo mucho que se aprendía durante los procesos de revisión por pares. Al hacerme cargo de la redacción de *Infancia y Aprendizaje*, tome plena conciencia de este asunto. Es por ello que, desde mi segundo año, justo tras completar el DEA, empezase a someter a evaluación en revistas – tanto españolas como internacionales – manuscritos basados en mi tesis, siempre en co-autoría con mis directores. Con mucho trabajo, paciencia y persistencia, durante aquellos años conseguí publicar cinco estudios como primer autor en revistas indexadas en JCR y/o Scopus (véase apartado de referencias bibliográficas).

Un año antes de que concluyera mi beca, dado que ya tenía varios artículos publicados o aceptados, se me ocurrió la idea de estructurar mi tesis doctoral como un compendio de publicaciones. Además de empezar a sentir la típica presión de "necesito graduarme y encontrar trabajo enseguida", pensé que no tenía demasiado sentido escribir un documento kilométrico que no iba a leer casi nadie. Reconozcámoslo: en el mejor de los casos, esas tesis tradicionales de diez mil páginas sólo las lee a) el tribunal y b) otros doctorandos. Mi idea de tesis *por artículos* no fue bien recibida inicialmente, pues no había nadie en mi departamento ni en mi facultad que hubiese hecho tal cosa antes. Pero como de verdad pensaba que tenía sentido, pues sabía que era práctica habitual en otras disciplinas y en otros países, decidí dar la lata hasta conseguir el apoyo de mis directores. Nuestro argumento era que el hecho de que mis artículos hubieran sido ya publicados o aceptados en revistas de impacto internacional, superando por tanto las exigencias de la evaluación por pares, avalaba su rigor y calidad a niveles teórico y metodológico, así como el interés de sus potenciales implicaciones para la comunidad educativa. Pese a no contar con el visto bueno de algunos miembros del departamento, la comisión de doctorado aceptó nuestro argumento y dio luz verde a mi tesis como compilación de publicaciones. No existían reglas específicas a este respecto, pero se establecieron a raíz de mi caso. Tras mi tesis, surgieron muchas otras con un formato similar.

El último año de doctorado lo recuerdo como uno de los más duros y agotadores de mi vida, aunque también como uno de los más emocionantes. Me propuse entregar la tesis antes de que finalizara mi beca, por lo que necesité marcarme un calendario increíblemente ajustado. Escribí los dos capítulos introductorios y el capítulo de discusión y conclusiones en tres meses. Aún no sé cómo pude hacerlo, sobre todo escribiendo ciertas secciones en inglés, idioma que por aquel entonces no dominaba bien en absoluto. Los aspectos de formales (p.ej., referencias, estilos, paginación, formateado) y los numerosísimos temas burocráticos los resolví en poco más de un mes. Mis directores respondieron de forma formidable, leyéndose mis capítulos en periodos cortos de tiempo y dándome comentarios e ideas muy útiles para mejorar el contenido y la estructura de la tesis. Fue en aquellos últimos meses cuando realmente comprendí lo que significaba e implicaba el trabajo de investigación que había hecho. Sé que esto parece insólito, pero así sucedió en mi caso. Tener que escribir un marco general y una discusión integrada sobre los diferentes artículos que había venido escribiendo en esos años me permitió entenderlos de un modo distinto, mucho más profundo. Todo tomó mucho más sentido de repente, no sólo mi propio trabajo sino también el de otros.

En medio de toda esta vorágine (escritura, últimas lecturas, correcciones, burocracias), además de dar clases en la facultad, envié 15 solicitudes para puestos post-doctorales en universidades internacionales. Fueron realmente unos meses muy intensos, en los que por supuesto tuve que renunciar a muchas cosas y centrar todo mi tiempo en el trabajo, y en los que el apoyo y la comprensión de mi familia y amigos fue esencial. No tenía casi tiempo de hablar con nadie, pero sabía que todos estaban *ahí*.

Hubo dos momentos que recuerdo como lo más especiales. El primero es la mañana en que escribí la sección de agradecimientos. Literalmente, no podía creerme que estuviera escribiendo las últimas páginas de mi tesis. Estaba tan agotado y tan contento, y a la vez tan agradecido a toda la gente que me había ayudado en el proceso, que acordarme de todos ellos me produjo una intensa emoción. No pude evitar llorar mientras escribía ciertos párrafos, especialmente el dedicado a mi familia. El segundo es el día de la defensa. Dediqué mucho tiempo a preparar la presentación, no sólo el PowerPoint sino también las palabras exactas que iba a decir. Como el tiempo de mi exposición era limitado y necesitaba hacer una parte en inglés, no quise dejar nada a la improvisación. Había muchísima gente en la sala: el tribunal, mis directores, otros profesores, compañeros de la facultad y de otros departamentos, un montón de amigos, gente que no conocía y, por supuesto, mi familia al completo. Pero estaba muy tranquilo. Sentía que me había esforzado al máximo durante los años anteriores y que no había razón para pasar nervios ese día. La presentación salió según lo previsto (creo que ensayé 9 ó 10 veces). La defensa la viví más como una charla sobre mi investigación que como una defensa en sí. Aunque hubo pequeñas críticas y alguna pregunta complicadilla, todos los miembros del tribunal se mostraron muy positivos con el trabajo realizado. Tras anunciar la calificación y las felicitaciones del tribunal, fue preciso ver la cara de alegría y satisfacción de mis directores y de mi familia, especialmente de mis padres. Una semana después, comencé mi nuevo trabajo como investigador post-doctoral en Canadá.

¿Qué haría diferente? Algunos consejos y reflexiones

Como casi todos los que hemos hecho el doctorado, haría muchas cosas de forma diferente. Las siguientes son sólo algunas de ellas:

- Abordaría el trabajo con una mentalidad muy distinta. La tesis doctoral no es la investigación más importante en la vida de un investigador. Es simplemente es la primera. Por supuesto, el trabajo producido por un doctorando ha de ser riguroso y de buena calidad, pero uno no lo debe investigar todo, ni tampoco publicarlo todo. En mi opinión, es bueno ponerse ciertos límites (tras el master, 2 ó 3 años máximo) y no dejar que las tesis se "enquisten".

- Establecería un calendario de *deadlines* desde el comienzo. Es fundamental marcarse objetivos específicos y claros en cada etapa, ser más consciente del progreso y no dejar tanto trabajo para la última fase.
- Seleccionaría de forma más estratégica los foros donde presentar y publicar mi trabajo y participaría de forma más activa en una o dos asociaciones académicas afines a mis temas de investigación. La elección de a qué congresos asistir cada año no debería basarse en criterios turísticos. Igualmente, la elección de revistas no debería estar basada en cuál publicará mi artículo antes o en si la revista está incluida en JRC o Scopus. Desde mi punto de vista, encontrar un "nicho" de colegas, congresos, revistas y asociaciones académicas es crucial para aprender, no sentirse aislado dentro de la comunidad científica y hacer que el trabajo que producimos tenga mayor alcance e impacto.

Notas finales:
Mi relación con la música hoy día

Mi tesis doctoral me permitió seguir en contacto con la música como investigador y, poco a poco, reconciliarme del todo con ella. Hoy día, tenemos una relación muy activa y saludable. Dirijo varios proyectos centrados el promover el desarrollo profesional de profesores de música de escuelas primarias y secundarias en Singapur, junto a un equipo de investigadores y expertos de Ministerio de Educación. Además de investigar las motivaciones y necesidades formativas de estos docentes, diseñamos e implementamos materiales de aprendizaje (especialmente videos y recursos online) para ayudarles a enseñar música mejor a los estudiantes. Dar a los estudiantes una buena educación musical en las escuelas es tan importante, en mi opinión, que todas las ayudas que se den a los profesores es poca. Ojalá que los profesores de música en España, tanto de escuelas como de conservatorios, recibieran este tipo de ayudas con más asiduidad. Mi trabajo no me deja tiempo libre para tocar el piano, lamentablemente, pero voy a conciertos y escucho música clásica con gran frecuencia. Me fascina la música barroca, especialmente los Oratorios de Händel, con los que tengo una particular obsesión. También me encanta la música española, en concreto el flamenco. Con los años, he aprendido a disfrutar de la música y a emocionarme con ella; algo que, curiosamente, nunca sucedió cuando era estudiante de piano. Pese a todo, me alegro del camino recorrido y valoro todo lo que he aprendido en el proceso.

Referencias bibliográficas del autor sobre la investigación realizada

Bautista, A. (2009). *Concepciones de profesores y alumnos de piano sobre la enseñanza y el aprendizaje de partituras musicales [Piano teachers' and students' conceptions of the teaching and learning of musical scores]*. Tesis Doctoral. Madrid: Universidad Autónoma de Madrid.

Bautista, A., & Pérez Echeverría, M.P. (2008). ¿Qué consideran los profesores de instrumento que tienen que enseñar en sus clases? *Cultura y Educación, 20*(1), 17–34.

Bautista, A., Pérez Echeverría, M.P., & Pozo, J.I. (2010). Music performance teachers' conceptions about learning and instruction: A descriptive study of Spanish piano teachers. *Psychology of Music, 38*(1), 85–106.

Bautista, A., Pérez Echeverría, M.P., & Pozo, J.I. (2011). Concepciones de profesores de piano sobre la evaluación. *Revista de Educación, 355*, 443–66.

Bautista, A., Pérez Echeverría, M.P., Pozo, J.I., & Brizuela, B. M. (2009). Piano students' conceptions of musical scores as external representations: A cross-sectional study. *Journal of Research in Music Education, 57*(3), 181–202.

Bautista, A., Pérez Echeverría, M.P., Pozo, J.I., & Brizuela, B.M. (2012). Music students' conceptions of learning and instruction: do these conceptions form consistent theoretical profiles? *Estudios de Psicología, 33*(1), 79–104.

Bautista, A., Pérez Echeverría, M.P., Pozo, J.I., de la Cruz, M., & Scheuer, N. (2006). La lexicometría aplicada al estudio de las concepciones sobre la enseñanza y el aprendizaje. En J.M. Viprey (Ed.), *JADT'06. Actes des 8es Journées internationales d'Analyse statistique des Données Textuelles, Vol. I.*

(153–167). Besançon Presses Universitaires de Franche-Comté.

Hallam, S., & Bautista, A. (2012). Processes of instrumental learning: The development of musical expertise. En G. McPherson & G. Welch (Eds.), *The Oxford Handbook of Music Education* (658–76). New York: Oxford University Press.

Pozo, J. I., Bautista, A., & Torrado, J.A. (2008). El aprendizaje y la enseñanza de la interpretación musical: cambiando las concepciones y las prácticas. *Cultura y Educación, 20*(1), 5–15.

Em cadência suspensiva: Memórias e reflexões de uma viagem inesquecível

Ana Luísa Veloso

Politécnico de Oporto

anaveloso@ese.ipp.pt

Voar até ao comboio dos segredos: A construção de significados partilhados no desenvolvimento do Pensamento Musical em crianças do 1º Ciclo do Ensino Básico.
Universidade de Aveiro, Departamento de Comunicação e Arte, Portugal, 2012

Resumo da Tese

O presente trabalho pretende ser uma contribuição para o estudo do desenvolvimento do pensamento musical em crianças do 1º Ciclo do Ensino Básico. Este tema foi analisado a partir dos processos através dos quais as crianças constroem significados quando estão envolvidas em atividades relacionadas com a composição musical. Esta análise foi produzida a partir de três eixos teóricos fundamentais: A corrente enativa do *embodiment*, a teoria das emoções e sentimentos de António Damásio, e a Psicologia Cultural. O projeto foi desenvolvido a partir de um estudo longitudinal em que a professora/investigadora, através de vários ciclos de investigação-ação acompanhou o percurso de 72 crianças entre o seu primeiro e terceiro ano de escolaridade, numa escola do 1º Ciclo do Norte de Portugal Os dados foram obtidos a partir da observação participante em sala de aula, notas de campo, gravações áudio e vídeo, conversas exploratórias e diálogos, um questionário/reflexão e self-reports. A análise e interpretação dos dados sugere que atividades relacionadas com a composição musical em pequenos e grandes grupos, quando abordada a partir de temas intimamente ligados aos mundos das crianças, se pode transformar numa plataforma de diálogo baseada em processos emocionais profundos onde as crianças encontram inúmeras oportunidades não só para desenvolver o seu pensamento musical, como também para reconstruir as suas identidades musicais, pessoais e sociais.

***

> *A música é a coisa mais fantástica que pode existir.*
> *Sem música no mundo não havia alegria nem felicidade.*
> *Só havia tristeza e lágrimas.*
> *As cores da música enchem-nos de vida.*
> *Eu não podia viver sem a música.*
>
> Maria, 8 anos

A História

Sinto sempre o turbilhão confuso de quando nos colocamos muitas questões como uma ponte para um qualquer despertar. É uma espécie de viagem na escuridão, com um vislumbre de luz ainda muito lá ao fundo, a mente a rodopiar à volta de questões que se cruzam e se entrelaçam; sempre que isto acontece, sei, quase instintivamente, que tenho de chegar ao outro lado com uma ideia pelo menos aproximada da ponta em que vou pegar para desfazer o nó.

Veloso, Dezembro de 2007, notas de campo

Era assim que me encontrava há alguns anos atrás, mais propriamente em finais de 2007, quando a minha prática como professora de música se viu enredada numa teia de conflitos entre as várias dimensões do meu

Eu: por um lado, a minha vida foi sempre sendo norteada por um sentido de questionamento que naturalmente se ligou ao meu percurso como investigadora. Por outro, sou música. Vivo a música fazendo-a, criando-a e interpretando-a, sozinha e com outros. E foi o cruzar destas várias vivências que impulsionou o meu salto da certeza para a incerteza, da harmonia estabelecida por todas as vozes que tinham até então cruzado o meu caminho, em direção a uma libertação para um espaço/tempo onde outras vozes entraram, onde certas memórias e sentires ressurgiram com tal força que a minha mente sentiu necessidade de uma suspensão, de um pairar quieto, silencioso e atento.

A chegada deste momento não foi ocasional, ela tem uma história. Parece-me aliás, que há sempre uma história por trás da história que se está a contar. A questão é que, nos anos de 2006 e 2007, eu fui professora de música na escola do 1º Ciclo onde depois desenvolvi o meu trabalho de campo de Doutoramento. Uma escola pública, em Braga, no norte de Portugal, onde lecionei música como atividade extracurricular, primeiro enquanto professora de uma academia de música, destacada para esse efeito, e depois enquanto docente contratada pela câmara municipal.

Esta história é feita de muitas cores, muitas emoções, muitas alegrias e de relações de amizade que acabaram por se tornar bastante profundas. Não querendo, neste momento, prolongar o texto com um discurso demasiado pormenorizado sobre o que se passou, não posso, no entanto, deixar de referir que, nesses anos letivos em que comecei a trabalhar em Braga, a dedicação e intensidade do trabalho dos alunos, funcionárias, professores titulares e coordenadora da escola, transformaram por completo o dia-a-dia da escola. Ao longo desse período, a música varreu os horizontes do convencional. Foram organizados projetos em conjunto quer com as outras áreas extracurriculares quer com as professoras titulares. Foram realizados diversos concertos, apresentações e colaborações. Os alunos ensaiavam e trabalhavam com afinco, na sala de música, nos corredores ou na própria sala de aula. Criavam músicas, faziam filmes, construíam textos.

Foi também nesta altura que iniciei o meu Curso de Formação Especializada (CFE) na Universidade de Aveiro (UA). A minha prática como docente começava a levantar-me tantas questões, que vi necessidade de aprofundar os meus estudos. Na altura fiz um levantamento de diversos mestrados em universidades Portuguesas, mas nenhum me agradou.

Lembro-me de pensar que eram todos demasiado centrados nas questões das Ciências da Educação, e eu queria algo mais relacionado com a música e a aprendizagem da música. Descobri então que a UA oferecia estes CFE, cursos de um ano, em que podíamos escolher as disciplinas. O departamento de Didática, mais objetivamente, oferecia um CFE de Investigação em Didática em que tinha a possibilidade de me inscrever em apenas duas disciplinas: Metodologias de Investigação e Projeto de Investigação. Pareceu-me o ideal, para alguém que queria aprofundar conhecimentos, mas que os queria estudar em contexto, no terreno. Escrevi então para o departamento de Didática, perguntando se poderia fazer uma junção entre o departamento de Didática e o de Música, desenvolvendo um projeto de Investigação na área da Didática da Música. A proposta foi muito bem-recebida pelos dois departamentos, e iniciei então o meu projeto de investigação, sob a orientação da Doutora Sara Carvalho com duas turmas do 3º ano da escola do 1-ciclo já mencionada anteriormente. O projeto centrava-se à volta da criatividade musical e da forma como as crianças aprendem a partir de uma abordagem criativa à música. A um nível mais prático a tarefa dos alunos era a seguinte: criar a parte intermédia de uma banda desenhada muda (depois de conhecerem o início e o fim da história), passa-la para o registo pictórico, depois passar toda a banda desenhada para filme e, finalmente, compor a música para o filme.

O projeto correu muitíssimo bem, deu até origem à minha primeira comunicação a nível internacional (Veloso e Carvalho, 2008), mas muitas outras questões se me colocaram:

A verdade é que me vi, talvez pela primeira vez, frente a uma questão que me era muito difícil compreender, já que, ao longo deste projeto, as crianças tinham aprendido uma série de coisas que eu não tinha propriamente ensinado, muitas vezes até ao nível da leitura e da escrita. Para além disso, deparei-me com uma série de consequências, relacionadas com o crescimento pessoal e social dos alunos e a forma como estes criaram significados para a música, que, inicialmente, não estava, de todo à espera. Perante todos estes resultados, a UA acabou também por ver neste projeto um grande potencial, e convidou-me, a aprofundar as questões que tinham surgido. Inicialmente pensou-se que eu poderia ingressar no mestrado, passando logo para o ano de tese, mas como as coisas foram evoluindo, o departamento de Música acabou por me convidar para realizar logo Doutoramento. A universidade e seus professores apoiaram-me muito. Delineei então uma proposta. Concorri também a uma bolsa de Doutoramento da Fundação para a Ciência e Tecnologia, do governo Português. Ganhei. Foi um dos momentos mais felizes da minha vida. Senti que estava a entrar num território onde nunca imaginei que poderia entrar.

A bolsa facilitou-me bastante a vida, quer em termos financeiros, quer a nível de tempo, pois não precisei de trabalhar para pagar o Doutoramento e pude fazê-lo em full time.

Iniciei então um novo diálogo com a escola de Braga. Tinha sido lá tão feliz, que para mim aquele contexto foi escolha imediata. E, de facto, quando propus à comunidade escolar desenvolver lá, o trabalho de campo do meu Doutoramento, num estudo longitudinal que deveria acompanhar os alunos deste o início do 1º ano de escolaridade até meados do seu 4º ano, a proposta foi aceite com muito entusiasmo e alegria. Os professores comprometeram-se de imediato a fazer tudo o que estivesse ao seu alcance. Os encarregados de educação dos alunos do 1º ano foram chamados à escola e abraçaram logo o projeto com muito carinho. Nesta reunião foi-lhes dado a conhecer não só a situação em que me encontrava na escola (como investigadora em Doutoramento) como também os objetivos e os moldes em que o projeto iria funcionar. Além disso, os encarregados de educação assinaram dois documentos, um dando autorização para que os seus educandos participassem no projeto, e um segundo autorizando a utilização de fotografias, a gravação em vídeo, e a disseminação em eventos ou publicações científicas destes formatos. Os encarregados de educação tiveram acesso a todas as filmagens, e a todos os documentos relacionados com esta investigação.

No projeto de investigação do meu Doutoramento participaram as 72 crianças que, em Janeiro de 2008, faziam parte das três turmas existentes do primeiro ano de escolaridade. Nenhuma destas 72 crianças, todas elas com idades compreendidas entre os seis e os sete anos, tinha tido, ou teve, ao longo da implementação do trabalho de campo, qualquer contacto com o ensino formal da música. Muito embora cada turma fosse composta por 24 crianças, para os propósitos de investigação, e em conjunto com as professoras titulares de cada turma, ficou decidido que as três turmas seriam divididas a meio. Assim as crianças participaram nas sessões de música em grupos de 12, uma vez por semana, pelo período de 45 minutos. Este período ocorreu sempre em tempo letivo, que foi cedido pelas professoras titulares para a implementação do trabalho de campo.

O espaço físico da escola é constituído por dois edifícios, um com dois andares anterior ao período da revolução de Abril* e o outro, colado a este, também com dois andares, mas mais moderno. É neste segundo edifício que se situam as salas onde decorriam as aulas de música e de desporto e outras atividades extracurriculares. No entanto, porque a escola estava sobrelotada já há alguns anos, as salas eram partilhadas quer com turmas do 1º ciclo, quer com as atividades do "apoio ao estudo". Não há qualquer isolamento acústico nestas salas e, por estes dois motivos (a falta de isolamento acústico e a partilha das salas com vários docentes) todos os projetos têm de ser negociados com muita sensibilidade e compreensão mútua. Neste projeto de investigação, a minha tarefa enquanto condutora e gestora de sensibilidades e vontades foi muito facilitada pela relação que se estabeleceu entre mim e a escola no ano anterior ao início da investigação.

Gostaria ainda de referir que, muito embora só essas três turmas tenham participado no estudo longitudinal que lhes foi proposto, continuei a interagir, de uma forma voluntária, e sempre que isso era possível, com as restantes turmas dos outros anos letivos. Isto aconteceu a pedido das professoras, por minha iniciativa própria e, muitas vezes, a pedido dos alunos. Procurei nunca os deixar sozinhos nesses momentos em que procuravam ajuda, tentando encontrar espaços em que pudéssemos trabalhar em conjunto. No entanto, todos sabiam a razão da minha presença na escola, e mostraram toda a compreensão possível quando eu não conseguia, de facto "apagar todos os fogos". A minha preocupação essencial era agora com o percurso de investigação, algo que foi apoiado por todos. De alguma forma, nos seus corações, todos sabiam que era importante. Professores e funcionários receberam o projeto com orgulho e sem preconceitos. Ajudaram-me em tudo, providenciaram tudo o que lhes pedi. Foram inexcedíveis.

---

* Entre 1933 1974, Portugal viveu sob um regime ditatorial, apelidado de "Estado Novo" ou "Salazarismo", Nessa altura foram construídas milhares de escolas primárias de arquitetura muito semelhante, onde se cumpria o ensino obrigatório, de quatro anos letivos. Estas escolas, fortemente ligadas à igreja eram frequentadas apenas por uma minoria, das camadas mais elevadas da sociedade portuguesa. Estes fatos vieram a alterar-se com o golpe militar de 25 de Abril de 1974, que originou uma revolução política e social que ficou exatamente conhecida por "Revolução de Abril".

Propósito e questões de investigação

Com a minha tese procurei essencialmente dar um contributo para o estudo do desenvolvimento do pensamento musical em crianças pertencentes ao 1º Ciclo do Ensino Básico. Este tema foi abordado a partir da análise dos processos através dos quais as crianças constroem significados quando estão envolvidas em atividades de composição musical. A faixa etária das crianças envolvidas no estudo foi de alguma forma influenciada pela minha experiência anterior como docente. Era minha intenção desde o início trabalhar com crianças do 1º ciclo que não tivessem passado por qualquer vivência ligada ao ensino formal da música. Este tipo de contexto pareceu-me bastante aberto logo desde o início. Isto porque, por um lado as crianças chegam à escola já com um reportório de experiências bastante rico, o que me permitiria analisar de forma mais sustentada o papel, a influência dos seus mundos, das suas memórias e experiências prévias na construção que iriam realizar a partir do momento em que se iniciasse o trabalho de campo. Por outro lado, estas crianças demonstram quase sempre uma vontade urgente em procurar significados para o mundo, para o papel que podem assumir neste mundo, e para a forma como devem gerir as suas interações com os outros. Aliás, a questão de estabelecer um estudo a partir de atividades de composição em pequeno e grande grupo partiu também de uma vontade de oferecer um espaço às crianças onde elas, à semelhança do que acontece no dia-a-dia, pudessem interagir com os outros na procura de consensos, no estabelecimento acordado de papéis, na negociação por certos caminhos em detrimento de outros, muito ao estilo dos processos educativos informais e não-formais. A diferença que procurei introduzir relativamente a estes processos concentrou-se, por um lado, em oferecer aos alunos momentos de qualidade em grupo, sem outras distrações presentes, em que eles pudessem interagir sozinhos, sem a presença de um adulto e, por outro lado, nos espaços coletivos e individuais criados para reflexão e avaliação de estratégias, atitudes, modos de estar. A questão de implementar um estudo longitudinal surgiu da vontade de analisar o desenvolvimento do pensamento musical da forma mais alargada possível, dentro de um espaço temporal suficientemente longo e que, por isso mesmo, me permitisse chegar a conclusões mais sustentadas, pela qualidade e quantidade de dados possíveis de obter.

Foi assim que me lancei nos enredos da investigação durante quatro anos, guiada pelas seguintes questões:

- Como é que a imaginação e a criatividade se evidenciam quando as crianças estão a compor?
- De que forma as crianças transformam as suas intenções em ideias musicais?
- Como é que este processo ocorre, ao nível de interação entre a criança, material musical, e contexto?
- Como atuam as emoções ao longo deste processo?
- De que forma todo este processo contribui para a construção e desenvolvimento do pensamento musical?

Estas questões apresentam-se como uma súmula de todas as vozes que impulsionaram a investigação, e que podem ser divididas em três pontos de análise e interpretação. Por um lado, a questão da imaginação e do ato criativo na construção do conhecimento e pensamento musical e as formas como, através do ato criativo, as intenções das crianças são transformadas em ideias musicais e novas formas de pensar musicalmente. Por outro, a análise deste processo de transformação a partir das interações estabelecidas entre a criança, o material musical, o contexto e a sua cultura e a partir também do papel fundamental que o corpo, as emoções e sentimentos parecem assumir na cognição musical. Finalmente, a definição de pensamento musical como eixo estruturante a partir do qual os pontos anteriores se cruzam, permitindo-nos estabelecer relações ao nível das ideias e conceitos musicais.

Foram estas as questões principais que nortearam o meu percurso. Elas mantiveram-se, no essencial, sempre presentes ao longo do processo de investigação, mas a realidade é que outras, tão importantes como estas, foram surgindo ao longo dos quase quatro anos que trabalhei com estas crianças. E essas questões têm sobretudo a ver com a Pessoa que existe em cada aluno. Com a sua identidade, com o seu desenvolvimento pessoal e social. De facto, houve resultados muito significativos que tive de aprofundar e procurar compreender melhor neste campo. À medida que os alunos iam avançando nos seus percursos, a sua motivação ia aumentando, e a música passou a ser um espaço de partilha, de algo que, para eles era, era precioso. Os alunos foram, lentamente, elevando o seu grau de envolvimento e compromisso para com os projetos de composição. Tudo isto levou a que estas crianças desenvolvessem não só capacidades para trabalhar em grupo, aprendendo a partilhar e a "negociar", mas também a criarem ferramentas para ultrapassarem os seus medos e dificuldades, para acreditar nas suas capacidades, perspetivando os seus Si Mesmos(s) de forma mais confiante, mais participativa, e, atrevo-me a dizer, mais feliz.

Com tudo isto aprendi que é impossível separar o aluno músico, do aluno Pessoa, que não podemos isolar estas dimensões como se de diferentes variáveis se tratassem, e que as formas através das quais as crianças interagem com a música, dependem, em larga escala, daquilo em que elas se vão transformando enquanto seres humanos.

A escolha metodológica: Princípios fundamentais

Qualquer percurso se inicia com a tomada de decisões. Num percurso de investigação, uma destas principais decisões consiste em determinar a lente através da qual vamos ler os acontecimentos, interações e eventos que marcarão o percurso da jornada. Relativamente a este projeto de investigação parece-me que, de alguma forma, esta decisão acabou por surgir de um modo bastante natural, na consequência de uma série de opções tomadas já anteriormente. A verdade é que escolhi trabalhar o meu tema a partir de um contexto muito específico, a sala de aula. Mais, o próprio tema surgiu exatamente de uma série de questões que queria entender melhor relativamente à minha prática como docente. Estava a procurar compreender, de forma também a poder melhorar e transformar as minhas práticas, um fenómeno situado, contextualizado, com um grupo específico de crianças. Procurava, portanto, uma base ontológica e epistemológica que valorizasse os significados que os seres humanos atribuem às suas experiências, que tivesse em linha de conta, não só aquilo que os seres humanos fazem, mas também aquilo que dizem sobre o que fazem (Bruner, 2008) e que, finalmente, me permitisse trabalhar de forma fundamentada num contexto naturalista, não experimental, onde a participação, a interpretação e a reflexão são conceitos fundamentais na análise dos processos. Nesse sentido procurei situar-me a nível teórico e metodológico dentro de um paradigma que valorizasse os modos de ação, a narrativa e todas as outras formas de expressão e criação de significado; uma lente de análise que se opusesse à possibilidade de uma verdade única, e que me permitisse concentrar os meus esforços na compreensão das qualidades e características que definem os diversos significados, valores e, portanto, nas várias linhas de verdade que os seres humanos constroem nas suas interações com o mundo (Bruner, 1996, 2008).

Encontrei estas possibilidades nos pressupostos assumidos pela investigação qualitativa, que, a nível paradigmático se define, no plano ontológico, a partir da noção de que o mundo é uma construção múltipla de realidades, numa epistemologia que posiciona a construção de conhecimento a partir das interações múltiplas que os seres humanos estabelecem entre si e com o mundo, e, finalmente, numa visão metodológica múltipla, centrada na interpretação e nos contextos naturais onde ocorrem os fenómenos. Esta investigação foi assim conduzida numa linha que se opõe ao positivismo, paradigma que determina a existência de uma realidade exterior que deve ser estudada, fotografada, capturada sem o envolvimento do investigador (Denzin e Lincon, 2008). Desta forma, a investigação qualitativa, no sentido pós-modernista aqui assumido, define-se como:

> uma atividade situada, que coloca o observador dentro do mundo, consistindo numa série de práticas concretas e interpretativas que tornam o mundo visível. Estas práticas transformam o mundo, traduzindo-o a partir de uma série de representações que incluem notas de campo, entrevistas, conversas, fotografias, gravações e anotações. Neste ponto de vista, a investigação qualitativa envolve uma aproximação ao mundo centrada nos seus contextos naturais e na interpretação. Dito de outra forma, os investigadores qualitativos estudam os fenómenos no seu cenário naturalista, procurando criar sentido ou interpretar estes fenómenos a partir dos significados que as pessoas lhes atribuem. (Denzin e Lincon, 2008: 4)*

Relembro agora esta definição, não só por ter sido uma referência e uma inspiração na construção de todo o projeto de investigação, como por me

---

* Qualitative research is a situated activity that locates the observer in the world. It consists of a set of interpretative, material practices that make the world visible. These practices transform the world. They turn the world into a series of representations, including field notes, interviews, conversations, photographs, recordings and memos to the self. At this level, qualitative research involves an interpretive, naturalistic approach to the world. This means that qualitative researchers study things in their natural settings, attempting to make sense of, or interpret, phenomena in terms of the meanings people bring to them. (Denzin e Lincon, 2008: 4)

parecer, depois de muitas leituras e de uma reflexão séria sobre as mesmas, que ela contém em si aquilo que, de facto, é mais significativo para mim quando se discutem questões relacionadas com o paradigma qualitativo. A sensação que tive ao ler estas linhas, principalmente no seu inglês original, foi a de total sintonia, uma espécie vibração empática com as expressões e significados aqui assumidos. Denzin e Lincon expressavam, de facto, aos meus olhos, aquilo que eu entendia, e ainda hoje entendo, serem os pontos mais importantes na definição da investigação qualitativa. Ainda a respeito desta definição, os dois autores acrescentam que a investigação qualitativa envolve o estudo interpretativo e a recolha de uma série de materiais empíricos que sejam descritivos de momentos, de eventos e interações significativos na vida dos seres humanos que neles participam. Notemos, portanto, como a tónica é colocada na descrição e interpretação daquilo que é significativo para os sujeitos participantes numa investigação. E notemos também que neste processo de criação de significado descrito pelos autores, o investigador tem também uma palavra a dizer, uma vez que ele é também pertencente e participante no mundo cujos significados procura interpretar. Na minha tese os dados foram portanto analisados a partir da descrição e interpretação, e o conceito de investigador foi enquadrado a partir de uma perspetiva múltipla de interações.

Interlúdio: Distinção entre método e metodologia

Muitas foram as vezes, ao longo de todo o meu caminho, desde a licenciatura até ao início do Doutoramento, em que confundi o conceito "metodologia" com o conceito "método". Para mim, esses conceitos eram sinónimos, utilizando-se um ou outro indiscriminadamente. Por isso, foi de enorme importância a conversa que tive com a minha coorientadora, Doutora Graça Mota sobre este assunto, que me aconselhou a leitura do capítulo de abertura do *Sage Handbook of Educational Action Research* escrito por Sandra Noffke (2009), que me foi extremamente elucidativo e me acompanha até hoje. Nele, Noffke recorre a Sandra Harding na definição destes dois conceitos, explicando a metodologia como "a teoria e análise de como a investigação deve proceder" (1987: 3)*, e o método como "uma técnica para a (ou modo de

---

* "A methodology is a theory and analysis of how research does or should proceed" (Harding, 1987: 3).

proceder na) recolha dos dados" (1987: 2)[†]. Nesse momento tornou-se claro para mim que a metodologia se define numa relação estreita com os princípios filosóficos (o lado epistémico da metodologia) que lhe servem de base, e que os métodos vão-se definindo a partir da interação que vai emergindo ao longo da investigação entre estes princípios filosóficos e a prática no terreno.

Este foi um importantíssimo momento de transformação, pois, a partir dele, abandonei por completo a perspetiva de que a metodologia poderia ser entendida como uma série de prescrições sobre como recolher dados e analisá-los, passando a olhá-la como um processo de interação entre, por um lado a) as teorias sobre as práticas sociais e humanas, e, por outro, b) as construções teóricas emergentes da análise e interpretação dessas próprias práticas.

A escolha metodológica: investigação-ação

Na minha tese, os princípios acima descritos foram efetivados ao longo do processo de investigação a partir da investigação-ação. Recorrendo às palavras de Wilfred Carr, poderei talvez dizer que aquilo que a minha intenção foi procurar

> uma fusão de horizontes – uma procura por um entendimento partilhado a partir do qual as limitações iniciais da compreensão de cada participante em relação à situação vivida se tornem transparentes e aquilo que passa a definido como válido e significativo no decurso da investigação possa ser perspetivado em relação a um entendimento mais abrangente e integrado da situação particular que está a ser discutida. (Carr, 2006: 430)[‡]

Ao descrevê-la desta forma, a investigação-ação permitiu-me aproximar-me da experiência vivida de todos os participantes, ligando a prática e as construções teóricas de um modo mais efetivo, refletindo as subjetividades

---

[†] "A research method is a technique for (or way of proceeding in) gathering evidence" (Harding, 1987: 2).

[‡] a fusion of horizons – an achievement of shared understanding in which the inadequacies and limitations of each participant's initial understanding become transparent and what is valid and valuable is retained within a more integrated and more comprehensive understanding of the situation under discussion" (Carr, 2006: 430).

de todos os envolvidos no processo de investigação (incluindo eu própria), e centrando-se numa procura de transformação e melhoramento das vidas daqueles que participaram na situação particular que estava a ser estudada.

Delineei, portanto, a metodologia de investigação a partir de uma filosofia cujo propósito é o de sustentar e orientar a mudança das práticas educativas. Uma filosofia que abarca uma noção de teoria como uma construção emergente da prática, e cuja "generalização" só pode ser perspetivada a partir da partilha de experiências e modos de compreensão particulares de diversos professores investigadores. Para mim era essencial ressaltar que o valor das teorias reside na forma como elas proporcionam aos professores formas de "discernir as características relevantes das situações complexas em que os professores atuam diariamente" (Elliott, 2006: 173)*. Assim, de facto, as teorias incorporadas nas minhas ações enquanto professora e investigadora ao longo de todo o projeto, proporcionaram-me um tipo de entendimento que foi significativo não por eu as ter aplicado à situação prática em que me encontrava, mas sim por tê-las recontextualizado a partir dessa situação. Da mesma forma, parece-me hoje que as avaliações, reflexões e construções teóricas que desenvolvi ao longo da tese, poderão vir a ser mobilizadas por outros professores e investigadores, apenas na medida em que estes encontrem nelas pontos e características possíveis de serem contextualizadas nas situações educativas em que vivem, quer por serem, de alguma forma, semelhantes àquelas que eu descrevo, quer por conterem em si algo que outros considerem relevante ou esclarecedor em relação às formas como olham e perspetivam o mundo, a educação e a música.

Reflexão ...

Guardo para sempre a imagem de Gustavo, em cima do palco, a tocar guitarra. De olhar desafiador, agarrando com força a palheta que eu lhe havia oferecido uns momentos antes, uma palheta comprada em Inglaterra, com a imagem dos Beatles. Quando lha ofereci, Gustavo, um aluno muito criativo, mas que teve de superar muitas dificuldades ao nível da gestão das suas emoções, deu-me um abraço e disse que a ia guardar para sempre. Agora libertava-se de mim, era o seu momento, ele e a guitarra, num improviso cheio de energia

---

* "Discern de educationally relevant features of a situation" (Elliott, 2006: 173).

e força, arrepiante. Este é um dos muitos exemplos daquilo que mais me impressionou no percurso desta viagem: a atitude renovada dos alunos, a forma como se transformaram, lentamente, em compositores e performers ativos e críticos dentro do seu contexto de prática. Nunca, durante esta jornada de composição, estas crianças se esconderam atrás de mecanismos ou muletas, que sabiam que iriam funcionar e agradar. Muito pelo contrário. Abarcaram sempre, sem medo, a incerteza, a possibilidade, o caminho ainda não percorrido, guiando-se pelos seus sonhos, desejos, pensamentos e reflexões. Cresceram, afirmando as suas identidades pessoais e sociais, derrubando barreiras, pré-conceitos sobre a música e a aprendizagem, celebrando com os outros a experiência única de viver e fazer música. E todos eles foram capazes de transformar aquilo que eram as suas experiências prévias, as suas músicas e vivências, em algo único, reconstruindo as suas narrativas pessoais e sociais, erguendo-se na multidão anónima e gritando "É este o meu mundo! *E é nisto que o quero transformar!*". O que mais me fascinou em todo o percurso foi que a música se ergueu como metáfora da viagem individual que cada um percorre na busca de um sentido de si, e como veículo de entendimento desse si mesmo em relação com os outros, com os contextos que lhe são próximos, com a sua cultura.

É evidente que um processo destes só foi possível porque trabalhei muito. Trabalhei sem cessar. Um dia por semana era dedicado por inteiro ao trabalho com estas turmas, mas eu não ia à escola apenas uma vez por semana. Ia muitas mais. Ou porque outros professores me pediam ajuda para trabalhar a música com as suas turmas, ou porque era necessário trabalhar individualmente com algum aluno, ou porque havia questões a tratar com os encarregados de educação.... Havia muito a fazer. Além disso, procurei sempre manter uma relação de pertença efetiva com toda a escola, e por isso dava o meu contributo na altura dos dias comemorativos, visitas de estudo etc. Foi o caso por exemplo do dia do livro, no meu segundo ano de trabalho de campo, em que convidei uma escritora/ilustradora a ir dar uma palestra à escola, organizei com os outros docentes um seminário com questões, fizemos um concerto a partir de uma obra dela, e organizei em conjunto com a escritora/ilustradora um workshop sobre a cor. Na parte da música, para além das sessões propriamente ditas, organizei concertos dentro e fora da escola, convidei outros músicos a virem tocar com os alunos, organizei workshops de instrumento como guitarra ou bateria. Um sem fim de coisas para fazer

E, para além de isto tudo, tinha naturalmente que escrever, que olhar para os meus dados e analisá-los, organizar entrevistas em grupo, questionários. E tudo isto tinha de ser negociado com alunos, professores, encarregados de educação e a direção da escola Às vezes era um corre-corre pela escola, escadas acima, escadas abaixo, não parava um segundo. Aproveitava todos os pequenos momentos para escrever. À hora de almoço, nos pequenos intervalos da manhã, enquanto os alunos trabalhavam em alguma coisa autonomamente. Chegava muitas vezes a casa imensamente cansada. Mas o entusiasmo levava-me a prosseguir, e aquelas questões que eu ainda não tinha resolvido empurravam-me para mais leituras, mais momentos de reflexão. Sempre que possível deixava-me estar sozinha com os dados. Via os vídeos, transcrevia-os, procurava encontrar padrões, ligava o que encontrava com as entrevistas, com as minhas notas tiradas durante as observações. E deixava-me estar assim. Uma espécie de banho maria, de imersão dentro dos dados. Aprendi a fazer isto durante o meu Doutoramento e aconselho-o a todos aqueles que estejam a envolvidos na investigação: olhar os dados com calma. Suspender todas as leituras, todos as teorias, crenças, valores incorporados em nós e ir procurando formas, cores, texturas que ressaltem nos nossos dados. Depois sim. Procurar ligar categorias e temas emergentes com a bibliografia, com análises anteriores, interpretar, refletir. Se pudesse voltar atrás, tinha feito isto desde o início. Mas não se nasce a saber tudo. Teria também tido mais cuidado com certos pormenores logísticos, como por exemplo a disposição da câmara de vídeo. Mas era tão difícil, eu chegava às sessões, tinha de organizar os alunos, começar o trabalho, atender a mil pedidos... No final, muitas vezes a câmara ficava numa má posição, que depois dificultava a visualização dos vídeos. Talvez tivesse sido necessário ter pedido ajuda a uma outra pessoa, para que ficasse responsável apenas pelo registo de áudio, vídeo, fotografia. Ao professor investigador é muito complicado fazer tudo isto, porque as crianças exigem constantemente a nossa atenção, e é nosso dever dar-lha.

No meio de tudo isto pode parecer ao leitor que a minha vida particular seria muito difícil de gerir. Mas tive a sorte de ter comigo um companheiro que, além de imensamente compreensivo, admirava muito o meu trabalho, e mais, participava nele, muitas vezes como músico. De facto, alem de muitas vezes ir tocar contrabaixo com os meus alunos, deu-lhes também alguns workshops de construção de instrumentos e trabalhou bastante com eles questões ligadas à improvisação e à música experimental. Quando pôde viajou comigo nas conferências que tinha de dar e era sempre um entusiasta acérrimo. Julgo que, ao envolve-lo no meu trabalho, ele pode compreender melhor o que eu estava de facto a fazer. Ao compreender envolveu-se, entusiasmou-se também, e todas aquelas questões mais aborrecidas de gestão da casa e do dia a dia acabaram por ficar para segundo plano. Como se diz aqui no norte de Portugal "lá nos arranjávamos" e as coisas iam fluindo.

E hoje posso dizer com certeza que este período foi um dos melhores da minha vida. E àqueles que agora me leem, julgo poder aconselhar: entreguem-se apenas se houver paixão, se acreditarem naquilo que estão a fazer, se houver uma relação intensa com o vosso "objeto de estudo". De outra forma não vale a pena. Mas, havendo entusiasmo genuíno, não há crise, por pior que possa ser, que não seja ultrapassada. Tive muitos momentos de bloqueio, de dúvida, mas havia sempre em mim uma força que me empurrava para a frente. Uma vontade de compreender, de perceber em profundidade, de melhorar, de transformar. Assim segui, rumo à escrita do documento final e à defesa. E é com muita felicidade que hoje ouço novos estudantes, realizando os seus mestrados e doutoramentos, que me confessam o quanto gostaram da minha tese, o quanto aprenderam com ela, o quanto ela foi inspiradora para eles. Que seja assim também com vocês, no presente e no futuro, em todo o vosso percurso por este magnífico trabalho que é investigar.

Referências

Bruner, J. (1996). *The Culture of Education*. Cambridge, MA: Harvard University Press.

Bruner, J. (2008). *Actos de SIgnificado*. Lisboa, PT: Edições 70.

Carr, W. (2006). Philosophy, Methodology and Action Research. *Journal of Philosophy of Education*, *40*(4), 421–35.

Denzin, N. K., Lincoln, Y.S. (2008). Introduction: The Discipline and Practice of Qualitative Research. In *Collecting and Interpreting Qualitative Materials*, edited by Norman K. Denzin and Yvonna S. Lincoln, 1–43. Los Angeles: Sage.

Elliott, J. (2006). Educational Research as a Form of Democratic Rationality. *Journal of Philosophy of Education*, *40*(2), 169–85.

Noffke, S. (2008). Revisiting the Professional, Personal and Political

Dimensions of Action Research. In Noffke, S. & Somekh, B. (Ed.) *The SAGE Handbook of Educational Action Research*. London: SAGE Publications Ltd., 6–24.

Referências em pesquisa realizada

Veloso, A., Carvalho, S. (2008). Project Ulice: Exploration of the Creative Process employed by school aged children faced with a musical composition Task. In Malbrán, S.; Mota, G. (Ed.) *Proceedings of the 22nd International Seminar on Research in Music Education*, 16–23.

Veloso, A. L., & Carvalho, S. (2012). Music composition as a way of learning: emotions and the situated self. In O. Odena (Ed.), *Musical Creativity: Insights from Music Education Research: Insights from Music Education Research*. Surrey, UK: Ashgate Publishing, Ltd.

ARTE Y TECNOLOGÍAS DIGITALES

La investigación como proceso creativo

Lourdes Cilleruelo

Universidad del País Vasco
Lourdes.cilleruelo@ehu.es

Arte de Internet: Génesis y definición de un nuevo soporte artístico (1995–2000)
Universidad del País Vasco UPV/EHU, España, 2001

Resumen de la Tesis

La labor de investigación que recoge esta tesis responde a un interés en la aplicación e influencia de la informática en el arte. En concreto, recoge una de las primeras aproximaciones al sector más prolífico e importante dentro del denominado net art: el arte de Internet, entendido éste como aquél específico del medio, es decir, aquél que ha sido creado *en* y *para* la Red. Con tal objeto, se han elegido cuatro puntos clave, cuatro llaves conceptuales a través de las cuales definir el arte de Internet: la "conectividad", la "interfaz", la "interactividad" y por último la "accesibilidad del arte de Internet". Dichas llaves permiten entretejer un marco metodológico adecuado mediante el cual acotar la práctica artística desarrollada en Internet. No obstante, dichos conceptos no deben ser considerados como compartimentos estancos, sino como diferentes aproximaciones conceptuales al arte de Internet que adquieren y completan su significado unos con otros. Después de un examen exhaustivo, como conclusión principal, se puede afirmar que existe un arte específico de y para la red Internet. Internet puede ser considerado como un nuevo medio de expresión artístico, cuyo nacimiento se enclava entre los últimos meses de 1994 e inicios de 1995 y que vive su época de esplendor a finales de 1997 y principios del 98. No obstante, después de sus primeros cinco años de andadura, responder a la pregunta acerca de qué es el arte de Internet se torna difícil. El progresivo desarrollo de la informática junto con la rápida expansión de las redes de telecomunicaciones electrónicas obliga a una constante redefinición de sus límites de acción y de su aparato conceptual; necesidad marcada por la exigencia de una búsqueda ininterrumpida de su identidad y exploración de sus posibilidades.

***

Investigar, un proceso creativo

No saber por dónde empezar. Entiendo todo proceso de investigación como un proceso creativo, y como tal, como un proceso activo, flexible y abierto de indagación y posicionamiento personal, que supone el perfeccionamiento de una cierta sensibilidad sensorial hacia lo que pasa alrededor y cuyo filtro es aquello que a uno le interesa.

Tal como plantea Guilford (Strom, 1983), todo proceso creativo envuelve diferentes respuestas a un mismo problema. La ausencia de una única solución exige en el investigador una actitud abierta y atenta hacia aquellas cuestiones que se mantienen ocultas y que no afloran hasta el desarrollo del propio proceso. En este sentido, todo proceso de investigación puede considerarse como un proceso emergente, vivo y orgánico, un proceso paulatino de maduración que debe ser alimentado, estimulado y enriquecido diariamente a través de lecturas especializadas, asistencia a conferencias, conversaciones con diferentes agentes, conexiones con otras áreas y materias ... De igual modo, la incertidumbre y el azar deben considerarse como elementos válidos durante el proceso. Dichos elementos, una vez canalizados e integrados en un discurso racional y ordenado, permitirán abrir espacios o canales inesperados que impulsarán la emergencia de las diferencias para la evolución del conocimiento.

Preliminares, contextualización y motivación para el estudio

El input sensorial. En 1992 empecé a trabajar con ordenadores Amiga 2000, se puede decir que uno de los primeros ordenadores multimedia especializados en gráficos, audio y vídeo, lo que en gran medida determinó mi interés por el campo de la llamada infografía y supuso el primer contacto con el ámbito de intersección entre Arte y tecnología. Dos años más tarde entré en el Programa Predoctoral de Formación de Personal Investigador No Doctor, un programa de ayudas del Gobierno Vasco destinado a la financiación de la investigación dirigida a la realización de una tesis doctoral. El proyecto presentado, *La imagen infográfica una experimentación artística en el campo del vídeo,* planteaba un estudio y reflexión sobre la influencia de las nuevas tecnologías en el audiovisual. Había dado inicio a mi carrera investigadora.

Un año más tarde, en el año 1995 empezaron a surgir eventos que, siguiendo los pasos de Ars Electronica en Linz (Austria), intentaban analizar el impacto del incipiente boom tecnológico. En Bilbao fue el caso de Ciberría ("ciber" por la cultura cibernética y "berria", nuevo en euskera) liderado por Trimaran (María Pallier e Iñaki Pérez). Ciberría, III Simposio de Arte y Cultura Electrónica de Bilbao, suponía una tercera edición en torno a este tema. Observado desde la distancia, todavía parece increíble que dentro del encuentro se dieran cita artistas de gran repercusión internacional, como Stelarc. Su tercera mano y su teoría del cuerpo obsoleto fueron presentadas bajo el título de *Psycho / Cyber: Absent, Obsolete & Invaded Bodies.* Ciberría también contó con la presencia del teórico y artista Peter Weibel, director del Centro para el Arte y la Tecnología de Karlsruhe (ZKM) y responsable de Ars Electronica durante sus años de mayor esplendor. Estas experiencias, junto con el encuentro con María Pallier, directora del programa televisivo de nuevas tendencias *Metrópolis,* serían decisivas para el desarrollo de la investigación.

En dicho encuentro participó activamente la sección de Audiovisuales de la Facultad de Bellas Artes del País Vasco. Sin duda durante años este departamento fue un referente estatal por su apuesta por la creación y experimentación artística desde las nuevas tecnologías. Destaca su participación en *Inmersión en Ecosistemas Tecnológicos, estrategias audiovisuales interactivas entre la conducta del visitante y el espacio gestionado por visión artificial,* un proyecto de investigación innovador desarrollado entre los años

97/99 y financiado por el Gobierno Vasco, que contó con la colaboración de la Universidad de Mondragón. El objetivo de este proyecto dirigido por Josu Rekalde, también tutor y director de mi proyecto de tesis, se centraba en el desarrollo de una interfaz basada en visión artificial que permitiera la creación de un sistema que, utilizando imágenes y sonidos en tiempo real sumergiera al usuario en un entorno interactivo audiovisual. Así mismo resulta de interés que el *software* base denominado Pfinder fuera cedido por el MIT (Massachusetts Institute of Technology).

Otro elemento que resultó determinante a la hora de conformar la investigación fueron las Ayudas para estancias en centros distintos al de aplicación del Programa Predoctoral de Formación de Personal Investigador, puesto que me permitió la visita a festivales como el de Ars Electrónica, Rotterdam Festivals, DEAF, o la Dokumenta de Kassel. La experiencia y documentación de dichos viajes resultaron decisivas tanto en la elección del tema como en el contenido de la futura tesis doctoral.

Activación del proceso y dirección de la atención hacia las redes electrónicas

Un golpe de timón. Todavía recuerdo vagamente cuando Juan Crego Morán, profesor de audiovisuales de la Facultad, me comunicó que estaban instalando cierto recurso en la Universidad, que se llamaba algo así como "Internet", que podría serme de utilidad en la búsqueda de información sobre el tema que me ocupaba: la infografía. Por aquél entonces no imaginaba que dicho recurso resultara el núcleo de mi tesis. No obstante, la popularización del uso de ordenadores y el progresivo proceso de digitalización de los diferentes dispositivos de imagen, hizo que los anteriormente costosos procesos de digitalización se simplificaran hasta el punto de que toda imagen se convirtiera en digital. Teniendo en cuenta que la infografía venía definida como una imagen que en cualquier momento de su proceso de generación hubiera sufrido un proceso digital hizo que, los pilares de la investigación en curso, se tambalearan: de facto, toda imagen se había convertido en digital. Así, en 1995, Prix Ars Electronica estableció por primera vez una categoría que recogía los trabajos realizados en el *World Wide Web* (WWW), y eliminó la categoría de *Computer Graphics*, término anglosajón para denominar la infografía. La razón por la que se creó esta nueva categoría no se debía tanto al incremento de participación en Internet sino a la dimensión cultural de las redes.

Tal y como afirma Sherry Turkle (1997) "A rapid expanding system of networks, collectively known as the Internet, links millions of people in new spaces that are changing the way we think, the nature of our sexuality, the form our communities, our very identities" (p.9). *The egg of Internet* (1994), una instalación del colectivo Netband presentada en Ars Electronica 96, planteaba nuevas cuestiones excitantes dentro de la escena artística: *What if a living organism nested on the Internet? If an egg was laid, and the Net was responsible for this life...* La exploración de la naturaleza a través de interfaces tecnológicos, la disolución de la barrera entre conceptos considerados en principio antagónicos, como máquina/hombre simbolizada por la figura del *ciborg*, lo virtual y lo real, naturaleza o artificio; o la construcción de metáforas en torno a Internet como gran mente colectiva formada por una red horizontal de mentes máquina y humanas, que permanecen interconectadas y que se comunican mediante interfaces colectivas, suscitaron enseguida mi interés. También el azar aquí jugó un papel importante, puesto que permitió que, una mañana de domingo, me topara por casualidad con *El hombre mecánico* (Moravec, 1993) un libro de corte posthumanista que vaticina una evolución conjunta de la inteligencia con la máquina. El hombre mecánico produjo en mí una mágica fascinación.

La definición y estructuración del problema

Mestizaje, hacia la cultura electrónica. Un primer punto de interés de este estudio se entreveía en su carácter interdisciplinar y en la importancia actual que habían adquirido las investigaciones basadas en áreas fronterizas de conocimiento, rompiendo compartimentos estancos y predefinidos, y abriendo vías híbridas de investigación y desarrollo. El arte *de* Internet comparte las siguientes áreas limítrofes de conocimiento: arte, informática y telecomunicación. De hecho la tesis dedica sus primeros capítulos a entender el origen y evolución del medio y su repercusión en el arte. Este mestizaje nos remite al binomio arte-ciencia y a las dudas que plantea en el sector artístico, ¿dónde se encuentra la barrera entre lo tecnológico y el arte?

El segundo foco de interés aludía a la presencia y desarrollo del net.art en el panorama artístico del momento, frente a la falta de investigaciones en dicho ámbito. Sin duda existía una apremiante necesidad de definir y acotar el arte de Internet. Por un lado, y en lo que concernía a su legitimidad como soporte artístico, se planteaban preguntas sobre aspectos como la existencia o no de proyectos artísticos específicos *de* y *para* las redes electrónicas y, en consecuencia, de la esencia de un arte específico de Internet; su función y potencial artístico, si su papel se limitaba a mero canal distribuidor o por el contrario constituía un medio de expresión en sí mismo. Por otro lado, y en lo que concierne al hecho artístico, las cuestiones giraban en torno a la valoración del arte de Internet, si su repercusión en aquellos días no respondía a una seducción por la tecnología, y, por tanto, si se trataba tan sólo de una moda pasajera.

Acotación del tema de estudio

En una playa existen 8.000 millones de granos de arena por metro cúbico. De igual modo, toda investigación constituye en sí misma un complejo sistema de agentes y relaciones que consta de millones de combinatorias posibles, tensiones, datos y puntos de interés que hacen que la toma de decisiones orientada a la acotación del tema de estudio sea una de las primeras necesidades ante las que debe enfrentase un investigador/a.

En nuestro caso, y puesto que nos encontrábamos ante un arte en continua búsqueda de su identidad y redefinición de sus límites, se adivinaba cierta dificultad a la hora de determinar qué se entendería por arte de internet. Finalmente, por arte *de* Internet se entendió aquel conjunto de trabajos *de* red realizados por entidades individuales o colectivas, considerados o etiquetados como arte, bien por los mismos artistas, o bien por entidades de cierto prestigio dentro de este ámbito, desestimando aquellas creaciones artísticas realizadas en otros soportes, y cuya utilización de la red Internet quedara reducida a mero canal distribuidor, como en el caso de museos o galerías virtuales. También se desecharon aquellas prácticas artísticas que, aún utilizando las tecnologías de las redes de ordenadores, no hacían uso específico de la red Internet, por entender que en el medio Internet ya aparecían reflejadas las cuestiones fundamentales de la llamada cultura *de* red o *net.culture*.

Cronológicamente, el trabajo abarcó el periodo comprendido entre 1995-2000. El punto de inicio vino marcado por el análisis de la trayectoria temática de los festivales consagrados al arte electrónico, puesto que, tal y como se ha mencionado, será a partir de este año 1995 cuando se empiece a desarrollar el llamado arte de redes. Respecto a la elección del año 2000 como fecha de cierre, y aunque a simple vista cinco años pueden ser considerados insuficientes como marco para explorar su génesis y trayectoria, se consideró que durante esos años el arte de Internet había sufrido cambios sustanciales, tanto en la forma como en el contenido, como para ofrecer un campo significativo y extenso de estudio. Existían otros precedentes como el vídeo nacido a finales de los 60 o la infografía a principios de los 90.

Por el contrario, no se establecieron ningún tipo de límites geográficos, por considerarlos inadecuados dentro del marco de las redes electrónicas globales. En el arte *de* Internet, inscrito en la aldea global descrita por McLuhan y Powers (1993), las distancias geográficas se desvanecen en favor de la conectividad. En consecuencia, este estudio analizó la Red en toda su extensión, desestimando la localización geográfica, tanto de las obras como de sus autores. No obstante, si reparáramos en la información física recogida en eventos, congresos, simposios y festivales visitados, ésta se vería reducida al ámbito europeo: País Vasco (Ciberria); Austria (Ars Electronica); y el resto del Estado Español, como Ars Futura, celebrada en Barcelona, Madrid y Sevilla.

Sobre la legitimidad de los materiales y el método

Hacer de la debilidad virtud. Uno de los principales problemas con los que se ha encontrado el investigador tradicional al abordar un tema de estudio ha sido el acceso y recogida de información. Hasta la aparición de Internet la locomoción y el desplazamiento físico habían sido imprescindibles para la consulta y recopilación de datos en bibliotecas o videotecas; la asistencia a festivales, congresos, simposios de interés, exposiciones, exhibiciones... El acceso a la información de Internet representa un cambio cuantitativo y cualitativo en la localización y recogida de material ya normalizado en la investigación actual, puesto que permite el acceso a información amplia y actualizada sobre el objeto de estudio sin desplazamiento físico. No obstante, introduce un nuevo problema: la legitimidad de los documentos electrónicos.

En los inicios de Internet, los documentos aparecían y desaparecían en la red, por lo cual, la información electrónica planteaba un nuevo desafío metodológico para el investigador: si debía o no usarse, y de ser así, bajo qué criterios. En mi caso, la utilización de material electrónico era indispensable puesto que representaba la base y el principal motivo de mi objeto de estudio. ¿Podían considerarse válidas direcciones electrónicas del material recopilado que podían dejar de ser operativas? La autora Sherry Turkle (1997), quien ha basado su trabajo en la constante referencia a documentos y proyectos artísticos electrónicos, ya planteaba ciertas cuestiones como, por ejemplo, la necesidad de que el investigador conservara, bien copias en papel, o electrónicas, para garantizar su legitimidad. Otra de las cuestiones importantes atañía a la autenticidad de la identidad de los autores de textos o proyectos electrónicos. En diciembre de 1997, diversos textos fueron publicados en varias de las más famosas listas de distribución bajo la supuesta identidad de algunas de las figuras más prestigiosas de la comunidad artística electrónica: Timothy Druckrey, Peter Weibel o Mark Amerika. Aunque las direcciones electrónicas se antojaban reales, sus propietarios negaban ser los autores de dichos textos.

Lo que en principio se concebía como un problema metodológico a resolver, pronto se reveló como una de las principales características específicas del arte de Internet: "ser copiado" era sinónimo de éxito en la red. Por analogía con "genes", Dawkins (Dawkins, Stocker y Schöpf, 1996) construyó la noción de *memes*, identificándolos como unidades de información cultural que son estructuradas para sobrevivir en la red, siendo copiadas, enlazadas... Así, el concepto de *memes* se oponía al de *copyrigh*: el net.art podía y debía ser descargado y grabado en nuestro disco duro. A este respecto, uno de los casos más interesantes lo compone la duplicación del *website* oficial de la Documenta X por parte del *hacker* y artista Vuk Cosic, antes de que una vez finalizado el evento, dicha página web fuera dada de baja. Gracias a este acto, en el que su autor asegura que queda implícita la idea de *ready-made*, hoy en día esta información todavía se encuentra disponible en la web.

Terminado el apartado relativo a la recopilación y selección de la información, quedaba por definir el criterio metodológico que respaldara una estructura y desarrollo conceptual de la investigación en curso. Dada la naturaleza electrónica del medio, se desestimó un estudio cronológico por la dificultad de fechar las obras en Internet sometidas a continuas modificaciones tanto por las actualizaciones de las interfaces gráficas, de los browsers o visualizadores, o por el propio contenido del proyecto. En cuanto al criterio geográfico, contradecía intrínsecamente el concepto de Internet concebido como una aldea y mente global. Además, desde una cuestión meramente práctica, la existencia de servidores virtuales hacía imposible la viabilidad de este criterio.

Un orden temático, por contra, permitía definir y acotar un arte en continua búsqueda de su identidad y demarcación de sus límites con cierta libertad. Se eligieron cuatro puntos clave, cuatro llaves conceptuales a través de las cuales definir y acotar el arte de Internet: la "conectividad", la "interfaz", la "interactividad" y, por último, la "accesibilidad al arte de Internet". Dicha tarea no resultó fácil puesto que, los referentes resultaban más bien escasos. No obstante, la ausencia de trabajos de investigación previos dotó a esta investigación de la libertad inherente a adentrarse en un territorio inexplorado y sin definir.

Tesón y perseverancia

Una cuestión de inercia. Nunca se dan las condiciones óptimas para la realización de una tesis. Las excusas surgen sin cesar: miedos, recelos, cargas familiares, económicas, problemas de material, espacio, tiempo, laborales… El abandono temporal del trabajo es un error. Después de cierto tiempo, volver a poner en marcha la maquinaria de la tesis doctoral se convierte en una tarea ardua. Tal y como he comentado anteriormente, el proceso de investigación es un organismo vivo que debe de ser alimentado diariamente. Es una cuestión de inercia. Si acudimos a las leyes newtonianas, veremos que la aceleración es inversamente proporcional a la masa, por lo que si aplicáramos la misma fuerza a dos cuerpos, uno de gran masa y otro de masa menor, el primero adquiriría una aceleración menor que el segundo. Esta idea es aplicable al corpus teórico (cuerpo) y al material acumulado (masa) de nuestro trabajo. Si además el trabajo se alargara en el tiempo, tendríamos que enfrentarnos al hecho de que los intereses han cambiado, que el tema ya no nos resulte atractivo, o incluso que haya quedado obsoleto.

En mi caso, tras 4 años de beca predoctoral, aún no había terminado la tesis. Había viajado, leído, conversado, visto, experimentado, recopilado información, imágenes y material videográfico… Había tratado de organizar la información con fichas de papel incluso había recurrido a una base de datos multimedia (Filemaker Pro) que me permitía actualizar, ordenar, realizar búsquedas e imprimir, todo ello con soporte visual. Pero todo aquello no acababa de tomar forma. Quizás tal cantidad de información me abrumaba, pero la cuestión es que no me sentía capaz de aportar nada "original", por lo que decidí abandonar definitivamente el proyecto de tesis. La salida durante el siguiente año al mercado laboral me hizo ser consciente de que fuera del plano académico, el periodo de becaria significaban cuatro años de vacio curricular. Por ello, en septiembre de 1999 dejé de lado miedos y excusas y retomé el proyecto de tesis doctoral con tan sólo la intención práctica de rentabilizar y dar término a un proceso iniciado cinco años atrás.

Si decidía empezar de nuevo necesitaría tesón y perseverancia, pero no sabía cómo ni por dónde empezar. La borrachera de información había sido necesaria, sin duda... había activado intereses, pero era hora de parar y de reflexionar sobre lo acumulado: ¿qué he visto?, ¿qué me ha interesado?, ¿cómo estructuro toda la información de que dispongo? El *brainstorming* o lluvia de ideas es una de las técnicas de creatividad más conocidas y populares. La producción de ideas en grupo suele ser más productiva que la individual, por lo que acudí a casa de Juan Crego, compañero y amigo, y empezamos a plantear posibilidades, analizando los pros y contra de cada una de las ideas que iban surgiendo. Escucharse a sí mismo, intentar explicar las ideas en voz alta, me resultó de gran utilidad. Tras todo un día de conversación volví a casa, con un ligero dolor de cabeza pero decidida a iniciar un proceso que, esta vez, sí acabaría. De este modo en septiembre de 1999 confeccioné lo que sería el primer borrador del índice de mi tesis doctoral.

Por experiencia sabía que una vez iniciado el proceso para su éxito, éste no podría pararse. Tesón y perseverancia, sí, pero en aquél entonces trabajaba en el proyecto *Inmersión en ecosistemas tecnológicos,* lo que impedía una dedicación plena a la redacción de la tesis. Además, los ingresos de la beca eran mínimos. Esta última cuestión se solventó rápidamente gracias al apoyo económico familiar. Lo más difícil, en mi caso, era diseñar un plan de trabajo realista que me permitiera alimentar el proyecto cada día. En este sentido decidí buscar un momento diario para la consulta o revisión del material, que a veces simplemente consistía en la lectura del material generado. Lo importante era que la tesis permaneciera viva en mi cabeza. Además, semanalmente, dedicaría parte del fin de semana a revisar y ordenar el trabajo desarrollado durante la semana. El plan resultó efectivo.

En junio de 2000 me concedieron una beca postdoctoral. Para su concesión me comprometía a ser doctora antes del 11 de noviembre de 2000. Este hecho aceleró el proceso de redacción, pero me enfrentó al siguiente problema: no sabía redactar. A redactar se aprende, pero como todo requiere de práctica. Busqué apoyo exterior, en una amiga de la niñez que me ayudó a corregir aquellas partes de redacción que así lo requerían. La redacción se realizó durante un verano inolvidable, el del año 2000, una especie de montaña rusa en la que las piezas encajaban y se desencajaban una y otra vez. Después de un verano aterrador, en septiembre de 2000 disponía de un borrador de la tesis. El resultado fue uno de los primeros trabajos dedicados a analizar el binomio arte e Internet, un trabajo que sigue siendo consultado en la actualidad.

A modo de conclusión, una montaña rusa

Contrariamente a lo que comúnmente se puede pensar, la tesis no supone el último escalón de un largo proceso de investigación, sino el inicio de una esperada y rica futura carrera investigadora. La tesis es el momento de definir y conformar nuestra futura personalidad investigadora, identificar qué nos interesa, agudizar los sentidos, ver y escuchar, conocer y aprender a situarnos en los distintos modelos metodológicos (cualitativos y cuantitativos) existentes.

Concebir la investigación como un proceso creativo no debe identificarse con una falta de rigor y planificación hacia lo investigado sino, como se ha dicho aquí, con un saber estar atento al acontecer de los hechos. Desde esta perspectiva, el proceso deja de ser un acto mecánico, tedioso y aburrido, para convertirse en un viaje fascinante de indagación personal, donde las intuiciones van tomando forma, donde aparecen conceptos, y donde se abren nuevas vías de investigación ni siquiera imaginadas… Una montaña rusa de sentimientos, en la que se entremezclan periodos de frustración y emoción y donde las piezas del puzzle van encajando poco a poco, hasta que aparece una imagen reconocible.

Referencias

Barreiro, P. (2009). *La abstracción geométrica en España (1957–1969)*. Madrid: Consejo superior de investigaciones científicas.

Cilleruelo, L. (2008). *Lo digital en el arte*. Madrid: Museo Nacional Centro de Arte Reina Sofía.

Dawkins, R., Stocker, G. Schöpf, C. (Eds.) (1996). *Memesis. The future of Evolution, Ars Electronica 96*. Wien New York: Springer-Verlag.

McLuhan, M. y Powers, B.R. (1993). *La aldea global*. Barcelona: Gedisa.

Moravec, H. (1993). *El hombre mecánico. El futuro de la robótica y la inteligencia humana*. Barcelona: Salvat.

Ohlenschläger, K. y Rico, L. (2009). *Banquete. Nodos y redes*. Madrid: Sociedad. SEACEX/TURNER.

San Cornellio, G. (Coord.) (2010). *Exploraciones creativas. Prácticas artísticas y culturales de los nuevos medios*. Barcelona: UOCpress.

Strom, R.D. (Coord.) (1983). *Creatividad y educación*. Barcelona: Paidós.

Turkle, S. (1997). *Life on the Screen. Identity in the Age of the Internet*. London: Phoenix.

Referencias sobre la investigación realizada

Cilleruelo, L. (2006). Fóssils i monstres: comunitats i xarxes socials artístiques a l'Estat espanyol. *Papers d'art, 91*(2), 43–8. Girona: Fundació Espais d'art contemporani.

Baigorri, L. y Cilleruelo, L. (2006). *Net.art. Prácticas estéticas y políticas en la red*. Madrid: Brumaria.

Tecnología y educación musical. Un viaje de transformación profesional y de vida

Felipe Gértrudix Barrio

Universidad Castilla la Mancha

Felipe.Gertrudix@uclm.es

Diseño, aplicación y análisis de un modelo para la enseñanza de la música en la ESO con la utilización de contenidos digitales educativos.
Universidad Compluetense de Madrid, España, 2007

Resumen de la Tesis

El objetivo principal del estudio fue integrar las Tecnologías de la Información y de la Comunicación, a través de Contenidos Educativos Digitales, en el currículo de música correspondiente al tercer curso de Enseñanza Secundaria Obligatoria (ESO). Para ello, se llevó a cabo un diseño, aplicación y análisis de un modelo didáctico adaptado a este tipo de recursos. Además, se pretendía conocer las actitudes que demostraban los estudiantes ante este tipo de herramientas, y valorar si su uso contribuía a una mejora del adiestramiento conceptual. Se contó con las secuencias didácticas y objetos de aprendizaje desarrollados en MOS: Portal temático musical del Centro Nacional de Información y Comunicación Educativa (CNICE), dependiente del Ministerio de Educación y Ciencia (MEC).

La Metodología de investigación utilizada fue la estadística descriptiva univariable, a través de la lógica del análisis comparativo (grupo experimental *vs* grupo control). Los instrumentos de recogida de datos utilizados fueron: a) Grupo de discusión a expertos, b) Entrevista en profundidad a docentes, y c) cuestionario y rúbrica de evaluación a los estudiantes investigados. La población investigada fueron los estudiantes de tercer curso de Enseñanza Secundaria Obligatoria en centros públicos de la Comunidad de Madrid que cursaban la materia de música en el curso 2005–2006, siendo la muestra final de 270 estudiantes analizados con una confianza de un 95 y un error muestral de 5. Resultados: 1) la participación y el trabajo colaborativo es mayor entre los estudiantes que han utilizado Objetos Digitales Educativos (ODEs) como recurso didáctico teniendo una actitud muy positiva ante los contenidos trabajados, si bien no ha incitado un mayor interés en investigar y buscar más información relacionada, 2) existe una tendencia positiva hacia el aprendizaje de contenidos conceptuales musicales entre los estudiantes que han utilizado contenidos digitales frente a los estudiantes que han utilizado recursos tradicionales. Podemos afirmar que, los ODEs, por su grado de interactividad y, su naturaleza multimedia, sí ayudan a entender los conceptos musicales del currículo de tercer curso de enseñanza secundaria obligatoria, repercutiendo positivamente en la evaluación de los contenidos trabajados. Ahora bien, no todos los contenidos digitales son aceptados por los estudiantes con el mismo valor. Aquellos que poseen un mayor grado de interactividad son los mejor valorados frente a los textos digitalizados como contenidos directos de información en un contexto interactivo multimedia, ya que entienden mejor los contenidos a través de las imágenes, interacciones y la participación directa en la construcción del conocimiento. En definitiva, los contenidos educativos digitales en la enseñanza musical ofrecen la posibilidad de plantear situaciones de aprendizaje muy variadas y enriquecedoras. Estos recursos influyen positivamente en la captación del interés del alumnado como se ha demostrado en la investigación, lo que hace que el proceso de enseñanza-aprendizaje pueda desarrollarse de forma eficaz.

***

Tradición y contexto musical

Sin tradición no hay historia y sin historia no hay ser humano en el concepto más alto y profundo de este concepto. Con esta frase de Cristobal Halffter, en su discurso de entrada en la Real Academia de Bellas Artes de San Fernando, quisiera comenzar mi disertación sobre lo que fue mi experiencia como doctorando y, finalmente, su consecución como docente en la universidad. Cierto es, que sin tradición no hay historia. Por ello, es importante aclarar las ideas, nacidas de una íntima necesidad de saber no sólo cual es la realidad de uno mismo, sino también de dónde se viene y cuáles han sido los precedentes inmediatos, para conocer que sucesión de realidades han hecho que se opte por una elección en particular.

En mi caso, el peso de la tradición ha estado marcado desde mi nacimiento. Desde entonces, mi vida ha transcurrido dentro de un ambiente musical que hizo posible que me encauzara hacia el mundo sonoro en toda su extensión. Sonidos cargados de tradición, folclore y flamenco, que, posteriormente, se fueron fortaleciendo con los años en un entendimiento con otros mundos sonoros.

Como queriendo realizar un acto de similitudes y de metáforas, el trazo de este escrito estará comprendido sobre tres ejes que incardinan todo su texto.

Así, partimos de la idea pictórica-filosófica del ser o del objeto en su tripe dimensión visual: dintorno, contorno y entorno. Entendamos esta ternaria dimensión como un hilo conductor en el que todo lo que se expone de alguna forma podría verse desde esta perspectiva: 1) el *académico*, el dintorno del saber-saber: el perceptivo, 2) el *docente*, el contorno del saber hacer: el expresivo, y 3) el *investigador*, el entorno: el saber creativo, el saber estar y ser.

Esta configuración se proyecta en los distintos campos musicales (educación, interpretación, composición, dirección, gestión e investigación) en los que he estado inmerso y que bebe directamente de esta reflexión entendiendo a cada sujeto – estudiante universitario, de secundaria o alumno de centros de enseñanzas musicales – , dentro de un dintorno particular en el que percibe, en nuestro caso, sensaciones sonoras y musicales, y, que a su vez, proyecta sus propias expresividades para que otros, en su dintorno, lo perciban.

En la reflexión de esas percepciones y expresiones recíprocas se produce un acto creativo perpendicular en el que de forma individual o de forma colectiva-cooperativa se originan las creaciones sonoras y musicales en los entornos de cada uno. Esta última acción se manifiesta como un aprendizaje completo de los saberes (hacer, ser y estar).

Aprendizaje ecléctico, mirada educativa

La familia, los profesores, los educadores, los compañeros, los amigos, el entorno …, en definitiva el contexto, son parte de los prescriptores que se tienen a lo largo de la vida. Todos y cada uno de ellos fortalecen el "yo" actual.

En mi dimensión académica he conseguido un aprendizaje musical desde diferentes miradas. La intérprete con títulos superiores en Guitarra y en Dirección de Coro y la contemplación investigadora a través del título superior en Musicología y el título de Doctor en Creatividad aplicada por la Universidad Complutense de Madrid.

Aunque mi aprendizaje inicial estuvo formado en la práctica real como músico-compositor-intérprete, ya fuera como solista o como miembro de una agrupación musical, como locutor de radio, productor y/o director musical, así como autor, editor y director de ediciones y proyectos en los campos audiovisual y multimedia, no fue hasta el año 1990 cuando todo este cúmulo de experiencias sirvieron como soporte de una vocación superior: la de educador y docente.

El aprender a enseñar es quizás uno de los saberes más complejos. El saber transmitir conlleva mucha madurez y constituye el punto más elevado del aprendizaje: enseñando aprendemos (Séneca).

La labor docente, y como no podía ser de otro modo, si aludimos a lo sonoro, debe estar siempre en una vuelta constante en el rediseño temático en la que nos obliga a recrear siempre aquello que vale, modificándolo y/o variando.

En este sentido, la innovación docente es un ejercicio obligado en la que, la reflexión didáctica, abre nuevos caminos en los que avanzar. La innovación educativa constituye uno de los baluartes en los que se asienta el campo de la formación del profesorado, y en los niveles educativos superiores supone un eje transversal de primer orden. En mi caso concreto, ha constituido una de las lineas fundamentales en mis investigaciones: la Innovación educativa en educación musical.

Pero antes de llegar a esta posición, mis precedentes como investigador estuvieron dominados por una tradición anterior, un poso en el que durante años me sirvió como proceso de aprendizaje. Dicha labor investigadora estuvo supeditada al campo artístico, en la creación de numerosas obras como autor y compositor, y, en el campo de la musicología, como experto en la música española del Renacimiento (Roa Alonso y Gértrudix Barrio, 2002).

Proyecto de transformación vital y profesional

Motivaciones y objetivos

El aventurarse en la elaboración de una tesis doctoral supone una declaración de intenciones que pretende dibujar, establecer y ordenar las pretensiones científicas de una persona; una singular guía de viaje, una bitácora que trata de definir la singladura básica (al menos la imaginada) del trayecto que se pretende recorrer en el futuro.

Es obvio e importante ceñir las proposiciones de acción investigadora privilegiando uno de estos segmentos de conocimiento. De otro modo, por más que la trayectoria investigadora del futuro doctorando se hubiera desenvuelto en varios ámbitos, se podría perder profundidad en el alcance de la propuesta.

Durante años tuve interés en acometer los estudios de doctorado, con diversas tentativas de matrículas en distintos programas, más o menos interesantes. Pero me faltaban algunos anclajes importantes, ya fuera académico o personal, y, sobre todo, motivaciones reales para hacerlo. En definitiva, ¿para qué quería tener un doctorado? y ¿qué aspectos importantes aportaría a mi vida y a mi profesión? Es primordial preguntarse este tipo de cuestiones antes de abordar cualquier trabajo de investigación de doctorado; es necesario saber cuándo es el momento adecuado, cuáles son las competencias reales con las que se cuenta en relación a lo que se quiere investigar, y si la finalidad de la tesis tiene el objetivo que se había marcado.

Una vez superadas estas incógnitas, la elección del camino estará más delimitado, y, aunque nos encontremos con tropiezos, algunos propios y otros externos, seguro que conseguiremos llegar a buen puerto.

Los antecedentes comentados anteriormente, en relación a mi ejercicio profesional, fueron los que impulsaron definitivamente la motivación en la toma de decisiones a la hora de realizar estudios de doctorado. En un principio, vinculados con mi experiencia como musicólogo, realizando los cursos previos de doctorado en un programa de Humanidades y Ciencias de la Música. Finalmente, tanto el trabajo de investigación para el Diploma de Estudios Avanzados como la elaboración de la propia tesis y su lectura, estuvieron adscritos a un programa interuniversitario de Creatividad Aplicada. Este hecho fue promovido por una coherencia natural con mi profesión como docente en niveles no universitarios, como asesor en un centro de formación, y mi práctica en la innovación de las TIC y educación musical. En este sentido, creo que la decisión tomada fue muy acertada, ya que, si bien los temas relacionados con los aspectos más teóricos de la música siguen llamando mi atención (soy miembro del CIDoM, Centro de Investigación y Documentación Musical, Unidad Asociada al CSIC), es en el campo de la innovación educativa general, y musical en particular, donde he encontrado el mejor aliado para la investigación.

Es por ello, que a partir de 2001, – merced a la participación como coordinador y diseñador pedagógico de software de aplicación en el ámbito de la educación musical, del Centro Nacional de Información y Comunicación Educativa (CNICE), dependiente del Ministerio de Educación y Ciencia, con tres productos denominados MOS, Flamoslandia y Folkmoslandia (Gértrudix, 2006a) –, la balanza investigadora se inclinó definitivamente hacia la innovación en tecnologías y educación musical.

Formador de nuevos docentes

Una vez marcado mi objetivo, la realización y lectura de la tesis doctoral tendría una consecuencia ulterior que transformaría mi vida y mi profesión. Después de realizar una retrospectiva, desde una doble visión como discente y docente, y después de años de ejercicio en centros de enseñanza no universitaria, conociendo los pros y contras de una enseñanza general y el tratamiento que en ésta se le concedía a la educación musical, analicé cuáles eran los métodos utilizados por mis profesores y compañeros que mejor conducían hacia el proceso de enseñanza-aprendizaje. Por otro lado, pude evidenciar cómo los estudiantes habían cambiado paralelamente a los cambios sociales, mientras que la escuela, se había quedado suspendida en un modelo educativo similar al que tuvieron sus padres: "Muchas las reformas en la reformulación de la estructura educativa [...], pero escasas mudanzas en los planteamientos metodológicos" (Gértrudix, 2006b, pág. 2). Todos estos elementos fueron determinantes en trasladar mi vocación como docente a la enseñanza superior. Formar a las nuevas generaciones de maestros supuso un gran incentivo, y en el año 2006 entré a formar parte del claustro de profesores de la, entonces, Escuela Universitaria de Magisterio de Toledo. Un impulso definitivo en mi decisión de apostar por este cambio profesional, fue la filosofía declarada en los presupuestos del Espacio Europeo de Enseñanza Superior (EEES) y en la transformación de las Escuelas Universitarias de Magisterio en Facultad de Educación. Todo esto ayudó a que tuviera más sentido la obtención de un Título de Grado de Doctor.

Proceso de elaboración de la tesis doctoral

1. El qué investigar: TIC y Educación musical

Cuando nos referimos al proyecto global del proyecto investigador lo hacemos considerando el proyecto general que ha de guiar nuestra actividad investigadora. Como tal, su campo abarca el conjunto de acciones y objetos de investigación, y sus objetivos últimos se centrarán en dotar de contenidos estructurados, afinar el método de análisis y de investigación, verificar los resultados y contemplar las aplicaciones prácticas de ese campo de estudio. En el seno de este "proyecto global" se inscribirán cada una de las realizaciones concretas, cada uno de los proyectos específicos de investigación que se irán construyendo y recorriendo a lo largo de nuestra actividad profesional y científica.

En mi caso, como vengo anunciando, el programa investigador giró en torno a la innovación educativa en la integración de las TIC y en las posibilidades que estas ofrecen para el desarrollo de la Educación Musical. La relación entre Música y Tecnología es tan estrecha que ha transformado profundamente no solo las estructuras de creación, producción y consumo musical, sino que es un estímulo generativo incesante del escenario educativo y cultural en el que vivimos.

2. El cómo investigar: la elección adecuada en la metodología

Al establecer el objeto de estudio, estamos delimitando los objetivos e hipótesis y, por lo tanto, las pautas que establecerán el método apropiado con el que analizar las variables de investigación. La acción que se ejerció en mi investigación estuvo construida bajo el paradigma de la metodología cualitativa-cuantitativa. Esto fue así, ya que lo que buscaba era analizar la actitud de los estudiantes de tercero de la ESO frente al uso del ordenador e Internet como recurso de método de trabajo en el aula, así como comprobar si la metodología a partir de los Contenidos Educativos Digitales podían repercutir positivamente en los resultados conceptuales dentro del área de música. La decisión del uso de las técnicas cualitativas del grupo de discusión y la entrevista, se tomó porque permitía ajustar el proceso de producción en el análisis y la interpretación de los discursos. En este sentido, a la hora de diseñarlas tuve en cuenta dos enfoques teóricos:

a) *Enfoque funcionalista* de la entrevista, sustentado en una concepción de empirismo metodológico, ya que está focalizada en la experiencia subjetiva de las personas expuestas a la situación pre analizada, en un esfuerzo por determinar sus definiciones de la situación.

b) *Análisis del discurso* del grupo de discusión como oposición al anterior enfoque metodológico, ya que fluye espontáneamente en un contexto que delimita solo las condiciones materiales de su producción, incluyendo los modos de relación y los modos de intervención de los actores.

3. Los pros y contras en el proceso de investigación

El problema básico de cualquier investigación de teis doctoral en el ámbito de las ciencias sociales y/o humanidades en España, es que se trata de trabajos, en general, muy individuales y sin conexión con las lineas establecidas por los grupos de investigación creados en las distintas universidades. Por lo menos, esta era la tencencia hasta ahora. La tradición existente de grupos consolidados en otros ámbitos de conocimiento, como medicina, psicología, y, en general, las ingenierías y las ciencias, les ha posibilitado garantizar una estructura de consolidación en la investigación, y de respaldo al futuro doctor.

Este "vacío" relativo, en nuestro campo de estudio, conlleva un esfuerzo mayor por parte del investigador, que, aun teniendo la rigurosa exigencia y asesoramiento a las correcciones y orientaciones del tutor y director de tesis, en ocasiones uno puede sentirse perdido y desorientado.

Mi experiencia particular estuvo avalada por la participación en el desarrollo de software educativo en el CNICE, como ya he referenciado más arriba. Experiencia fundamental que tuvo una consecuencia directa en la elaboración del Marco teórico y Estado del Arte y supuso el incentivo definitivo a la hora de concretar el objeto de estudio y la metodología de investigación.

A lo largo de los tres años en los que estuve inmerso en esta aventura, fueron muchas las anécdotas positivas, pero también hubo momentos de incertidumbres. Al ser una tesis de madurez – la leí con 36 años –, había cuestiones ya solucionadas como las académicas y de conocimiento sobre la temática de investigación, pero existían otras que suponían un complemento que, a veces, dificultaba una concentración a la hora de escribir. Veamos los pros y contras con los que me enfrenté en mi etapa de doctorando:

1) Los Pros: a) disponer ya de Internet en aquel momento, facilitandome la labor en la recuperación de información sobre investigaciones previas acerca del objeto de estudio y, así poder desarrollar con éxito el apartado de discusión, y b) contar con la colaboración de los cámaras y realizadores del departamento de TV del CNICE que realizaron las grabaciones de algunas de las experiencias en el aula y el grupo de discusión. Dichas grabaciones se encuentran recogidas en la página del recurso educativo musical MOS: http://recursos.cnice.mec.es/musica/documentos/experiencias/presen06.html.

1) Los Contras: a) dificultades en la conciliación familiar (mi hija tenía un año cuando comencé con la investigación y cuatro cuando leí la tesis), y mi labor como asesor en un centro de profesorado, complicaban a veces un seguimiento continuado del trabajo. En especial, esto fue más acusado cuando se llevó a cabo el trabajo de campo en los centros de secundaria. Durante más de dos años, mi dedicación temporal al estudio se situó en una franja horaria nocturna, entre las 23:00 y las 2:00, con lo que mi ciclo de sueño cambió, y hoy en día sigo manteniéndolo, y b) la limitación en el tipo de contenidos utilizados en la experimentación en el aula. Debido al curriculum cerrado de la asignatura de música en tercero de la ESO, tuve que adaptarme a los contenidos que se iban a dar en el momento de la intervención: la música instrumental en el romanticismo, y desarrollar una guía didáctica (Gértrudix, 2010: 195–231).

Aspectos de mejora: Reexposición temática

Con la perspectiva de diez años vista, desde que leí mi tesis doctoral en julio de 2007, exiten ciertos aspectos en el desarrollo de la misma que hoy en día cambiaría. El principal sería el poder participar y formar parte de un grupo de investigación en una universidad o centro de investigación, en el que se pudiera inscribir la tesis. De esta manera, ciertos aspectos como los económicos (participación en congresos y gastos derivados de la propia investigación) y una orientación más adecuada, garantizarían unos mejores resultados. Por otro lado, es importantísimo un buen cronograma de trabajo y una secuenciación de las distintas fases en la programación de todo el proceso de investigación. Delimitar claramente, desde el principio, cuáles son los objetivos a alcanzar en cada curso académico de nuestro doctorado, es directamente proporcional a los resultados positivos que queremos conseguir y, en definitiva, a una finalización exitosa de nuestra tesis, en tiempo y en forma. Este es un aspecto que, como tutor y director de mis doctorandos, insisto especialmente al comienzo de cada tesis. Un buen diseño programático, atendiendo a los diferentes factores, personales y profesionales que cada uno tiene de forma individual, estimula al incipiente doctorando en disfrutar de una actividad tan excelsa como es dar respuesta a los distintos problemas y desafíos que encontramos a lo largo de nuestra profesión o de nuestra vida.

A modo de conclusión

Con la intención de orientar al futuro estudiante de doctorado en el ámbito de la educación musical, puedo afirmar que cada viaje forma parte de un proyecto global de exploración. Es una etapa más que contribuye y afianza el crecimiento personal del viajero, ensanchando su dintorno. La realización de la tesis doctoral, supone un compromiso de calidad por continuar contribuyendo a la formación de nuevos profesionales de la educación, y a proyectar, desde la práctica investigadora y la transferencia de conocimiento, luz a los extraordinarios retos que la sociedad nos demanda. La imaginación, el esfuerzo y el convencimiento son el mejor viento que debe empujar nuestras velas hacia el futuro. Como señaló William George, "El pesimista se queja del viento, el optimista espera que cambie, el realista ajusta las velas y sigue navegando". Mientras este derrotero curse su camino, sigue navegando para conocer nuevos puertos, nuevos entornos.

Referencias

Gértrudix Barrio, F. (2006a). MOS: una propuesta de aprendizaje musical en línea. Una propuesta de apoyo al profesorado. *Eufonía, 36*, 63–8.

Gértrudix Barrio, F. (2006b). Los portales educativos como fuente de recursos materiales. MOS: un ejemplo de portal temático educativo. *Icono 14, 7*, 1–17. Recuperado de: http://www.icono14.net/ojs/index.php/icono14/article/view/400/276

Gértrudix Barrio, F. (2010). Diseño, aplicación y análisis de un modelo para la enseñanza de la música en la ESO con la utilización de contenidos educativos digitales. Tesis doctoral. Madrid: Eprints UCLM. Recueroado de: http://eprints.ucm.es/11420/1/T29919.pdf.

Roa Alonso, F. J. y Gértrudix Barrio, F. (2002). *El libro de música de vihuela de Diego Pisador (1552). 3 vóls.* Madrid: Editorial Pygmalión.

Referencias sobre la investigación realizada

Gértrudix Barrio, F., y Gértrudix Barrio, M. (2007). Investigación en torno a las TIC en education: una panorámica actualizada. *Docencia e Investigación, 7,* 119–46.

Gértrudix Barrio, F. (2009). Las TIC al servicio de la educación musical. Un binomio de siempre. *Actas Icono 14, A1,* 25–35. Recuperado de: http://www.icono14.es/las-tic-al-servicio-de-la-educacion-musical.

Gértrudix Barrio, F. (2010). Diseño, aplicación y análisis de un modelo para la enseñanza de la música en la ESO con la utilización de contenidos digitales educativos (ODE). *Revista de Musicología, 33*(1-2), 625–39.

Gértrudix Barrio, F., García García, F., y Ruíz de la Serna, R. (2013). La actitud de los estudiantes ante el uso de Contenidos Educativos digitales para elaprendizaje musical. Investigación longitudinal. *Conference: Intercom – Sociedade Brasileira de Estudos Interdisciplinares da Comunicação XXXVI Congresso Brasileiro de Ciências da Comunicação, At Manaus.* Recuprado de: https://goo.gl/Acq7QW.

BIVEM: Una tesis líquida. Relato autobiográfico

Andrea Giráldez Hayes

Universidad de Valladolid

agiralde@mpc.uva.es

BIVEM: Biblioteca Virtual de Educación Musical
Universidad Nacional de Educación a Distancia, España, 2001

Resumen de la Tesis

La finalidad de esta investigación fue la de crear un espacio especializado de acceso a artículos y otros recursos para la educación musical disponibles en Internet, proporcionando una herramienta eficaz para localizarlos y utilizarlos con fines académicos y didácticos. La tesis partía de la hipótesis de que el diseño de una biblioteca virtual especializada, al facilitar la localización y minimizar los tiempos de búsqueda, potenciaría el acceso y utilización de dichos recursos por parte del profesorado y, a su vez, pondría de manifiesto las posibilidades que abría la WWW como entorno apropiado para la divulgación y el intercambio de investigaciones, materiales y experiencias didácticas entre docentes. El estudio exploró la viabilidad y utilidad de una biblioteca virtual especializada, creada *ad hoc*, para la que se seleccionaron y organizaron sistemáticamente los recursos que alcanzaban los criterios de calidad establecidos en el proceso de evaluación. Desde el punto de vista de la metodología, el diseño se centró básicamente en el análisis de contenidos, por ser una metodología que en el ámbito de las ciencias sociales y la bibliometría posibilita "el estudio de las comunicaciones humanas materializadas en documentos tales como los libros, los sitios web, las pinturas y las leyes" (Babbie, 2012). Como punto de partida, se realizó un análisis detallado de las características de la World Wide Web, las herramientas de búsqueda y las bibliotecas virtuales existentes en los años de realización del estudio, así como las perspectivas que se abrían para la educación musical en el marco de la entonces incipiente Sociedad de la Información. Luego se procedió a la exploración documental, análisis, selección, descripción y catalogación de una amplia muestra de recursos. Finalmente, se creó un prototipo de biblioteca virtual que incluía los recursos seleccionados tras las tareas de análisis y exploración antes mencionados. Cada uno de los recursos incluía una descripción detallada, así como sugerencias para su uso. En el proceso, también se diseñó y aplicó un cuestionario de evaluación que fue respondido en distintos momentos por segmentos de la muestra de sujetos que pudieron utilizar esta biblioteca en la fase de pruebas. Las respuestas recibidas en distintos períodos de esta fase sirvieron para realizar los ajustes necesarios, hasta crear la versión final de la biblioteca virtual, disponible off-line (usando un CD-ROM) y online, en la página web http://www.bivem.net, que en el momento de su publicación, en el año 2000, incluía 858 recursos convenientemente clasificados y comentados.

***

Primeros pasos

En el año 1993, tras obtener una plaza como profesora asociada a tiempo completo en la Escuela Universitaria de Magisterio de Segovia (Universidad Autónoma de Madrid), comencé a considerar la posibilidad de realizar un doctorado. Pocos meses más tarde había tomado la decisión, pero me encontré con una desagradable sorpresa. A pesar de que en 1984 había obtenido mi grado de licenciatura en la Universidad Nacional de Córdoba (Argentina), ese título había sido convalidado en España con el de Profesora Superior de Pedagogía Musical, puesto que los músicos y los pedagogos musicales se formaban en conservatorios superiores y no en universidades. Tuve que esperar hasta 1994, cuando se aprobó una ley que equiparaba dicho título al de licenciado (Real Decreto 1542/1994), para iniciar mis estudios de tercer ciclo. Para entonces, y dada la situación que acabo de describir, prácticamente no había doctores en Educación Musical y mucho menos programas de doctorado específicos. Por tanto, quienes decidíamos emprender este camino, debíamos optar por doctorados en áreas afines, entre ellas la Musicología o la Pedagogía.

Mi decisión estuvo marcada por dos factores importantes: en primer lugar, mis estudios de licenciatura habían sido en Educación Musical y desde los inicios había trabajado como profesora de música en Infantil, Primaria y Secundaria, por lo que decididamente estaba más interesada por la Pedagogía que por la Musicología. En segundo lugar, mis posibilidades económicas eran limitadas; necesitaba trabajar para financiar mis estudios y los horarios de los seminarios de doctorado eran incompatible con mi trabajo como profesora de universidad. Eso hizo que desde el comienzo me decantara por la Universidad Nacional de Educación a Distancia. Allí podía elegir entre dos o tres departamentos vinculados a la educación, y finalmente me decanté por el de Didáctica, Organización Escolar y Didácticas Especiales. Sabía que no habría ninguna asignatura directamente vinculada con mi temática, pero tenía la esperanza de que, al finalizar el período de formación, podría hacer la investigación que llevaba a la obtención del Diploma de Estudios Avanzados (DEA), y posteriormente la tesis doctoral, en algún tema relacionado con la educación musical.

Entre las diversas opciones que había para las asignaturas que teníamos que elegir en los dos primeros años de estudio, opté por las siguientes: *La enseñanza en los medios de comunicación; Las nuevas tecnologías de comunicación; Análisis del currículum en la educación artística; La educación visual para una relación sensible y competente con el entorno; Metodología de análisis didáctico de los medios de comunicación; El conocimiento del medio como eje interdisciplinar.* Los dos primeros cursos, realizados entre los años 1995 y 1997 sirvieron para familiarizarme con algunas líneas de investigación y también para conocer más de cerca de los docentes del programa, algo importante a la hora de elegir al director del DEA y, posteriormente, de la tesis doctoral.

La UNED es una universidad con muchísimos alumnos, y encontrar un director no es tarea fácil. En mi caso, opté por uno de los profesores que había impartido uno de los cursos de doctorado (*Las nuevas tecnologías de la comunicación*), quien también había sido mi tutor: el Dr. Domingo Gallego Gil. Este profesor, además de haberse mostrado amable y cercano a los estudiantes, me había animado a realizar el DEA bajo su supervisión. El tema del DEA estuvo relacionado con las metodologías de audición musical activa, y aunque los resultados fueron positivos, cuando llegó el momento de iniciar la tesis mi interés por la relación entre educación musical e interculturalidad se había acrecentado tras leer algunos de los textos sobre el tema que comenzaban a publicarse, escribir algunos artículos y un libro que en su momento fue un referente para muchos docentes (Giráldez y Pelegrín, 1996), así como presentar comunicaciones y ponencias en diferentes congresos.

A pesar de mi entusiasmo, ese tema no pudo ser el definitivo, ya que, tras presentar el proyecto, el director afirmó que ese no era un tema de su interés y que solo estaría dispuesto a dirigir mi tesis si ésta se vinculaba con una de sus líneas de investigación: la tecnología educativa. La pregunta era: ¿cambiar de tema o cambiar de director? No recuerdo bien por qué, pero creo que fue por una cuestión práctica, que implicaba no iniciar nuevamente el proceso de solicitud de director, que decidí considerar la posibilidad de buscar un tema relacionado con las tecnologías. Era un ámbito que me interesaba y que había podido explorar en algunos de los cursos de doctorado. Sin embargo, no sabía muy bien por dónde empezar, de modo que dediqué un tiempo a la búsqueda de referencias y a la lectura de informes de investigación sobre el tema. Recuerdo cómo una tarde, en la Biblioteca de la Universidad Complutense, encontré casualmente una tesis doctoral muy reciente titulada *Biblioteca Virtual de Ciencias para la Salud* (Maquedano Martínez, 1997). Al leer el resumen supe que ese podía ser un camino. La tesis había tenido como finalidad "proporcionar al profesional sanitario las herramientas necesarias para acceder 'online' a las bases de datos de ciencias de la salud en soporte electrónico y a los diferentes recursos de información secundaria de los servidores de Internet para beneficiarse de las aplicaciones de la telemedicina en el campo de la documentación científica, de la enseñanza y de la asistencia hospitalaria." (TESEO, 1997). Y se preguntarán ustedes qué relación hay entre las Ciencias de la Salud y la Educación Musical. Sin duda, muy poca. Lo que había llamado mi atención era la posibilidad de crear una biblioteca virtual que reuniese, de manera ordenada, recursos relacionados con la educación musical disponibles en los servidores de Internet. Hoy, y especialmente para quienes no hayan recorrido este camino o no recuerden cómo se accedía a la información hasta finales de la década de 1990, esta idea puede parecer poco relevante. Después de todo, actualmente solo hay que saber utilizar de manera adecuada algunas palabras clave y pasar más o menos tiempo buscando recursos en Google. Sin embargo, en aquel entonces la situación era muy distinta.

La idea surgió, probablemente, porque un año antes, en 1996, cuando Internet era una novedad y prácticamente no existían buscadores, y mucho menos herramientas 2.0 como Wordpress o Wix, yo misma había creado, copiando código HTML que encontraba en revistas sobre informática, mi primera página web que, como no podía ser menos, estaba dedicada a la Educación Musical. En dicha página incluía periódicamente algunos de los artículos y recursos que, tras interminables horas de búsqueda con un módem de 14.4k y los pocos buscadores que existían en aquel momento, encontraba en la red. No puedo asegurarlo, pero creo que por entonces las páginas web en español sobre educación musical se contaban con los dedos de una mano, y un rudimentario contador de visitas me había permitido constatar que mi trabajo tenía algún interés para la comunidad educativa.

Por ello, cuando encontré la tesis sobre *Biblioteca Virtual de Ciencias para la Salud* y leí acerca de los beneficios que la base de datos creada por la autora estaba generando en su comunidad profesional, pensé que, aprovechando la experiencia adquirida con mi página web y mi pasión por encontrar, leer, evaluar y clasificar lecturas (eso que ahora se llama "curar contenidos"), podía plantear mi propuesta de investigación. Así lo hice, y la misma despertó el interés de mi director, con lo cual comenzó el camino de elaboración de la tesis doctoral con una presión añadida: el director me advirtió que al trabajar con un objeto de estudio que seguramente iba a cambiar muy rápido, corría el riesgo de que la tesis quedara "caduca" antes de leerla. Por tanto, una de sus primeras preguntas fue si estaba dispuesta a trabajar muy duro y asegurar que terminaría en un máximo de dos años. Aunque seguía trabajando a tiempo completo y esto suponía un enorme desafío, acepté el reto y decidí continuar.

BIVEM fue, parafraseando a Zygmunt Bauman, una "tesis líquida", puesto que la metáfora de la liquidez hace referencia al cambio, a la transitoriedad, a la volatilidad. Sin duda, el objeto de estudio de la tesis era y es una realidad cambiante, en continuo movimiento, que en algunos momentos era difícil de asir y contemplar con detenimiento.

Adentrarse en nuevos mundos

Aunque el tema elegido formaba parte de mi ámbito de estudio, la educación musical, al comenzar la investigación descubrí que había muchos "frentes" que cubrir y tuve que comenzar a explorar otros mundos, ajenos a la educación musical, a través de las lecturas. Recuerdo haber llenado mi biblioteca no solo de libros que hablaban de Internet y la comunicación en red, sino también de la creación y gestión de bibliotecas, del nuevo concepto de biblioteca virtual, de la indexación de fondos bibliográficos, de la digitalización de archivos o de aspectos técnicos para la creación de páginas web y bases de datos. Aprendí lo necesario acerca de estos y otros temas, aunque tuve que tomar decisiones importantes. Y he aquí una reflexión que puede ayudar a los doctorandos. No es necesario saberlo todo y hacerlo todo. Siempre y cuando uno reconozca las ayudas recibidas y actúe con honestidad intelectual y moral, hay cuestiones que se pueden delegar. En mi caso, fue la creación de la base de datos. En aquel entonces, era una tarea sumamente compleja que requería de conocimientos especializados y, como antes he comentado, los míos se limitaban a la creación de un sitio web. Tras contactar con varias empresas, me recomendaron hablar con uno de sus técnicos, Juan Carlos Udías (http://www.udias.com), a quien nombro y agradezco en la tesis su inestimable colaboración. Udías se encargó de la parte técnica, que consistió en la creación de una base de datos en File Maker que quedó incorporada en la web y con en la que yo misma podía gestionar los recursos.

La gestión del tiempo

Nunca tuve la oportunidad de ser una estudiante a tiempo completo. De hecho, siendo estudiante de grado, ya había tenido que compatibilizar mis estudios con una jornada laboral de 7 horas. En cierto modo, tenía la ventaja de saber gestionar el tiempo para estudiar y trabajar, pero creo que nunca imaginé lo duro que podía ser la elaboración de una tesis doctoral cuando las horas son limitadas y cuando, como antes he mencionado, solo contaba con dos años para realizar la tesis. Existe, sin duda, una diferencia fundamental entre ser estudiante de grado y ser un doctorando que elabora tu tesis: esta tarea comienza a invadirlo todo. Uno se levanta y se acuesta pensando en el tema y la necesidad tenerlo todo controlado y no perder el hilo requiere de mucha energía. En mi caso, lo que más me ayudó fue establecer una rutina y proponerme ser extremadamente organizada desde el comienzo. Sabía que un poco cada día era mejor que la ilusión de pensar que el fin de semana era muy largo y serviría para avanzar, de modo que reservé cuatro horas cada jornada, de lunes a sábado, e intenté respetar el horario. Asimismo, desde las primeras lecturas fui muy sistemática en la elaboración de fichas bibliográficas y la toma de notas, algo que puede parecer un detalle menor, pero que ahorra mucho tiempo en el proceso de escritura.

Dicho esto, es difícil evitar que la vida familiar y social se resienta durante este período. No solo dedicamos mucho tiempo a la tesis, sino que tendemos a hablar de la tesis todo el tiempo. Y claro, no todos están interesados en el tema. Por ello, además de programar las horas de estudio, es importante dejar algún tiempo libre para dedicar a la familia y los amigos y procurar que las conversaciones no sean monotemáticas.

Además, es importante cuidar de la salud, física y mental. Comer y dormir bien, dar algunos paseos o hacer ejercicio físico, relajarse, etc. Es tentador dedicar todo el tiempo a la tesis, pero si no cuidamos de nuestra salud podemos terminar pagando las consecuencias.

No puedo imaginar lo que supone realizar una tesis teniendo hijos pequeños, porque en mi caso, la mejor noticia, recibida solo unas pocas horas después de leer esta tesis, fue que estaba embarazada de gemelos.

Cuidar de los detalles

En la tesis, cuenta tanto el contenido como la forma. Cada universidad tendrá sus propias normas y criterios, que deberán respetarse. Más allá de estos, hay otros que son tácitos, y que todo doctorando debería tener en cuenta. Me refiero al estilo de redacción de la tesis y de citas bibliográficas. No se trata solo de escribir con un estilo adecuado, sino también de evitar posibles erratas. Puede que, cansado en el tramo final, el doctorando ya no sea capaz de ver esos detalles, pero es importante identificarlos y eliminarlos o corregirlos. En mi caso, y a pesar de que en el momento de redactar la tesis ya había escrito varios libros, opté por contratar una correctora de estilo. Fue una pequeña inversión, pero recuerdo a algunos miembros del tribunal agradeciendo el que la tesis fuese impecable en ese sentido.

Otros detalles a tener en cuenta es el uso de gráficos o ilustraciones, que deben ser de buena calidad, la maqueta, el uso de estilos en los títulos y los distintos textos, o la encuadernación. Parecen cosas menores, pero no sería la primera vez que la hora de debate con el tribunal se pase con comentarios relacionados con la forma de la tesis, sin llegar nunca al fondo, que es lo que realmente interesa. Para evitarlo, lo mejor es que el único comentario posible respecto a la forma sea que la presentación de la tesis está muy cuidada.

Lo mejor, lo peor y lo mejor de la experiencia

Me encanta aprender y descubrir nuevos mundos. En este sentido, la elaboración de la tesis fue un período apasionante. Como antes he explicado, no solo implicó reflexionar y reorganizar mis conocimientos en el ámbito de la educación musical, sino aprender sobre muchos temas que para mí eran novedosos. Relacionar ideas, sentir cómo se van dando pequeños pasos y, sobre todo, esos momentos en los que algo hace "clic" y todo lo que hemos venido leyendo parece cobrar sentido, es sin duda una experiencia memorable.

Lo peor, en mi caso, fue el tiempo invertido en aprender a crear una base de datos (casi cinco meses), sin aceptar que no podía ni debía saberlo y hacerlo todo. Si desde el principio hubiese buscado ayuda, habría ganado un tiempo precioso. También fue complejo el medio sobre el que investigaba. Aunque pocos meses antes de comenzar la tesis aparecieron módems más veloces (28.8 y luego 36k), las conexiones eran extremadamente lentas y prácticamente imposibles durante el día, cuando la mayoría de la gente estaba conectada. Finalmente, tuve que solicitar tres meses sin sueldo en mi Universidad, puesto que la única manera de que las páginas "bajaran" en un tiempo razonable, era comenzar a trabajar a las 12 de la noche y terminar poco después de la madrugada. Durante esos meses tuve que invertir mis horas de sueño, aunque la posibilidad de dedicarme por entero a la tesis supuso un gran avance.

Otro aspecto negativo fue la escasa formación en metodología de la investigación recibida durante los cursos de doctorado. Si bien existía una asignatura de métodos, era optativa y en mi caso nadie me aconsejó realizarla. Esto hizo mucho más difícil el proceso de diseño de la tesis que, considerado con la perspectiva del tiempo, observo que es muy mejorable.

Pero voy a terminar este apartado con algo positivo. Hubo otra cosa sumamente gratificante, y fue comprobar cómo a las pocas semanas de publicar el sitio web de BIVEM, las visitas comenzaban a multiplicarse y los mensajes de agradecimiento de muchos usuarios se hacían habituales. Sin duda, había un motivo para seguir. En este sentido, cualquier tesis, ya sea teórica o aplicada, se hace para aportar algo a la comunidad, y en mi caso tuve la oportunidad de comprobar el interés que despertaba la tesis, incluso antes de leerla.

Otras investigaciones y experiencias inspiradas en Bivem

También fue alentador ver cómo, desde el punto de vista académico, la tesis despertaba el interés de otros investigadores. Entre otras investigaciones en las que fue citada, la tesis fue usada como modelo en la elaboración de dos Trabajos Fin de Máster: *Artenlaces: Biblioteca Virtual de Enseñanza Artística* (Ángeles Saura, 2003) que replicaba exactamente los pasos seguidos en BIVEM y una Biblioteca Virtual de Religión, ambas realizadas por tutorandos del Dr. Gallego Gil. Asimismo, con el correr de los años fueron surgiendo páginas web en las que distintos docentes recopilaban y/o recomendaban recursos para la educación musical.

Como trabajo propio, me propuse publicar parte de la tesis en algún formato que hiciese el contenido asequible e interesante para el profesorado de música. La editorial Graó hizo posible la publicación del libro titulado *Internet y Educación Musical* (Giráldez, 2005) que hoy, más de diez años más tarde y con lo mucho que ha cambiado la red, sigue siendo citado en numerosos artículos y libros.

¿Qué fue de Bivem?

Tras la finalización de la tesis, seguí trabajando en el mantenimiento y actualización de la página web de BIVEM, que en sus cinco primeros años de existencia había llegado a recibir más de 500.000 visitas, un número considerable en ese momento, y a convertirse en un referente para muchos educadores musicales del espacio iberoamericano y también de otros países. En el año 2008, con el desarrollo de la llamada Web 2.0 y la aparición de marcadores sociales y herramientas especializadas para la curación de contenidos como Delicious o Diigo, mantener la base de datos en su formato original dejó de tener sentido. Por ello, en 2010 decidí crear una nueva web que incluía un blog y el acceso a recursos para la educación musical disponibles en la red, previamente seleccionados y clasificados, en un espacio creado en Diigo.

En 2015, quince años después de la creación del sitio original, y al no contar con ningún tipo de financiación, llegó el momento de dar fin a este proyecto y cerrar la página web (www.bivem.net). Como sucede cuando se cierra un sitio web, el dominio volvió a estar disponible y fue adquirido por alguien que mantuvo el nombre para crear un sitio de educación musical denominado BIVEM Education Resources, lo que da cuenta del valor que probablemente había adquirido el nombre de esta biblioteca virtual. Esta nueva página, en inglés, incluye algunos artículos relacionados con la educación musical, aunque desconozco quién la mantiene, puesto que en la información disponible solo se dice que es alguien de los Estados Unidos de Norteamérica.

Reflexión final

Escribir este capítulo ha supuesto un apasionante ejercicio de memoria y ha traído muchos recuerdos más o menos gratos. También ha sido una oportunidad para pensar en lo que podría haber hecho de otra manera. Pero, como dijo Heráclito, "nadie se baña en el mismo río dos veces, porque todo cambia en el río y en el que se baña". Por tanto, aquello que podría haber hecho de otra manera solo me sirve para aprender de la propia experiencia y, quizá, para aconsejar y acompañar mejor a mis propios doctorandos.

Volvería a repetir el camino y a elegir el tema, aunque sé que al tratarse de una realidad tan cambiante como la de las tecnologías, lo que queda en el texto de la tesis es prácticamente el testimonio de una época y también, como alguien comentó hace unos días al hablar de esta tesis, la constatación de que en cierta medida pude adelantarme en el tiempo e imaginar realidades que por entonces parecían imposibles, aunque hoy podemos decir que la realidad ha superado la ficción.

Referencias

Babbie, E.R. (2012). *The Basics of Social Research*. CA: Wadsworth Pub. Co Inc.

Giráldez, A. y Pelegrín, G. (1996). *Otros pueblos, otras culturas: música y juegos del mundo*. Madrid: Ministerio de Educación y Ciencia.

Maquedano Martínez, L. (1997). *Biblioteca Virtual de Ciencias de la Salud*. (Tesis doctoral). Madrid: Universidad Complutense de Madrid.

Real Decreto 1542/1994, de 8 de julio, por el que se establecen las equivalencias entre los títulos de Música anteriores a la Ley Orgánica 1/1990, de 3 de octubre, de Ordenación General del Sistema Educativo, y los establecidos en dicha Ley. Recuperado de https://www.boe.es/buscar/doc.php?id=BOE-A-1994-18620.

Saura, A. (2003). *Artenlaces*. Recuperado de www.artenlaces.com.

TESEO (1997). Ficha correspondiente a la tesis de Maquedano Martínez, titulada *Biblioteca Virtual de Ciencias de la Salud*. Recuperado de https://www.educacion.gob.es/teseo.

Referencias sobre la investigación realizada

Giráldez, A. (2005). *Internet y educación musical*. Barcelona: Graó.

Giraldez, A. y Gredilla, A. (2006). *Reutilizar y tocar. Construcción de instrumentos musicales con materiales de desecho*. (Premio Materiales Educativos Curriculares en Soporte Electrónico que puedan ser utilizado y difundidos en Internet – Ministerio de Educación y Ciencia. Dirección General de Educación, Formación Profesional e Innovación Educativa. Centro Nacional de Información y Comunicación Educativa. Resolución: Orden ECI/3756/2006, de 22 de noviembre de 2006. BOE nº. 295, del 11 de diciembre de 2006.) Recuperado de http://www.ite.educacion.es/index.php?option=com_catalogacion&controller=pagina_informacion_didactica&id_ficha=135&id_uo=1.

Giráldez, A. et al. (2006). *Competencias tecnológicas en la formación inicial del profesorado: un estudio preliminar sobre los conocimientos, las actitudes y el uso de Internet entre el profesorado y el alumnado de la Escuela Universitaria de Magisterio de Segovia*. Trabajo de investigación inédito. Segovia: Universidad de Valladolid.

Giráldez, A. (2007). La educación musical en un mundo digital. *Eufonía: Didáctica de la música, 29*, 8–16.

Giráldez, A. (2010). La composición musical como construcción: herramientas para la creación y la difusión musical en Internet. *Revista Iberoamericana de Educación, 52*, 109–25.

Giráldez, A. (2011). TIC y educación musical. Una revisión de las líneas de investigación en educación musical en las aulas. *Red Educativa Musical*. Ministerio de Educación y Ciencia. Recuperado de http://recursostic.educacion.es/artes/rem/web/index.php/es/dossier-educativo/item/367-tic-y-educación-musical.

Giráldez, A. (2011). Música 2.0. *Centro Virtual Leer.es*. Ministerio de Educación (España). Recuperado de http://blog.educalab.es/leer.es/web_musica20/.

Giráldez, A. (2013). Practice Your Music. Aprender música puede ser aún más divertido. *Red Educativa de Educación Musical*. Madrid: Ministerio de Educación. Recuperado de http://recursostic.educacion.es/artes/rem/web/index.php/es/dossier-educativo/item/439-practice-your-music.

Giráldez, A. (2013). Uso didáctico de las TIC. *Aula de Innovación Educativa, 219*, 12–14.

Giráldez, A. (2014). Educación musical en línea. *Eufonía: Didáctica de la Música, 61*, 5–6.

Giráldez, A. (Coord.). (2015). *De los ordenadores a los dispositivos móviles. Propuestas de creación musical audiovisual*. Barcelona: Graó.

ARTE CONTEMPORÁNEO A ESTUDIO

Hacia una disciplina personal

Estela García Ballesteros

estelaegb@gmail.com

Desde John Cage: *4'33"* como fin de toda obra.
Universidad de Vigo, España, 2013

Resumen de la Tesis

En años y años de cultura musical, apenas había cambiado la consideración de la música como una organización del sonido. Nuestra educación auditiva no permite escuchar una obra experimental como si de música se tratase, a pesar de que la vida va acompañada de sonidos más similares a éstos que a los que componen una obra clásica. Los hábitos musicales han conseguido que esperemos cosas de los sonidos, a pesar de que éste no necesita el acompañamiento lógico de otros para ser escuchado. El hilo musical, heredero de la *Musique d'Ameublement* de Satie, se ha convertido en una necesidad dentro de la ciudad contemporánea, imponiéndose como una necesidad ante la incomodidad producida por el silencio. Pero este silencio no es lo opuesto al sonido, sino algo que abarca todos los sonidos. *4'33'* es una experiencia de escucha sin límites, desapareciendo lo musical en cuanto a sonidos predefinidos se refiere. Crear, interpretar y escuchar se convierten en actos diferentes, rechazándose la consideración de la música como lenguaje. Con *4'33"* se acaban los límites de la escucha, abandonando el manejo de los sentimientos del espectador por parte del creador de la obra artística de modo unidireccional.

El silencio no existe, es solamente la ausencia de sonidos intencionales. John Cage de un paso más allá de la aceptación del ruido como música. Haciendo sinónimos los conceptos de arte y vida, se acepta el silencio como un lapso lleno de sonidos que no han sido escritos en la partitura, asumiendo el proceso creativo como aceptación y no como imposición. A pesar de haber cumplido ya su propósito, *4'33"* ha sobrevivido como un icono del arte de la postguerra. Algo de apariencia tan inofensiva como lo es el silencio disparó una polémica que sigue provocando las más variadas opiniones y tensiones, por el simple hecho poco común en Occidente de permanecer en el tiempo, sin más.

***

La experiencia física de la música

Cuando escuché *4' 33"* por primera vez tenía unos 16 años. Estaba en el Conservatorio en clase de Historia de la Música en Vigo cuando el profesor nos presenta una clase dedicada a la Música Contemporánea. Llevaba estudiando música desde los 6 años y era la primera vez que alguien nos hablaba de tal cosa. Escuchamos a todo volumen el cuarteto para helicópteros de Stockhausen y después la obra silenciosa de John Cage.

Mi instrumento principal era el piano. Cada trimestre preparábamos un programa en el que se incluían, año tras año, preludios, fugas, escalas o sonatas entre otros. El modo de estudio sugerido o impuesto para alcanzar la ejecución de estas obras cada vez más complicadas tenía siempre una simple conclusión: tocar muchas horas. Repetir, repetir y repetir. Horas, horas y más horas, cuantas más mejor, ya que esa era la única alternativa para llegar a tocar bien un instrumento como el piano. Y llegados a este punto no quedaba más que aferrarse al único medio que puede hacer sentarnos durante horas a practicar nuestro instrumento: la disciplina.

Estudiar a Bach durante tres horas seguidas era algo tan impensable como lo fue escribir religiosamente cada día del año una página para la tesis, técnica varias veces sugerida como infalible para alcanzar esta meta. De verdad que he intentado entrenar este tipo de disciplina, buscando rutinas, haciendo listas, comprando agendas, pero esta lucha, hasta el momento, no ha tenido ningún éxito en cuanto a constancia se refiere. Ya en el colegio esperaba involuntariamente al momento más cercano posible a la clase para hacer los deberes. En esos momentos lograba un nivel de concentración extremo al que nunca conseguía llegar en mi escritorio. Naturalmente este tipo de tareas poco tenían que ver con la práctica artística, muy lejana a todas estas imposiciones.

En cuanto obtuve el Grado Medio en la especialidad de piano, decidí dar por finalizada mi relación con el estudio reglado del Conservatorio. Hacer una carrera profesional de piano clásico era claramente algo que ni me planteaba. Sin embargo, seguí estudiando un par de años piano y percusión por libre. A diferencia de esa relación amor-miedo en ocasiones un tanto enfermiza con el piano, la percusión me ofrecía un sano divertimento. Y sólo aquí empecé a darme cuenta de que eso podría ser posible tocando el piano. Atrás quedaron las clases de solfeo, armonía, análisis y demás, y en su lugar escogía con mi profesor por primera vez en mi vida obras que me gustaba tocar. Esto puede resultar una obviedad, pero en la enseñanza académica no había lugar para el gusto personal. Ya durante el último año de mi estudio académico, este profesor me había propuesto incluir en el programa un preludio y fuga de Paul Hindemith como alternativa a Bach, idea un tanto polémica entre otros miembros del profesorado. Era la primera vez que interpretaba una obra atonal, donde unos sonidos sucedían a los otros sin una conexión clara para el cerebro músico-clásico-europeo. Pero de alguna manera, esos sonidos eran muy estimulantes no sólo para mi mente, sino para todo el cuerpo. Algo hiperfísico y directo para el sistema nervioso y digestivo, en comparación a la belleza neuronal, racional y perfecta de Bach. Los sonidos ya no necesitaban encadenarse unos a otros, sino que también podían sobrevivir sueltos por todo el espacio.

La disolución de la estructura en el arte

Y así, con mis recientes descubrimientos en música contemporánea y atonal, empecé la carrera de Bellas Artes en la Facultad de Pontevedra. Los años pasaron y fue sólo en el último año de carrera cuando recopilé algunas ideas de la música contemporánea para hacer un trabajo audiovisual. El impulso definitivo para introducir estos conceptos en mi producción artística fue la lectura de *Silence* de John Cage. Este libro fue toda una revelación. Cada fragmento se convertía en una experiencia performántica personal, jugando con los espacios, los gráficos o la tipografía. Los textos se disponían sin un hilo conductor reconocible y diferentes usos del ritmo y el espacio organizaban la disposición de los contenidos. La idea de un libro sin estructura era de una lógica aplastante. Lo mismo me ocurrió cuando vi, por ejemplo, la película *Mon Oncle* de Jacques Tati: sucesiones de acontecimientos en el tiempo, donde la estructura y el argumento se difuminan a favor del momento presente, sin esperar nada. Estas ideas de no-tiempo y no-estructura me parecían de lo más hiperrealista y suave para el entendimiento humano. Como la vida misma.

El resultado de estas ideas materializadas en mi trabajo fueron varios vídeos cortos unidos, a modo de los *Fluxfilms*, donde había pequeños juegos de lenguaje, tiempo, silencio o sonido. Éste era mi interés real en ese momento. Y me licencié en Bellas Artes ese mismo año. Mi búsqueda no podía acabar así, ahora que apenas había empezado. El aprendizaje del Conservatorio y el de la Facultad me parecían dos prácticas tan opuestas que nunca antes había concebido que música y arte fueran parte de una única disciplina global, sin necesidad de separarlas. Por eso era para mí imprescindiblemente necesario continuar mi formación y práctica artística en un entorno en el que pudiese seguir investigando mis intereses. Así que hacer los cursos de doctorado fue algo evidente. El marco perfecto para recibir clases e investigar más profundamente estos temas y los que pudiesen surgir en el proceso.

La experimentación como motor de creación

Desde que me propuse escribir la tesis siempre tuve claro que en mayor o menor medida rondaría los planteamientos de John Cage. Estas ideas de simplicidad tan profundas me llegaban de una manera muy clara y directa. Nada de lenguaje encriptado. Es por ello que la causa de participar en un programa de doctorado fueron estas reveladoras ideas y no al revés. Esto no quiere decir que la definición concreta del objeto de estudio fuese simple, ya que una de las cosas más retorcidas del proceso de elección del tema fue precisamente para mí el empequeñecimiento de la materia que parecía querer expandirse infinitamente. Sin embargo, *4'33"* nunca desapareció como base y potencial punto de partida o conclusión, según se mire.

Paralelamente a los cursos de doctorado, había formado junto con la pianista Cecilia Blanco el dúo AC, donde inventábamos pequeños eventos formados por diferentes experimentos performánticos e interpretativos. En estos eventos cabían juegos de voz, reinterpretaciones de conferencias de o microconciertos de obras de Cage. Estas experiencias fueron radicales a la hora de mi estudio, ya que podíamos experimentar en contacto con un público toda la teoría asimilada, convirtiendo la lectura y la escucha en acción práctica. La preparación de todas estas acciones eran momentos muy dulces dentro de todas las prácticas investigadoras. Puras tormentas de ideas aparte de todo el campo académico.

El primer año de doctorado fue de docencia, mientras que el segundo año era denominado como periodo investigador, donde al final debía presentarse la tesina con el fin de obtener el DEA (Diploma de Estudios Avanzados), o lo que es lo mismo, la suficiencia investigadora. Este año serviría de base práctica para empezar la redacción de la tesis, y se nos sugiere que el resultado pueda ser ya, una parte de ella. La redacción de la tesina se convirtió ya en un principio de la tesis, y sobre todo en un entrenamiento para lo que vendría después. Obtenida la suficiencia investigadora, sólo queda tomar una decisión: ¿voy a escribir la tesis? Sí. Este momento que parece obvio, creo que es uno de los más serios y determinantes del proceso. Es necesario aquí tomar esta decisión sin dudar, ya que de lo contrario el proyecto puede fracasar mucho más fácilmente.

Mi tutor de la tesis fue Xoan Anleo, una enorme inspiración y motivación para llevar mi trabajo hasta el final. Para mí fue muy importante tener la ayuda entusiasta de alguien con cuyos puntos de vista estaba de acuerdo, de modo que las diferencias de opinión nunca fueron un obstáculo durante el trabajo. Esto es especialmente a tener en cuenta en el caso que nos atañe, una tesis en Bellas Artes, donde la polémica entre el academicismo y el punto de vista artístico entran en constante conflicto.

Teníamos el punto de partida o de continuación claro: John Cage. La idea de una tesis sobre este autor puede parecer menos que necesaria en el momento actual, donde existen cientos de informaciones y publicaciones sobre este autor por toda Europa y más allá. Sin embargo, pienso que eran y siguen siendo necesarios los estudios de todo tipo sobre los cambios musicales que se produjeron en el Siglo XX, desconocidos en muchas ocasiones por los propios músicos clásicos profesionales o artistas varios. Especialmente urgente me parecía esta necesidad en el entorno gallego.

La historia de Galicia está inevitablemente ligada a su geografía. Basta mirar un mapa para percatarnos inmediatamente de este fenómeno singular. Su característica de lugar remoto y aislado hizo que los romanos le diesen el nombre de *Finis Terrae*, lo que significa "Fin de la Tierra". Al norte y al oeste el Mar Cantábrico y el Océano Atlántico, al sur, Portugal, y al este las montañas. Con esta geografía, podemos comprender lo difícil que era históricamente el flujo de información entre Galicia y la Europa continental. Gran parte de las comunicaciones se establecían habitualmente con más facilidad a través del mar, habiendo una conexión atlántica muy fuerte con las islas británicas, por ejemplo. Por tierra, el Camino de Santiago, desde finales del siglo IX, era la conexión más representativa entre Galicia y Europa, dejando tras de sí innumerables conexiones culturales, religiosas o económicas. Sin embargo, y a pesar del flujo de visitantes que pueda recibir Galicia, sigue siendo una de las regiones europeas más envejecidas y siempre ha enviado al exterior mucha más gente de la que recibe.

La perspectiva alemana de la cuestión

Afrontando estas circunstancias, la tesis se convirtió en la excusa perfecta para leer todos los libros posibles sobre el tema y recolectar todo tipo de información relacionada. Esta fase de la investigación era un puro disfrute: escuchar música, leer libros, preparar eventos... Todo eso surgía dentro de un espacio geográfico muy limitado, hasta que obtuve una beca de prácticas en Augsburg, Alemania. Durante cuatro meses, paralelamente a mi trabajo como atrezzista en la ópera de la ciudad, me hice con todos los libros que pude sobre John Cage, que no eran pocos en comparación con lo que había obtenido hasta el momento en el entorno al que tenía acceso.

Alemania era un país poco conocido para mí. Acabé en Alemania de rebote, ya que no era mi destino principal, y a pesar del desconocimiento del lenguaje desde el primer día me sentí sorprendida muy favorablemente. Llegué a Augsburg cuando la ciudad estaba cubierta de nieve y pude vivir en mis carnes todo el apogeo primaveral que tanto había inspirado la música clásica centroeuropea. Las flores crecían entre la nieve de un día para otro y caían lluvias de pétalos y polen por todas partes. En cualquier esquina la cultura, el arte y la música aparecían en la rutina diaria de una forma completamente natural. Estos cuatro meses escasos en Alemania me supieron a muy poco, así que me decidí a volver el siguiente otoño. Esta vez mi destino fue la ciudad de Darmstadt, donde tenía un objetivo claro: el IMD o Internationales Musikinstitut Darmstadt. Esta institución lleva organizando los Internationalen Ferienkurse für Neue Musik (Cursos Internacionales de Verano de Música Contemporánea) desde el año 1946, cursos de un impacto geográfico e histórico sin precedentes para la nueva música.

Esta estancia de investigación, financiada gracias a una beca del Ministerio de Educación, fue uno de los pilares principales para la construcción de la obra final. Por un lado, el IMD contaba con todos los archivos históricos posibles para el estudio: grabaciones de conferencias de Cage, conciertos, recortes de prensa de la época, cartas … Documentos únicos perfectamente organizados en una casita al lado del bosque. Por otro lado, tuve la ocasión de asistir a unas jornadas dedicadas al presente más actual de la música seria contemporánea, *Neue Musik in Bewegung: Musik- und Tanztheater heute* (Nueva música en movimiento: danza y teatro musical hoy). En estas jornadas, músicos como Wolfgang Rihm, Manos Tsangaris o el español José M. Sanchez-Verdú mostraban sus más recientes creaciones, analizándose y debatiéndose multitud de cuestiones como el sonido, el teatro o la danza en la actualidad artística y musical. Todas estas ideas fueron fundamentales en mi trabajo, ya que éste nunca pretendió convertirse en un tratado sobre música o cualquier otra disciplina, sino en un medio donde confluyesen irremediablemente todas ellas, sin necesidad de distinciones entre música, danza, teatro o poesía, entre otros.

De Darmstadt volví con material de trabajo más que suficiente para los próximos meses, o incluso años. A este material se sumó el obtenido tras la visita a la exposición organizada por el MACBA de Barcelona *La anarquía del silencio. John Cage y el arte experimental*. Esta muestra comprendía todo un recorrido cronológico por la trayectoria de Cage y analizaba la profunda huella que sus investigaciones habían dejado en la práctica musical y artística desde los años 40 hasta la actualidad. Durante esta visita a la exposición tuve incluso la ocasión de asistir al concierto de una de las intérpretes principales de las obras de John Cage, la singapurense Margaret Leng Tan.

Todas estas experiencias iban dejando paso a la etapa final del trabajo, y estaba de nuevo en Vigo, mi ciudad natal. Así, en el otoño de 2010 me instalé en un pequeño estudio en el centro de la ciudad. Fue en esta etapa en la que el trabajo empezó a concretizarse y a tomar forma. Hasta ahora había sido una fase en la que había priorizado la inspiración y la formación. Tenía ya algún material escrito, ya que nunca había dejado de escribir paralelamente a la lectura, pero era ahora cuando tenía que diseccionar bien a fondo mis últimas adquisiciones y poner fin al trabajo.

Emergiendo desde un ensamblaje intransferible

Mi vida en Vigo se organizaba de esta manera: el fin de semana trabajaba poniendo música en locales o eventos varios. Entre semana tenía un trabajo desde casa como tutora de unos cursos de escaparatismo que se impartían online a partir de las 8 de la tarde. Estos ingresos eran suficientes para sobrevivir y disponía de lunes a viernes de todo el día para dedicarle a la tesis. La situación se presentaba pues, favorable para el estudio. Y fue aquí donde empezó la búsqueda diaria de optimización del proceso de redacción final.

Mi estudio-vivienda pretendía convertirse en mi lugar principal de trabajo, cosa que se cumplió en cierta manera, pero no con pocos quebraderos de cabeza. Buscar un sistema de trabajo en un espacio único en el que comes, trabajas y duermes puede convertirse en una ardua tarea en la que se requiere hacer un buen plan de logística si queremos sacar un buen provecho. Durante el trabajo en casa, cosa que me parecía la más práctica, cabían tanto maratones de máxima actividad como todo lo contrario. En contraposición a la confusión casera, el trabajo en la biblioteca fluía con una claridez inusitada. Pero supongo que era inevitable seguir proponiéndome escribir en mi estudio, y nunca dejé de hacerlo con algún que otro resultado muy ínfimo en comparación con las superproductivas y concentradas sesiones de exterior. En esta época concreta, el estudio se convirtió en el lugar perfecto para la lectura y la inspiración y las bibliotecas en el sitio de resolución, donde se aclaraban y materializaban las ideas.

Otro obstáculo, que para alegría de todos puede aparecer en el camino, es la vida social. Rechazar visitas o invitaciones de amigos y familia era algo muchas veces impensable e incomprendido, teniendo en cuenta que siempre puede pasar que en casa acabes por no aprovechar el tiempo. No obstante, la soledad, por lo menos en mi caso, es básica para involucrarme en un proceso creativo. Esta soledad sería idealmente combinada con actividades inspiradoras en este proceso de creación.

Y así se fue modelando mi propia forma de disciplina, que sigo intentando mejorar y adaptar a mis capacidades personales, buscando y perfeccionando cada día un único método de trabajo que creo que debe ser cien por cien personal e intransferible. Fue sólo después de la tesis cuando acepté reconocer de una vez por todas que los métodos de creación de rutinas diarias nunca han funcionado para mí, y que la lucha contra ello puede ser realmente agotadora e incluso anticreativa. Finalmente he admitido que lo que necesito para cualquier proceso creativo son muchas horas de alimentación y absorción para una posterior maduración más o menos lenta hasta que el resultado está preparado para salir casi involuntariamente, y cuando menos me lo espero. Y sólo así, cuando el material está bien digerido, es posible alcanzar algún tipo de resultado con el que sentirme satisfecha. Rellenar hojas automáticamente en un trabajo de tal seriedad como una tesis doctoral, se convertiría en una paralización del proceso, en material superfluo a la hora de juntar todos los trozos para el resultado final.

Mi método de trabajo siempre fue el mismo: leer libros y escribir paralelamente. De este modo iba guardando también las citas que más me interesaban y que muchas veces servían de punto de inicio para analizar ciertas ideas de mi interés. Era increíble poder dedicar tiempo a esta actividad, sin ningún tipo de objetivo futuro a largo plazo. Sólo aprender cosas nuevas y vivir un cambio ideológico permanente. Cada lectura relacionada con el tema era siempre apasionante y reveladora. El material escrito creció de este modo como un gran collage de ideas. Como ya hemos advertido, esta tesis nunca pretendió seguir un recorrido cronológico en cuanto a la evolución de los conceptos tratados, sino que buscábamos un medio donde éstos pudiesen desarrollarse de manera individual, de modo que el lector pudiese leer cada punto del trabajo sin depender del anterior. Esta parte del estudio tenía sin embargo que llegar a un orden estructural. Y ésta era la adaptación de todo ello al índice del trabajo.

Contradictoriamente a las ideas de no-estructura que tanto me interesaban en el ideal de John Cage, era obligatoria la creación de un índice, que según los dictados académicos se convertiría en tan o incluso más definitorio que el propio contenido. Partiendo de esta premisa, era importante entonces que el índice contuviese de forma clara los conceptos que tocaba defender y desarrollar. Este índice se mantuvo flexible hasta los últimos días, adaptándose continuamente a las necesidades del texto. De este modo, intentamos que estos titulares funcionasen como presentación pero también como pequeñas conclusiones de lo escrito. Así, con el índice rematado, ordenar ese collage de escritos se convirtió simplemente en poner cada cosa en su lugar: las líneas sobre teatro en el lugar del teatro o los textos sobre lectura en su apartado correspondiente. Los cuchillos con los cuchillos y los calcetines con los calcetines. Cada cosa en su sitio. Ahora sólo quedaba reorganizar cada cajón. Como en cualquier tarea que tenga que ver con ordenar, el proceso era claro: lo primero, deshacernos de lo que no tiene utilidad y de lo que tenemos doble, descartando sin piedad. Este proceso fue esencial, ya que en una tesis sobre John Cage no cabía el relleno superfluo. Una vez que quedaban sólo los objetos de vital importancia, nos faltaba la segunda parte del orden: organizar las cosas dentro de cada cajón de nuestro índice. Y ordenarlo de la manera más legible, plástica y práctica posible, de modo que cuando busquemos algo, sepamos dónde encontrarlo. Esto es, si de repente aparecían unas líneas nuevas sobre el humor en Cage, por ejemplo, sólo tenía que ir a su apartado correspondiente e integrarlo sin desordenar el resto. A veces era necesario, cuando esto ocurría, desechar un contenido ya existente a favor del recién descubierto, como ocurriría con cualquier otro objeto de nuestra vida cotidiana.

Los últimos meses del trabajo fueron los más largos. Hay un punto donde el trabajo aparenta casi terminado que parecía que no iba a acabarse nunca: siempre algo que retocar, que añadir, que quitar. La mayoría de estos últimos detalles tenían que ver con cómo tiene que ser una tesis, tanto de apariencia como de contenido, buscando un equilibrio entre la investigación académica tradicional y lo que puede ser hoy una tesis en Bellas Artes. Cuestiones como si son realmente imprescindibles las citas en una tesis o sobre todo en qué cantidad eran necesarias, fueron reflexionadas buscando conclusiones que se adaptasen a nuestro concepto de trabajo. Admitiendo en todo momento que estamos participando en una investigación científica, tratamos las cuestiones académicas con una actitud conciliadora entre la tradición española y la realidad contemporánea artística.

Recuerdo muy bien el correo electrónico de mi tutor cuando me dijo que el trabajo estaba terminado. Me pilló totalmente desprevenida. Ni me acordaba de que en algún momento esto se iba a acabar. La escritura de la tesis ya se había integrado en mi vida como un "algo por hacer" permanente. Varias personas me habían advertido que iba a sentir un vacío muy grande cuando todo el proceso se hubiese acabado. Presenté mi tesis en marzo del 2013. Una semana después me fui a Islandia. No sentí nada de eso.

La pintura de Matisse. Un estudio inacabado

Magdalena Jaume

Universitat Illes Balears

magdalena.jaume@uib.es

Sobre el proceso. La Verdure, 1935-1943. Un cuadro de Henri Matisse. Facultad de Bellas Artes, Universidad de Barcelona, España, 2013

Resumen de la Tesis

El objeto de estudio de la tesis es la obra *La Verdure*, una pintura al óleo sobre lienzo, de 245 cm de alto por 195 cm de ancho, que Matisse inició como proyecto de tapiz, en agosto de 1935 y en la que trabajó hasta 1943; hoy forma parte de los fondos del Musée Matisse de Niza.

La investigación ha partido de los documentos que intervinieron en el trabajo, o que salieron de él, con la intención de reconstruir el proceso que fue necesario para la materialización de esa obra. El primer acercamiento fue intentar comprender cómo se ha llegado al resultado, es decir al lienzo de hoy, y no a otro; en la descripción, se han tratado de desvelar los detalles más significativos de la obra, no con el objetivo de desvelar la pintura, ni de resolverla como enigma, sino de verla literalmente con más detalle, con más claridad. El análisis estuvo centrado en cuestiones técnicas, cuantificables y verificables, dentro del límite de lo estrictamente material, pero ensayando las posibles motivaciones que llevaron a *La Verdure* a ser una obra clave para

Matisse, definida por él mismo como la representación de su actitud frente al oficio.

La obra que hoy cuelga de las paredes del Museo de Niza no es más que el último estado del cuadro, en el que Matisse interrumpió su trabajo. Para poder localizar cuáles fueron las dificultades, los contratiempos y obstáculos a los que Matisse iba respondiendo con la obra, la tesis reconstruyó, con el evidente margen de hipótesis, los momentos en que la obra se encontraba aún sobre el caballete, con la pintura fresca. La pintura se aborda tal como lo haría un pintor, no como un historiador, para deducir cuáles fueron los problemas a los que se enfrentó Matisse, las pinceladas que borró, las intenciones frustradas y los inesperados descubrimientos, incluso su salto y sucesión en otras obras. La ausencia visible de los rastros de su transformación, inevitable al tratarse de técnicas pictóricas que superponen los cambios unos sobre otros, borrando estados anteriores, dificulta la reconstrucción de las transformaciones por las que pasó el lienzo. Pero otros documentos suplen esta falta de material: testimonios de quienes participaron en su creación –ayudantes, modelos, familiares, clientes, amigos; registros fotográficos de diferentes estados; dibujos o pinturas preparatorios; otras obras que compartieron origen, que sirvieron de tanteo durante el proceso, para proponer y resolver la misma dificultad encontrada; obras posteriores, en las que el pintor insistió en la misma expresión o en el enfrentamiento a los mismos problemas pictóricos. Como ha enseñado Baxandall, la obra debe ser considerada como una respuesta dada a las dificultades concretas del autor, entre las cuales forman parte tanto sus 'habilidades' como sus 'manías', sus facilidades tanto como sus dificultades. Así, se trata de llegar a encontrar, dentro de una obra concreta, en este caso *La Verdure*, la totalidad de la obra de su autor, la totalidad del arte de su época, y la totalidad de la historia del arte: como proponía Walter Benjamin.

***

El origen

Para escuchar, mejor no entender.
Viota, 1986: 180

Un libro publicado por Lydia Delectorskaya, la colaboradora de Henri Matisse, fue el origen de la investigación de esta tesis. Es un libro realizado por alguien que sabe de pintura, que ha aprendido en el estudio de un pintor, que conoce el proceso y su material, siendo capaz de ofrecer reunidas en unas páginas los rastros necesarios para poder ver –hoy– a su autor trabajando en el momento de creación de una pintura.

En arte, no basta con ir a mirar una obra colgada en la pared de un museo, y pensar en otra cosa, sino de comprender cómo esa obra ha sido hecha. Mirar la obra para comprender cómo está hecha significa percibir sus pinceladas, las intenciones, restituir sus dificultades y deseos, la mirada del autor. Hacer como si mirásemos por sobre la espalda del autor mientras este va pintando, y lamentar que el autor se haya detenido y dado por acabada la obra.

En 1955, en el film *Le Mystère Picasso*, Henri-Georges Clouzot grababa durante 78 minutos a Pablo Picasso dibujando y pintando, a petición propia. Se tuvo así el privilegio de ver cómo se gesta una obra, algo inimaginable hasta el momento, más que por breves registros[*]; un drama cotidiano y privado, sólo para el autor y sus colaboradores. El film comienza apelando al deseo de todos aquellos espectadores y lectores por saber qué le pasaba por la cabeza a Rimbaud cuando escribía, para saber qué pasaba por la mente de Mozart cuando componía; en conocer ese mecanismo secreto que guía al creador en la realización de una obra. Sólo Poe se atrevió a explicar cómo se compone un poema, aunque quizás su explicación sea también literatura. Pero –explica Clouzot–, lo que es imposible en poesía y música, es posible en pintura: para saber qué pasa por la mente de un pintor es suficiente seguir con la mirada el movimiento de su mano. Cómo dirige su mano de un lado a otro de la tela,

---

[*] Existe una brevísima filmación de 1915, de Claude Monet pintando al aire libre, en su jardín de Givenchy. También muy breve, en 1919, fue la grabación a Pierre-Auguste Renoir pintando en su casa. Ya en 1946, François Campaux, realizó un film de 26' a Henri Matisse en el que puede verse al pintor dibujando a su nieto y realizando un retrato a una de sus modelos.

como una mancha queda cubierta por otra, como se estropea todo retocando interminablemente, y como se vuelve a empezar hasta el punto de convertirse en otra obra distinta. Todo está en la tela, ha quedado en ella, palimpsesto recubierto por capas de color, unas sobre otras, en las que hay que excavar, como en las ruinas antiguas.

El motivo

1. Querer pintar el cuadro

Las obras de arte moderno tienen un inmejorable sentido pedagógico, constructivo; ponen a la vista los materiales y las técnicas usadas, la manera cómo han sido hechas. Al contrario, una pintura de Leonardo, por ejemplo, no enseña cómo ha sido hecha, sólo muestra que nosotros nunca podremos ser Leonardo. Un collage cubista o una pintura de Mondrian, de Jackson Pollock, o de Matisse sí. Mostrando como está hecho, no únicamente se hace visible, sino que, además, la obra invita al espectador a hacer otro tanto; considera al espectador capaz de producir por él mismo, lo incita.

Mirar una obra, tal como se propone, no ofrece solo saber más sobre pintura, sobre el autor, sobre la época, sino que hace que a quien mira le entren ganas de pintar. Le hace suponer que es fácil de hacer, como nos muestran ellos. Que es una habilidad general de cualquier persona –aunque no sea del todo cierto. Mirar y dar a mirar puede ser un placer, pero no mayor que pintar e incitar a pintar.

Atendiendo a la afirmación de Josep Quetglas (2009):

> Si Borges nos ha enseñado que el lector de hoy está condenado a escribir lo que lee (Pierre Menard es "autor" del Quijote), comprender el Pabellón de Alemania de Mies van der Rohe o la Villa Savoye de Le Corbusier es proyectarlos, es convertirse en su autor. (…) Ésta es una cuestión que afecta, en mi opinión, a la situación de todo el arte actual. Quien escribe hoy una novela, por ejemplo, es alguien a quien no le gustan las novelas. Si le gustasen, las leería una tras otra, tantas como hay escritas, inagotables, siempre nuevas a cada lectura, y no perdería el tiempo dejando de leer para escribir. Lo mismo ocurre con la música, la pintura, el cine …

Uno de los motivos del estudio de esta tesis es pues el querer volver a pintar ese mismo cuadro descubierto en/tras el análisis.

2. Querer liberar el cuadro

Convencer es estéril.
Benjamin, 2002: 18

Los historiadores y críticos de arte tienden, por propia deformación de su oficio, por comodidad, pereza intelectual, a explicar sobre el cuadro todo cuanto saben o creen saber. Creyendo conocer la obra pero aplicándole patrones y sistemas previos, que no provienen de la obra, dedicándose a buscar en la obra los elementos que corroboren su interpretación, con análisis cargados previamente de esquemas, conceptos e ideas, sin antes haberse acercado a la obra.

De esta forma, el historiador puede condenar a la obra a ser otra, o a tener que cargar con argumentaciones ajenas a ella, a su proceso, e incluso lejanas a las intenciones de su autor.

La tesis quiso ignorar el lenguaje del historiador o del teórico de estética, y quiso buscar, conocer y aprender la particular y específica materia de la que procede y está hecho este cuadro, distinta a todas las demás obras de Matisse. Sabiendo que cada cuadro tiene un lenguaje propio, se quiso sacar de la misma obra y de los documentos de su proceso, los instrumentos y análisis que intentaran descubrirla y darla a ver.

En palabras de un realizador cinematográfico, Jean Renoir (1979):

> todos los oficios están hechos (...) no sólo para aficionados (en español en el original: el modelo para Renoir es el de las corridas de toros), sino para cómplices; en realidad hacen falta cómplices, hacen falta colegas.
> (...) las cualidades, los dones o la educación que hacen a un pintor son los mismos que los dones, la educación y las cualidades que hacen al aficionado (amateur) a la pintura; dicho de otro modo, *para disfrutar de un cuadro hay que ser pintor en potencia*; hay que decirse: "Ah, yo lo hubiera hecho así, yo lo hubiera hecho asá"; hay que hacer películas uno mismo, quizá únicamente en la imaginación, pero hay que hacerlas, si no se es digno de ir al cine.

El objeto de estudio

La pintura de Henri Matisse ha sido publicada numerosas veces, pero en muy pocas ocasiones se ha ofrecido una investigación en profundidad de una única obra, y en concreto de esta pintura. La tesis procuró llenar ese vacío existente sobre el procedimiento seguido por Henri Matisse al pintar y dar respuesta a las incógnitas de *La Verdure*, desgranando la génesis, la técnica utilizada y el curso de su trabajo.

El objeto de estudio es la tela que Matisse inició, como proyecto de tapiz, en agosto de 1935 y que trabajó hasta 1943, expuesta hoy en el Museo Matisse de Niza.

La Verdure es una pintura al óleo sobre lienzo, de 245 cm de alto y 195 cm de ancho. Una pintura que el mismo Matisse explica como "c'est un travail que je mène ou qui me mène et que je considère comme une chose très importante pour moi" (Matisse, 1936). Cuando Matisse empieza a trabajar en este proyecto cuenta con 64 años, y lo interrumpe a los 72 años, a raíz de una enfermedad que le tuvo prácticamente inmovilizado en la cama, debiendo abandonar toda trabajo a caballete.

Los límites de la investigación de una pintura están condicionados por la falta de testigos, prueba o vestigios del proceso del trabajo de cómo se ha ido haciendo tal obra. Esta ausencia de rastros de su evolución, inevitable al tratar con técnicas pictóricas donde los cambios se van superponiendo unos sobre otros, borrando anteriores posiciones alcanzadas, dificulta la reconstrucción de los estados por los que ha pasado.

Otros documentos pueden suplir esa falta de material: los testimonios de aquellos que participaron en su creación, ayudantes, modelos, familiares, clientes, amigos; los posibles registros fotográficos de diferentes estados; dibujos o pinturas preparatorios; otras obras que tuvieron relación con el origen o las que sirvieron de tanteo, durante el proceso, para proponer y resolver la misma dificultad encontrada; las obras posteriores en las que el pintor siguió insistiendo en alcanzar la misma expresión o en resolver los mismos problemas pictóricos.

En el cúmulo de enlaces de todo este material se desarrolló el análisis de la obra. Con una investigación minuciosa, a partir de los documentos que intervinieron en su trabajo o que salieron de él, se reconstruyen los pasos que fueron necesarios para la materialización de esta pintura; análisis centrado en cuestiones técnicas y cuantificables, dentro del límite de lo estrictamente material, pero ensayando posibles motivaciones que llevaron a *La Verdure* a ser una obra clave del pintor, definida por él mismo como la representación de su actitud frente al oficio.

Método de análisis

Lo importante no es decir: "¡Lo he encontrado!", Lo importante es preservar la incertidumbre.
Llegar a ese momento en el que el historiador, el intérprete, no miente, y habla de lo que no está seguro de poder comprender, pero que está ahí, que ha visto en el cuadro.
Arasse, 2004: 279

"En rigor, toda traducción es imposible". Quizás haya sido el 'formalista' Victor Sklvosky (1971: 43), tratando de los tránsitos entre literatura y cine, quien enseñó que no se puede traducir a lenguaje una obra pictórica, como no es posible traducir a danza un texto de Proust o, en rigor, traducir al francés un texto en inglés. La forma de una obra no puede trasladarse de un material a otro, la forma está en el material.

Sabido esto, son posibles diversos acercamientos a la pintura de Henri Matisse, valiéndose de la metodología de análisis aprendida de Josep Quetglas en sus clases de la Escuela Técnica Superior de Arquitectura de Barcelona y en sus publicaciones referidas a los campos del arte y la arquitectura moderna y contemporánea.

El primer y obligado acercamiento a la obra fue el de intentar explicar cómo se ha llegado a ese resultado, al lienzo de hoy, y no a otro; procurando que, durante la descripción, se desvelen los detalles más significativos de la pintura, aquellos que tengan como objetivo final, no desvelarla, no resolverla, sino verla con más claridad.

El método crítico podrá parecer similar al usado en el Pierre Menard de Borges, al volver a escribir, o al escribir, el Quijote; o al practicado por cualquier sastre para saber cómo está hecha una chaqueta: descoser las puntadas, dar la vuelta a la pieza, para averiguar las costuras, cómo se ha cortado la pieza. Será posible saber si se ha acertado en ese ejercicio si, al volver a coser, coinciden las piezas y recuperamos la chaqueta. Porque no debemos olvidar nunca un principio básico: no analizamos la obra como pretexto, como trampolín hacia un discurso otro; sino que analizamos la obra para volver a ella viéndola mejor. Toda palabra salida de nuestro análisis de la obra que no vuelva de regreso, como un bumerán, a la obra, es prescindible.

En esa ocasión se abordó el objeto de estudio como lo haría un pintor, no como un sastre ni mucho menos como un historiador. Descubrir cuáles fueron los problemas con los que se enfrentó el autor, las pinceladas que borró, las intenciones frustradas y los inesperados descubrimientos, para que la obra aparezca después multiplicada, desplegada en toda su extensión. Como ha enseñado Baxandall, consideramos la obra como una respuesta dada a las dificultades concretas del autor, entre las cuales forman parte también sus 'habilidades' y sus 'manías'.

Un ejemplo de esa proyección que permite hacer visibles cualidades que no quedan percibidas de la obra si se analizase desde el punto de vista de un historiador, puede ser la visita que un pintor haría a las *Glycines*, 1903, de Monet, en el Museo Marmottan en París. El pintor que hoy se acerca a la tela recorre con su mirada escrutadora toda la superficie del lienzo. Sus ojos pueden intuir los movimientos de Monet cuando toma la espátula y retira la pintura de la parte inferior del lienzo. Un rastro de sucia bruma liliácea demuestra que aquí hubo un problema, y que la rectificación le resultó atrayente. El sutil rastro de la espátula, dejado voluntariamente por Monet, ha sido recuperado por la mirada de quien comparte y conoce el oficio y sus herramientas. Pero, sobre todo, de alguien que se ha debido enfrentar a ese mismo problema.

Las premisas para utilizar este método de análisis empiezan por no aceptar el calendario como un continuo homogéneo. Tener el convencimiento, y más tarde constatarlo, que es posible encontrar *La Verdure* en momentos anteriores y posteriores de la actividad en la obra, a lo largo de la vida de su autor. Lo que lleva a Matisse a responder con *La Verdure*, ya está y seguirá estando en su obra.

El modelo lineal de la historia supone que existe algo así como un calendario, donde cada paso progresa y anula los anteriores. Para el historiador, conocer el pasado significa colocar acontecimientos en esa estructura temporal, ordenada en el vacío. Cuantas más cosas sabe el historiador más puede rellenar los compartimentos de ese tiempo vacío que es el calendario.

Pero no fue así como y trabajó el autor. Con esta idea o concepto del tiempo, el camino a recorrer sería pobre y limitado. Pensemos en Picasso. Desde la cronología del historiador, lo que pinta en 1906 sólo ocurre en 1906, sólo ocurre una vez: nunca se confundiría el período rosa con el período azul. Con esto el historiador se sentirá satisfecho, pero no alguien interesado por Picasso; ese no se atreverá a colocar una obra suya en un compartimento estanco. El 'aficionado' sabrá ver, desde y en una obra concreta, la totalidad de la obra del autor. Cada obra resumirá y se distanciará, a un tiempo, del conjunto de la obra completa.

Es cierto, la obra concreta no es la continuación o el aviso de nada, sino algo extraordinario, inaudito, sorprendente, algo único y exclusivo. Pero cada obra es también el exclusivo y privilegiado observatorio para descubrir el conjunto de la obra de un autor.

Así, la importancia dada a Cézanne en la tesis no procede de consideraciones cronológicas o estilísticas. Cézanne no es el pintor que está después del impresionismo y ates de las vanguardias; el Cézanne que reclama un estudio sobre Matisse queda fuera de toda continuidad lineal.

Se trata de darle la vuelta al análisis propio de los historiadores: en lugar de tener una estructura de calendario donde colocar el cuadro, encontrar dentro de *La Verdure* la totalidad de la obra de Matisse, encontrar a Cézanne, encontrar a la tradición clásica de la pintura de paisaje y la tapicería francesa, encontrar la totalidad de la historia del arte: no otra cosa proponía Walter Benjamin.

Otra premisa a la que no se quiso renunciar en esta tesis fue, como ya sugerí más arriba, no utilizar la obra para hablar de otra cosa. No servirse de ella como pre-texto, para hacer de la descripción un cortinaje interpuesto entre el cuadro y la mirada, que la distrae. El texto que derive del análisis ha de regresar hasta la obra, hasta la tela, para palparla; se ha desprendido de su superficie para volver como guante, y tomar su forma.

"El creador de un cuadro u cualquier otro artefacto histórico es un hombre que aborda un problema cuya solución concreta y terminada es ese cuadro" (Baxandall, 1998). La obra *La Verdure* que hoy cuelga de las paredes del Museo de Niza no es más que el último estado del cuadro que Matisse dejó interrumpido. Para poder localizar cuáles fueron las dificultades, los contratiempos y obstáculos a los que respondía, habrá que reconstruir, con el evidente margen de hipótesis, los momentos en que la obra se encontraba sobre el caballete, con la pintura fresca.

Se empezó, al tratarse de una obra de arte, un artefacto histórico, localizando los signos que la cargan con el contenido. Como quien maneja un libro, y no confunde el margen blanco de la página con el lugar donde debe dirigir la mirada para leer, pues es en el texto impreso donde se alberga el significado, el investigador que analiza cualquier obra debe saber y a o debe encontrar dónde está el rastro que carga con el significado de esa obra. En el arte antiguo o clásico es casi inmediato: nos ayudamos por las series iconográficas establecidas. Pero cuando se trata de arte moderno, no puede haber conocimiento previo: cada obra inaugura la distinción entre fondo y figura, entre signo y silencio. Fue Mallarmé, quizás el primer artista moderno, muy admirado por Matisse y fundamental para la obra *La Verdure*, quien evidenció y rompió la inadvertida, por habitual, segregación entre vacío y signo, haciendo igualmente significativo tanto el espacio blanco de la página como la letra. Al ¿qué leer, dónde leer?, de Mallarmé, vamos a superponer el ¿qué mirar, dónde mirar?, de Matisse.

En el arte moderno, en una pintura de Henri Matisse, los signos no están pre-vistos. El primer trabajo del analista será determinar qué es signo y qué no lo es.

Un modo para acertar la discriminación entre signo y vacío es tratar de hallar la anomalía que caracteriza e individualiza cada obra; partir de aquello que no está en su lugar, descubrir lo raro, el 'error', lo decidido, lo intencionado, lo extraño. Allí donde la obra rompe con nuestra familiaridad perceptiva, cuando se presenta como rara, el analista debe retrocede para verla mejor, se extraña, no comparte, se distancia. Se vuelve consciente de sus propias rutinas analíticas, y adapta su percepción a lo que la obra exige. A la obra no podrá aplicar un esquema genérico, predispuesto, como llave que abre y da cuenta de cualquier obra. La tarea del analista frente a la 'anomalía' detectada en la obra será preguntarse, ¿desde dónde debo mirar, para que la anomalía sea comprendida como inevitable y bien venida necesidad?

De lo que se trata, pues, es de buscar, descubrir o fabricar los instrumentos específicos, construidos de manera exclusiva para cada obra, que respondan a las necesidades de análisis que plantee cada signo, despejando la clave que permite luego desarrollar toda la interpretación.

La prueba 'científica' de lo acertado en la hipótesis de anomalía e interpretación estará al alcance de todos: tras la interpretación, ¿es vista la obra con más detalle que antes?

Un ejemplo: la clave de *La Verdure*, lo que sorprende, lo desconcertante, lo que no coincide con lo que tenemos por una pintura moderna, aquello nuevo y no conocido, o tal vez conocido pero fuera de lugar, puede ser, por ejemplo, el marco que envuelve la escena: una franja perimetral formada a su vez por distintos recuadros de color: rojo, blanco y azul.

Otro interrogante que reclama explicación es el tamaño, 245 x 195 centímetros: una dimensión importante para un pintor que habitualmente se siente cómodo sujetando en sus manos el cuaderno o la hoja de papel sobre la carpeta. Para pintar *La Verdure*, Matisse debía subirse a una escalera y acercarse mucho a la superficie del lienzo, sin posibilidad de controlar la composición mientras trabajaba.

Otro signo inusual, éste por contraste con los temas habituales en la pintura de Matisse: la presencia del bosque como tema paisajístico, como naturaleza de exterior. En los trabajos sobre lienzo de Matisse, la naturaleza es parte decorativa del mobiliario: en una estancia, una maceta junto a la modelo, un ramo de flores sobre la mesa, el paisaje que puede verse desde una ventana abierta. No pasa lo mismo con sus trabajos a línea, donde abundan los árboles y paisajes de sus viajes.

Otra extraña distinción que posee *La Verdure*: su factura, el modo como Matisse ha tratado el material. Destaca la superposición de colores y su falta de opacidad, su trasparencia, en casos. Matisse acostumbraba cubrir de color las superficies, sin permitir degradados ni trasparencias. En cambio, en *La Verdure* el rechazo de la opacidad parece un recurso compositivo que le interesa y que recrea con los retoques en las diferentes capas, con la acumulación de cambios y los colores que se invaden unos a otros.

Aportación y conclusiones

Interpretar es sustituir la obra por otra cosa, por su significación, por su sentido. Casi siempre es un abuso, porque la interpretación, si se produce, pertenece al ámbito de la relación individual e intransferible que cada espectador debe tener con la obra.

Paulino Viota, 1998: 54

La tesis ordena y cataloga, por primera vez, los documentos vinculados a *La Verdure*. Algunos publicados de forma desordenada, en la extensa bibliografía dedicada al pintor; otros inéditos hasta el momento, que provienen del Archive Matisse de París y que han podido ser reconocidos y ubicados por vez primera gracias a este trabajo.

La investigación ha tratado de visibilizar el método que seguía Matisse al trabajar: un proceso rígido, cuidado y calculado, que no es posible intuir en el resultado final de la obra. Tras la simulada representación de espontaneidad, de felicidad o ligereza de sus trabajos, hay interminables sesiones, no de evolución o de desarrollo, sino de rígida corrección.

En la aparente naturalidad del motivo doméstico, copia de su entorno personal, existe una minuciosa selección y colocación de los objetos que harán de escenario: muebles, plantas ornamentales y, sobre todo, telas estampadas, que, cual escenografía teatral, tendrán su recreación artificial; detrás de la sencillez o familiaridad con las modelos que usa Matisse, se halla una larga búsqueda, un 'casting' específico en busca de cuerpos con formas, incluso rasgos raciales, determinados; tras la expresividad, pasión y viveza de sus colores, hay un enorme rectificación por capas de pintura, que cubren y borran el color, para posteriormente repintarlo con el mismo tono, una y otra vez. A pesar de la apariencia de impulso vital y espontáneo de su pintura, Matisse construía cada obra de forma mental, una práctica que exigía el raciocinio de todas y cada una de las pinceladas.

Hasta el momento, esta dura metodología de trabajo solamente había sido descrita puntualmente por sus modelos, y exclusivamente conocido por el autor y las personas que asistieron a la creación de la obra.

A este respecto, se ha constatado en la tesis hasta qué punto participó en la realización de *La Verdure* su ayudante y compañera, Lydia Delectorskaya. Una mujer malparada por la crítica auspiciada por los familiares de Matisse, para esconder, como hicieron mientras vivía, la relación que mantuvieron ambos. El pintor se separó de su mujer y vivió junto a Lydia hasta su muerte. Desde el inicio, Lydia trabajó de ayudante en el estudio; se la puede ver en numerosas fotografías, incluso en plena faena, pintando o dibujando directamente sobre las obras.

Otra aportación que surge en la tesis, a consecuencia del análisis de la elaboración de *La Verdure*, es la verificación que los trabajos de Matisse se nutren entre ellos, permanecen enlazados, vuelven una y otra vez sobre el mismo tema y sobre el problema pictórico. Los protagonistas de una tela, como es el caso de la ninfa y el fauno en *La Verdure*, pueden verse tratados desde los primeros trabajos de la carrera de Matisse. Se diferencian unos de otros por la distancia temporal o por el material, a veces cerámica, carbón, tinta o pintura; en 1906, 1909, 1930, 1943 o 1946. No son unas viñetas sucesivas del mismo tema, sino que es el mismo tema, la misma obra, vuelta a trabajar durante toda su vida.

La tesis señala la formación juvenil de Matisse en una escuela de artes y oficios como la contribución determinante en su lenguaje: mezcla de arte decorativo y oficio de artesano textil.

Se reclama la importancia de la integración y contaminación del arte textil en sus composiciones, no sólo en la captura de una imagen añadida en la obra, sino, sobre todo, en la misma forma de proyectar, compositiva y técnicamente; organizando, como si de un tejido se tratase, los elementos, sus formas y colores, con el fin de obtener un efecto y orden, medido e impulsado, para conseguir un equilibrio determinado.

El análisis de *La Verdure* ha permitido regresar a la pintura, con una percepción más aguda, más fina; el análisis ha ayudado a ver tela con más claridad de la que se muestra por sí misma. El resultado final obtenido por la tesis ha sido llegar a convertir toda la superficie de *La Verdure* en signo irradiante.

Universidad y condiciones de trabajo

La tesis se presentó en la Universidad de Barcelona, la misma en la que realicé la licenciatura y también el doctorado. El tutor, Lino Cabezas

Gelabert, catedrático del Departamento de dibujo, fue un estímulo y un ejemplo. En nuestras citas, no sólo hablábamos de la tesis, sino de sus propias investigaciones. Oírle me producía tal celo que la motivación en mi investigación se multiplicaba por el apasionamiento con que el profesor Cabezas se enfrentaba a su trabajo.

En cambio, la institución permaneció ausente, desaparecida. No hubo ninguna relación que pudiera ser de ayuda, pero tampoco de interferencia.

Durante los primeros años, el tiempo fue dedicado a la recuperación de materiales, archivos y bibliografía y el último año dedicado a la redacción del texto. No obstante, esto sólo fue posible a tiempo completo por el soporte familiar que me permitió no tener que trabajar durante unos 6 meses. Si no hubiera sido así, probablemente esta tesis no hubiera sido posible.

Debo agradecer al Estado francés sus espléndidas bibliotecas nacionales y la facilidad de acceso para cualquier persona a sus fondos documentales. También, especialmente, al fondo privado de la sucesión Matisse, y a su responsable, señora Wanda de Guebriant. Las visitas a los Archives Matisse de París han sido indispensables, y en especial lo han sido las conversaciones con la señora de Guebriant.

Debo un reconocimiento especial a Lydia Delectorskaya, por el arrebato que me supuso la lectura de su libro *La aparente facilidad*. No tuve más remedio, por el afecto que siento por ella, que atender sus indicaciones, que señalar lo que ella está señalando: la obra y el pintor Henri Matisse.

La imagen imposible de Lydia con esta tesis entre sus manos, leyendo alguna página, señalando tantos errores y sonriendo por algún acierto, forma parte de mi estímulo y de mi imaginario.

Unas últimas palabras dirigidas a quien puso entre mis manos el libro de Lydia: Josep Quetglas. Ser tan implacable con el enemigo como con el amigo, que hace que quien permanezca cerca avance, inevitablemente.

Referencias

Arasse, D. (2004). *Histoires de peintures*. Gallimard-Denoël: Paris.

Baxandall, M. (1989). Modelos de intención. Sobre la explicación histórica de los cuadros. Madrid: Blume.

Benjamin, W. (2002). *Dirección única*. Alfaguara: Madrid.

Matisse, H. (1936). Carta de Henri Matisse a Marguerite Matisse, 6 de marzo de 1936. Archives Matisse, Paris.

Quetglas, J. (2009). Josep Quetglas. La capital de Mallorca no es Palma sino Son Sant Joan, ese tumor maligno, *Diario de Mallorca*, 6 septiembre, 2009.

Renoir, J. (1979). *Entretiens et propos*. Éditions de l'Etoile-Cahiers du cinema: Paris.

Sklvosky, V. (1971). *Cine y lenguaje*. Editorial Anagrama: Barcelona.

Viota, P. (1986). El vampiro y el criptólogo, *Estudios Semióticos entorno a Peirce,* Barcelona.

Viota, P. (1998). Cómo limpiarse las gafas, *Revista Comunicar*, n.11, 50–5.

INVESTIGAR EN EL AULA

En busca de mejoras en el aula de música a través de la investigación-acción y el *Flipped Learning*

Antonio J. Calvillo Castro

Instituto de Educación Secundaria Cristóbal Colón.
Sanlúcar de Barrameda. Cádiz

caotico27@gmail.com

El modelo *Flipped Learning* aplicado a la materia de música en el cuarto curso de la Enseñanza Secundaria Obligatoria: una investigación-acción para la mejora de la práctica docente y del rendimiento académico del alumnado. Facultad de Educación de Segovia, Universidad de Valladolid, España, 2014

Resumen de la Tesis

Mi tesis es un estudio bajo la metodología de la investigación-acción cuyo eje fundamental era la implantación del modelo metodológico llamado *Flipped Learning* en la materia de música en el cuarto curso de la Educación Secundaria Obligatoria y las mejoras que podía llegar a producir con respecto a la práctica docente en general y del rendimiento académico del alumnado en particular. Se establecieron como bases del estudio, la actitud, motivación e interés del alumnado hacia la materia de música y hacia su propio aprendizaje; las ayudas que se prestaban entre iguales y la posible personalización e individualización de las ayudas por parte del profesorado; la implicación de las familias en todo el proceso de enseñanza y aprendizaje; la autonomía e iniciativa personal del alumnado; la mejora de la práctica musical (instrumental y vocal) del alumnado y el rendimiento académico del alumnado en general. Además, se abordaban temas como la satisfacción de todos los agentes que intervinieron en el proceso, el cambio de rol que se produjo dentro del aula, los medios didácticos empleados, su idoneidad, su duración, su naturaleza y el propio modelo para conocer su efectividad.

***

Una tesis, ¿Por qué y para qué?

En 2010 había defendido mi tesina sobre creatividad, justo cuando nació Sofía, mi segunda hija. Por entonces, Antonio José acababa de cumplir 3 años y Zoraida, mi pareja, había dedicado gran parte de su embarazo a proporcionarme tiempo para escribirla.

Después de aquello, la tesis había salido en muchas conversaciones con amigos y familia, pero ni el tiempo ni mis obligaciones me habían permitido volver a disponer de momentos y de ganas para afrontarla a corto plazo.

Pero, durante el curso 2012–2013, después de muchas charlas con mis amigos Javier Romero Naranjo[*] y Pepe Calvo[†], de que los peques se estaban haciendo más independientes y de que Zoraida estaba dispuesta de nuevo a regalarme el tiempo necesario para hacerlo, decidí que había llegado el momento de afrontar esta nueva etapa. Me habían dado muchos motivos: que me abriría muchas puertas, que me facilitaría otras muchas, que me dotaría de prestigio profesional o incluso que me posicionaría por encima de otros muchos para determinados escenarios o situaciones.

Os parecerá raro, pero ninguna de ellas me había convencido. Me considero una persona luchadora, innovadora y docente por vocación. Jamás en la vida

---

[*] Javier Romero, fundador del método BAPNE de percusión corporal e inteligencias múltiples (http://www.percusion-corporal.com/index.php/es/) había sido compañero de carrera en Granada y manteníamos una estrecha amistad. Además, había realizado algunas colaboraciones con su universidad.

[†] Pepe Calvo, historiador y escritor de libros de historia y de novelas, es amigo de la familia y suelo coincidir con él varias ocasiones a lo largo del año en comidas familiares y por motivo de su web (www.josecalvopoyato.com) que diseñamos, mantenemos y publicamos mi hermano Kico y yo.

me han regalado nada y todo lo que soy ha sido conseguido a base de esfuerzo y dedicación. En mi trabajo siempre procuro hacerlo mejor cada día y aportar "mi mejor versión" en la enseñanza de mi alumnado. Tampoco aspiro a dar el salto a la Universidad ni a dejar las aulas de Secundaria puesto que es lo que me gusta, lo que me llena como profesional y donde creo que tengo mis fortalezas.

Así, la razón fundamental para afrontar mi tesis doctoral fue la posibilidad de encontrar mejoras a mi práctica docente mediante la puesta en práctica de determinadas metodologías de enseñanza/aprendizaje, encontrar evidencias empíricas de todo el proceso y de todos los resultados obtenidos y poderlas mostrar y exportar a otras situaciones y compañeros que pudieran servirles como inspiración o como guía.

Los directores de tesis

Pero si importante es querer hacer la tesis, más lo es si cabe estar respaldado y dirigido por la persona o personas adecuadas.

En una de esas muchas charlas con Pepe Calvo, me preguntó por quién pensaba yo que sería la persona idónea para dirigir mi tesis en caso de que decidiera afrontarla y a mi cabeza vinieron dos nombres: Javier Romero por su amistad y confianza y Andrea Giráldez, por su trayectoria profesional y el campo de estudio que compartíamos. De aquella conversación – una mañana en las vacaciones de Semana Santa de 2013, en la Plaza de España de Cabra, Córdoba mientras tomábamos un café – surgió, y no sé muy bien cómo ni porqué, el compromiso de escribir a Andrea para intentar que fuera mi co-directora de tesis y contarle a Pepe lo que sucediera. Me habían pillado y no tenía escapatoria. Tampoco quería tenerla.

La elección del director de tesis es quizás, una de las tareas más arriesgadas a las que debe enfrentarse cualquier doctorando cuando por fin decide afrontar el "reto" de escribir una tesis. En mi caso, conocía a Andrea a través de artículos y libros – que me habían servido para desarrollar mi tesina sobre creatividad que me dio acceso al DEA – y del I Encuentro de docentes de música "Con Euterpe" que se celebró en Murcia en diciembre de 2011, donde pude cruzar con ella algunos comentarios – muy pocos, pero provechosos – entre las distintas ponencias y talleres y otros tantos correos a raíz de coordinar la publicación de las actas posteriores.

¿Cómo resultaría la experiencia? No me preocupaba la exigencia que pudiera imponerme, más bien lo contrario: me preocupaba esa dejadez de la que se hace gala, más a menudo de lo que nos gustaría a otros tantos, por parte de determinados profesores universitarios con tantos alumnos de Máster y Grado – y sus respectivos TFM y TFG – que olvidan fechas, seguimientos, etc.

Yo he tenido una suerte infinita. Javier, por su amistad y el interés – casi personal diría yo – estaba atento a mis progresos, me sugería determinadas actuaciones, lecturas y caminos. Andrea, pese a su elevada carga de trabajo, siempre estuvo disponible para contestar a mis continuos correos llenos de dudas, partes para revisión, instrumentos que discutir … idas y venidas mentales expresadas por escrito que siempre tuvieron respuesta casi inmediata y acertadas en un tono cercano muy de agradecer. En definitiva, se convirtieron en mis "ángeles de la guarda" y mis "personal coach" siempre dispuestos a ofrecerme una opinión y disponibles cuando los necesité.

El tema

Con Javier y Andrea dispuestos a dirigir mi tesis, establecimos un plazo para terminar de cerrar el tema de la misma y preparar un dossier en le que incluyera fechas clave y los puntos fundamentales del trabajo para que pudieran aportarme su punto de vista y ayudarme desde el comienzo. Así, Andrea me sugiere un par de artículos para leer* que contenían las últimas investigaciones realizadas en el campo musical por si me podían servir de inspiración y guía y me pongo a trabajar. Me hago una idea inicial de lo que se está haciendo a nivel mundial y releo algunos libros que me habían servido meses atrás para otros trabajos (Díaz y Giráldez, 2013; Díaz, 2006).

Pero había una idea que me rondaba la cabeza desde hacía algunos meses, que se había colado en mi PLE – a través de Twitter fundamentalmente – y que me hizo cargarme de ilusión con los resultados que podía obtener si era capaz de llevarla a la práctica: el *Flipped Classroom* o *Flipped Learning*.

En música, podía significar grabar videos para la práctica instrumental y vocal, para los proyectos de música y tic y para la parte más teórica de la materia. Iba a necesitar mucho tiempo para la grabación y edición de esos videos y otro

---

* Un capítulo de Evangelos Himonides sobre Música y Tecnología (Himonides, 2012) y otro de Peter R. Webster sobre investigación musical (Webster, 2011).

tanto para la preparación de otras clases y el trabajo que desempeño en mi centro y para el desarrollo de la tesis – marco teórico, diseño metodológico, instrumentos a emplear, análisis de resultados. – Todo ello, sabiendo que soy padre de dos peques a "tiempo total", que contamos con poca ayuda puesto que nuestras familias viven lejos – o nosotros de ellas – y que, como en otras ocasiones, tendría que "tirar" del tiempo de mi sueño fundamentalmente – y del que Zoraida, me cediera pese a su enorme carga de trabajo y a su falta de sueño –. No iba a ser fácil, pero estaba "ilusionado".

El primer dossier

Pues con estas premisas, comienzo a desarrollar el primer dossier para presentárselo a mis directores de tesis donde enfoco la temática, los distintos capítulos que contendría el trabajo, la metodología de investigación que emplearía, el esbozo de objetivos, etc. Maduro este dossier hasta comienzos del curso 2013-2014 y se lo envío por correo a mis directores en septiembre de 2013. Unas 15 páginas repletas de ideas iniciales, esbozos de actuaciones, participantes, grupos, tareas que debía desarrollar y realizar durante la misma, alguna bibliografía básica, puntos que irían creciendo con el tiempo conforme avanzara la investigación, otros que desaparecerían posteriormente por su escaso valor, otros tantos que se fundirían con otros existentes o que cambiarían de ubicación de capítulo y un par de premisas: quería que el lenguaje fuera conciso y directo, sin artificios innecesarios y – quizás por mi condición de docente – fácilmente entendible por cualquiera que quisiera acercarse a mi investigación a pesar de no tener vinculación con la música, la investigación o el mundo académico; y en segundo lugar que lo que hiciera sirviera – a mí, a mi alumnado, a otros docentes que pudieran aprovechar el material que creara, etc. – y que fuera de libre acceso[†].

El curso ya estaba a punto de comenzar y había decidido que comenzaría mi investigación a comienzos de año. Así, mientras Javier y Andrea me hacían las primeras modificaciones, comienzo a buscar toda la información referente al tema principal –*Flipped Classroom*– para desarrollar mi "Marco Teórico", buscar ideas que me ayudaran a decidir sobre las técnicas de recogida de datos que emplearía, el material que debía preparar para la instrucción en casa,

---

[†] FlippedKawa (http://www.musikawa.es/media) nace con licencia Creative Commons y el deseo de difundir el conocimiento musical, desde mi particular perspectiva, a cualquiera que se atreviera a intentarlo.

los resultados obtenidos en otros estudios, los aspectos estudiados por otros colegas, etc.

No tenía miedo de que las correcciones fueran muchas, porque los ojos expertos de mis directores siempre fueron una ayuda para ver lo que no había sido capaz por mi inexperiencia y porque mi tesis se enriquecería con sus puntos de vista.

Marco teórico

Cuando empiezo a abordar el tema sobre *Flipped Classroom* en Septiembre de 2013[*], lo primero a lo que recurro es a hacer búsquedas en Google para encontrar bibliografía, experiencias, infografías, comunidades y posts en webs y blogs. Mucha de la información la recopilo de estos sitios fundamentales:

- Infografías en español e inglés,
- Artículos e investigaciones,
- Reviews de investigaciones,
- Algunas webs con experiencias y algunos enlaces interesantes como "The Flipped Classroom" en español (http://www.theflippedclassroom.es/) y "Talento y Educación" de Javier Tourón (http://www.javiertouron.es),
- Comunidades como "FlippedEABE" en Google+ (https://plus.google.com/communities/109884545472617380981) y "The Flipped Learning Network Ning" (http://flippedclassroom.org/).

Descargo todos los documentos que puedo, guardo las direcciones que me interesan, etc. y me centro en encontrar qué han investigado – satisfacción, resultados, habilidades, motivación o compromiso – y cómo lo han hecho – grupo de control y grupo experimental, cuestionarios, pruebas estándar, etc. – con el fin de aprender y poder aprovechar todo aquello que me sirviera para mi estudio.

No me quedó más remedio, que buscar un lugar físico donde ir recopilando toda la información – artículos, tesis, trabajos, libros, etc. – y tenerlos a mano cada vez que los necesité. En mi caso, parte de una estantería y más de un cajón cerca de mi lugar de trabajo habitual.

---

[*] Más tarde, en mayo de 2014 cuando reviso el informe final de mi tesis, decido cambiar el título por Flipped Learning, tal y como lo acababan de definir en marzo, en The Flipped Learning Network en esta dirección: http://flippedlearning.org/definition-of-flipped-learning/.

Además, me encuentro que casi todo ¡está en inglés! Menos mal que me defiendo medianamente y que cuando he necesitado ayuda he tenido cerca a alguien a quien preguntar. También iba haciendo anotaciones en español en los márgenes de cada estudio – la mayoría impresos y otros tantos en digital – para ayudarme a recordar y encontrar lo que necesitara con mayor facilidad y para incluir un resumen detallado para mi informe final.

Cuando termino, me doy cuenta de varias cosas interesantes: todos los estudios hasta la fecha habían estado relacionados con el ámbito académico de las ciencias –matemáticas, física, química, biología, ingeniería industrial, ingeniería electrónica y circuitos, aplicaciones informáticas, etc. – y en niveles superiores al que yo iba a emprender –Universidad fundamentalmente – o inferiores – Elementary School y Middle School hasta los 13 años aproximadamente.

Finalmente, mando para revisión el 8 de noviembre de 2013. A lo largo de la investigación, serían muchas sus revisiones hasta la versión definitiva, puesto que mi tema de estudio estaba – y sigue estando – en auge y quise incluir todo lo que se había publicado hasta la fecha.

El marco teórico puede leerse en el Capítulo I de mi tesis en las páginas 5–22.

Contextualización

Una vez terminado el marco teórico, abordo la contextualización concreta de mi centro y de mi alumnado. Establezco la muestra a la que irá dirigida mi investigación, utilizo el Plan de Centro – ubicación, tipo de centro, nivel sociocultural, etc. –, informes del portal de gestión del alumnado en mi comunidad – Séneca – de calificaciones del alumnado en cursos anteriores, informes de los tutores sobre el alumnado implicado, mis pruebas iniciales, etc.

Con todo ello, junto con fotografías ilustrativas del aula de música, de planos del centro y un pequeño análisis del currículo de música en 4º de ESO, completo mi contextualización.

Por último, decido incluir los resultados obtenidos por el alumnado del estudio en la Prueba de Evaluación y Diagnóstico del AGAEVE cuando cursaban 2º de ESO.

Este capítulo completo puedes encontrarlo en las páginas 23–44 y conforma mi marco contextual.

El siguiente paso sería el diseño completo del marco empírico y de todo el material que emplearía para la instrucción del alumnado en casa y la planificación del tiempo de clase para la puesta en práctica de los conocimientos adquiridos en casa. Además, pido los permisos oportunos en mi centro y consigo la firma del director para llevar a cabo mi investigación y que luego incluiré como Anexo de mi informe.

Mando para revisión el 2 de diciembre de 2013 y me centro en terminar de diseñar la investigación, esbozada en el dossier cuyas fechas estaba decidido a cumplir y en la realización de los instrumentos–diario y cuestionarios fundamentalmente–que necesitaría más adelante.

Planteamiento y desarrollo de la investigación

Tenía claro, después de mucho leer sobre los distintos tipos de investigaciones, que lo haría bajo el método de la investigación-acción y que el libro de McKernan (1999) y el de Antonio Latorre (2003) serían mis lecturas de cabecera y de referencia fundamentales para afrontar mi planteamiento y que me abrirían camino hacia otros estudios.

Del conocimiento de esta metodología puesta al servicio de la mejora de mi práctica educativa, me planteo las distintas fases de las que constará mi investigación –identificación del problema, plan de acción, la acción o la reflexión de mi práctica–, las principales preguntas de mi investigación y los 6 objetivos fundamentales que intentaría abordar con ella.

Pero además, debido al poco tiempo que me había fijado para comenzar la acción – estamos hablando de comienzos de diciembre de 2013 y debía tenerlo todo preparado para enero de 2014 –, y tenía que priorizar. Así, decidí continuar por los instrumentos de investigación y por los medios didácticos que utilizaría para la acción.

Con respecto a las técnicas e instrumentos que emplearía, decido hacer una tabla en la que se recojan las distintas situaciones y mejoras que pretendo conseguir y los métodos e instrumentos que emplearíamos para la investigación de cada una de ellas – observacionales con el diario del profesor/investigador o la grabación en video de algunas sesiones de práctica musical, no observacionales con varios tipos de cuestionarios y el análisis documental– de tal manera que para cada situación o mejora, encontráramos al menos 2 instrumentos que la valoraran*.

Algunos de esos instrumentos había que diseñarlos, revisarlos, validarlos, medir su fiabilidad, etc. y el tiempo apremiaba. En esta tarea, los directores de tesis – siempre disponibles y atentos a través del correo electrónico – me facilitaron la labor y pusieron a mi disposición su dilatada experiencia en estos menesteres.

Por otro lado, tenía que diseñar todo el material necesario para la instrucción del alumnado en casa – fundamentalmente videos – de una unidad completa, acompañados de cuestionarios para mantener su atención y fijar los contenidos fundamentales, las tareas que realizaríamos en cada una de las sesiones de clase, la plataforma virtual en la que lo recopilaríamos todo y que nos serviría de punto de encuentro, el material complementario, etc.

No era poco el trabajo y los días se me pasaban volando. Por las mañanas en el instituto. Algunas tardes con los peques y ayudando en casa. La mayoría de las veces y gracias a la generosidad de Zoraida, encerrado escribiendo, leyendo, montando videos, grabando secuencias, escribiendo correos, etc. delante del ordenador, parando para compartir la cena con la familia y dilatando las horas posteriores hasta bien entrada la madrugada. Por aquel entonces, los fines de semana existían porque no había que ir al instituto por las mañanas y porque algunos sábados, me tocaba acompañar a los peques a ballet – les encantaba – y aprovechaba con mi portátil para analizar datos, hacer esquemas o generar gráficos en un ambiente distinto – en una cafetería cercana con un café.

También aproveché, antes de las vacaciones, para reunir a las familias y exponerles lo que estaba apunto de intentar con sus hijos e hijas, pedirles colaboración en casa y la confianza suficiente para quien emprende algo con la voluntad de mejorar y por el bien de todos. No tuve ni rechazo ni dudas. Al revés, todas las familias me apoyaron y entendieron que podría ser muy positivo para todos.

En ese primer trimestre del curso, no hubo escapadas, ni puentes, ni vacaciones de Navidad sin que el trabajo ocupara la mayoría de mi tiempo –incluidos el día de Navidad, Año Nuevo o Reyes en los que me dispensaron

---

* Dicha tabla – la número 11 – puede encontrarse en las páginas 70 y 71 de mi tesis. En ella puede observarse cómo la mayoría de las mejoras quedan registradas y medidas con más de 2 instrumentos y algunas llegan a ser medidas hasta con 5 instrumentos distintos.

de muchas tareas familiares y me avisaban para comer, cenar o ver a los Reyes con los peques cuando consideraban que era imprescindible y por el menor tiempo posible.

Llega la acción

En enero de 2014, a la vuelta de vacaciones de Navidad, comenzó la acción con el modelo *Flipped Learning* y todo el material que había preparado para mi alumnado. Además del resto de clases, tenía que ir completando el diario del profesor / investigador a diario, revisar el trabajo en el aula virtual con el fin de obtener el *feedback* antes de clase, preparar el material y los recursos necesarios para el tiempo de clase, grabar algunas de las sesiones – preparar y cargar la cámara de video con su trípode –, volcar los cuestionarios a drive, seguir montando material para las semanas siguientes – no estaba todo el material terminado cuando comienza la acción. Había dado tiempo de grabarlo pero no de montarlo todo – y un largo etcétera. Paralelamente, me dedico a estudiarlos y a tabularlos para que su análisis posterior no fuera demasiado pesado y empiezo a ser consciente, clase a clase, semana a semana, de que las mejoras están surgiendo y de que el modelo *flipped learning* tal y como lo había planteado para mi alumnado, estaba siendo un éxito con unos resultados espectaculares.

En este punto, llegué a agobiarme en un primer momento por una sencilla razón. Si el modelo me estaba funcionando y todos estábamos mejor, debía continuar grabando y montando videos, planificando nuevas clases, rediseñando y ampliando el aula virtual, etc. Pero por otro lado, necesitaba el tiempo necesario para analizar los datos, generar los gráficos, escribir el informe, completar los capítulos que había dejado inconclusos, añadir las mejoras que me habían sugerido mis directores de tesis mediante el envío de algunos capítulos y partes al correo electrónico, etc.

Al final, el tiempo se busca y terminé disfrutando de esa situación de tanto volumen de trabajo porque la satisfacción con mi alumnado había cambiado tanto, que merecía la pena.

Conclusiones de la investigación

El 24 de marzo de 2014, envié a mis directores de tesis el capítulo 4 con todo el análisis y discusión de los resultados obtenidos. Había tenido que ver y transcribir horas de grabaciones en video, tabular todas las sesiones de mi diario en categorías para su posterior análisis y analizar una ingente cantidad de datos y de material, pero con cada análisis, mi sonrisa, por los resultados obtenidos, era mayúscula.

El ambiente en clase había cambiado. Volvía a confiar en mi alumnado, me sentía útil en clase y ellos habían vuelto a creer en mí, en ver la utilidad de lo que aprendían y el método de investigación-acción había dado sus frutos. Solo quedaba dejarlo por escrito para que otros pudieran leer lo que yo había experimentado, las mejoras que había conseguido y que pudieran intentarlo o inspirarse con mis logros.

Ya quedaba menos. En febrero había enviado el capítulo 3 con el Bloque Empírico y ahora solo me quedaban las conclusiones y cerrar todo el trabajo. Había que hacer una última lectura detallada y una revisión concienzuda para no pasar por alto nada. Era muy poco, en comparación con todo lo demás.

Y cuando estaba terminando, me quedo sin universidad

Lo que no me esperaba, después de solicitar la inscripción de la tesis en la Universidad de Alicante donde trabajaba –y sigue trabajando– Javier con todos los modelos cumplimentados y todos los requisitos cumplidos, que en mayo la rechazaran, por un cambio en la política de esa Universidad unos meses antes. No me lo podía creer y tampoco estaba para muchas fiestas ni distracciones ahora que estaba llegando al final.

Y aquí es donde interviene, una vez más, la inmensa generosidad de Javier que antepone, después de todo el trabajo que había realizado en mi tesis, mi trabajo a su nombre y prefiere salir de la dirección de mi tesis en favor de que la presente en otra Universidad con otro co-director. Este tipo de actos, y más a nivel académico, no son habituales.

Pero además, cuando se nos plantea el problema, Andrea encuentra a otro profesional y compañero de facultad al que le debo tanto como a Javier. Alfonso Gutiérrez Martín, quien asume la responsabilidad con gusto pero además con el respeto de quien se incorpora al final del trabajo y entiende que el camino está recorrido. Alfonso podría haber querido incluir algún campo de estudio, podría haber querido modificar planteamientos, etc. Sin embargo, decide mejorar lo que ya está – muy poco para no retrasar el trabajo – y asumir la responsabilidad de la inscripción – reuniones urgentes con su Departamento, escritos, idas y venidas al Rectorado, etc. – con el fin de hacerla lo antes posible y darme la oportunidad de defenderla en la Universidad de Valladolid (Facultad de Educación de Segovia).

Luego, fue el encargado, junto con Andrea, de facilitarme el camino hasta la defensa que se produjo, finalmente, el 15 de diciembre de 2014: las copias de la tesis, el depósito, la constitución del tribunal, un cambio en el título de la tesis – de *flipped classroom* a *flipped learning* – y toda la documentación necesaria, que no era poco. La tesis se termina de redactar y revisar el 8 de junio y se maqueta definitivamente al formato de la Universidad el 12 de julio de 2014. Más de un mes de retoques de formato por cambio en el tamaño de papel que hicieron que los retoques – en las fotografías, los márgenes, etc. – no fueran menores.

A partir de ahí, solo quedaba encontrar a dos profesores que firmaran la idoneidad de mi tesis – en mi caso fueron Maravillas Díaz y Fernando Trujillo – y constituir un tribunal para enviarles las 5 copias de la tesis[*] y defenderla ante ellos.

La defensa de la investigación

Dicen que toda tesis termina con su defensa ante un tribunal que la ha leído con anterioridad y que después de escucharte, te hace apreciaciones y preguntas, más o menos acertadas –el máximo experto en el tema eres tú –, más o menos hirientes – quizás para ser o parecer superiores ante ese auditorio – y más o menos incómodas.

También dicen, que cuando los directores de tu tesis la han firmado para

---

[*] Para la realización de las copias – en color en mi caso – y su encuadernado tradicional en piel con letras en plata y sello de la Universidad, opté por una empresa sevillana con una dilatada experiencia y el dinero que pagué, mereció la pena por el trabajo que realizaron y la tranquilidad que me transmitieron desde el principio.

su defensa, está en juego su reputación y que el tribunal no suele ponerla en tela de juicio, sino más bien, valorarla positivamente en una escala que comienza a partir del 5.

En mi caso, mi tesis terminó con una comida en familia después de que el tribunal, entre los que se encontraban amigos como Fernando Trujillo, me sugirieran mejoras y me alabaran mis aciertos – y los de mis tres directores de tesis aunque al final solo figuraran dos de ellos – en un ambiente relajado y distendido donde no faltaron las risas y donde parecía más bien una clase o una tutoría donde todos estábamos aprendiendo más que buscando y realzando el error como podría pensarse a priori. Yo lo entendí como un regalo más por su parte.

En el caso de la calificación, tampoco tenía la presión de quien va buscando algo. Yo había conseguido lo que pretendía, la nota me la había puesto mi alumnado y mi tesis había servido para incluir determinadas mejoras en mi aula. La nota ya no me preocupaba en exceso. Esto no significa que no desplegara "toda la artillería" y de que la defensa la preparara a conciencia hasta la misma noche antes. Incluso me atreví a comenzar con un video – a la manera *flipped* – en el que había resumido todo el proceso y toda mi tesis de una manera divertida con un PowToon[†] para intentar coger confianza desde el principio.

Todo fue como la seda y resultó una experiencia – de casi tres horas de duración con Antonio José atentísimo a toda la exposición y discusión y Sofía durmiendo en brazos del abuelo sobre una de las mesas del aula – fantástica y que recordaré con cariño el resto de mi vida. No os podéis imaginar la sensación de escuchar la calificación a tu trabajo de la boca del secretario del tribunal y mirar hacia atrás y encontrarte con tu familia – y tus directores de tesis – llorando de alegría o al menos, con los ojos vidriosos por la emoción del momento. Y estoy convencido que no fue solo por el sobresaliente "cum laude" de la tesis, sino más bien, por todos los sacrificios compartidos de los que allí nos habíamos dado cita.

Hay que vivirlo.

[†] No os podéis imaginar las caras de sorpresa e incredulidad de los miembros del tribunal, cuando vieron el video de presentación realizado con la aplicación web PowToon y que podéis ver aquí: https://www.youtube.com/watch?v=3DLuheJXPCc.

Para terminar

Han pasado 2 años desde aquella defensa y sigo impartiendo clase en el mismo centro de secundaria y con un alumnado similar. Mi vida ha cambiado poco aparentemente. Quizás, ahora me tienen en consideración para alguna publicación específica como esta, me invitan a algún congreso en España y en el extranjero o cuentan conmigo y con mi experiencia para algunas investigaciones relacionadas con mi tesis.

Pero no es ese el cambio que más valoro – que también – sino más bien el que ha generado la incorporación del modelo *flipped* a mi práctica docente, el impacto del método científico en mis actuaciones diarias y la reflexión subyacente a todo ello, que es la que propicia nuevas mejoras y la conciencia de estar en el buen camino.

Llegados hasta aquí, en algunas ocasiones me pregunto si hubiera hecho determinadas cosas de otra manera y la respuesta es sí.

Por ejemplo, habría planteado mi tesis a más largo plazo por varios motivos: para que durara más tiempo (se me quedó corta y hubo un momento en el que sentí vértigo de terminarla) y por haber podido compaginar mejor la tesis con mi familia y mis amigos a los que "abandoné" casi por completo porque todo el tiempo del que dispuse para estudiar y escribir me parecía escaso.

También, tal y como decía al principio de este artículo, nada en mi vida ha sido fácil ni me lo han regalado y en mi tesis, hubo pequeños obstáculos que debí superar. Casi siempre con trabajo y tesón, algunos con ayuda y otros en solitario, pero todo se supera si se desea superar. Si yo lo hice, cualquiera podría hacerlo también. Solo hay que se conscientes de que los obstáculos aparecerán y tener la confianza de que se podrán superar.

Con respecto al editor de textos empleado, comencé con Scrivener* puesto que me permitía escribir sin distracciones y con diferentes pantallas para utilizar con materiales (pdfs por ejemplo) simultáneos a mi escritura. Además, permitía tener una pizarra de corcho virtual en la que pinchar y anotar todo tipo de cuestiones, artículos, notas, etc. Una vez terminada, maqueté con mi editor de textos habitual y con el que me sentía más cómodo. Te aconsejo que utilices un editor que no te distraiga pero que te permita maquetar tu original a la vez que vas escribiendo y así no perder tiempo a posteriori como fue mi

---

* https://www.literatureandlatte.com/scrivener.php.

caso. Intenta conseguir las normas de la Universidad donde vayas a presentar tu tesis cuanto antes y aplícalas a tu escrito desde la primera línea.

Todo ello, con 3 copias en distintos lugares: una en mi ordenador, otra en un disco duro externo y una tercera en un servicio en la nube que se sincronizaba en tiempo real por si necesitaba acceder a ella con un ordenador que no fuera el mío. Las copias de seguridad de tus archivos, pueden salvarte de más de un disgusto.

Por último, disfruta cada paso, porque cada paso que des, es un paso que no volverá. Te parecerá, en ocasiones, imposible de cumplir puesto que hay momentos en los que la "cuesta" es empinada y las dificultades muchas. Pero piensa, que es un camino de aprendizaje, de descubrimiento y de retos y de que disfrutar ese camino, será garantía de éxito y te hará llegar más lejos.

Ahora te toca a ti dar el paso, encontrar el camino y disfrutarlo como yo. Si yo he sido capaz de llegar hasta aquí, imagina lo que serás capaz de hacer tú. Solo te deseo buena suerte y buen trabajo esperando que estas líneas hayan podido clarificarte algunas cuestiones y ayudarte a dar el paso o a focalizar determinadas situaciones que pudieran ser similares en tu camino.

Referencias

Calvillo Castro, A. J. (2014). *El modelo Flipped Learning aplicado a la materia de música en el cuarto curso de Educación Secundaria Obligatoria: una investigación-acción para la mejora de la práctica docente y del rendimiento académico del alumnado.* Tesis Doctoral. Valladolid: Universidad de Valladolid. Recuperada de: https://www.educacion.gob.es/teseo/mostrarRef.do?ref=1118301#.

Díaz, M. (Coord.) (2006). *Introducción a la investigación en educación musical.* Madrid: Enclave Creativa.

Díaz, M. y Giráldez, A. (Coords.) (2013). *Investigación Cualitativa en Educación Musical.* Barcelona: Graó.

Himonides, E. (2012). The misunderstanding of music-technology-education: A meta perspective. en G.E. McPherson & G.F. Welch (Eds.), *The Oxford handbook of music education* (Vol. 2, 433–56). New York: Oxford University Press.

Latorre, A. (2003). *La investigación-acción. Conocer y cambiar la práctica educativa*. Barcelona: Graó.

Mckernan, J. (1999). *Investigación-acción y currículum*. Madrid: Morata.

Webster, P. R. (2011). Key research in music technology and music teaching and learning. *Journal of Music, Technology & Education*, 4(2/3), 115–30.

Referencias sobre la investigación realizada

Calvillo Castro, A. J. (2014). "Mejora de la práctica docente y del rendimiento académico del alumnado" en *Eufonía*, SSN 1135-6308, Nº 61, 2014, 32–8.

Calvillo Castro, A. J. (2015a). "Flipped Learning en el aula de música" en *Aula de secundaria – Graó*. Nº15, Nov–Dic 2015, 23–5.

Calvillo Castro, A. J. (2015b). "Enseñanza invertida en el aula de música de secundaria" en *Comunicación y Pedagogía* 285–6 Monográfico sobre Flipped Classroom, 68–73.

Palazón Herrera, J. y Calvillo Castro, A. J. (2016). "Insignias y realidad aumentada en el aula de música de educación secundaria" en *Eufonía*. Nº66, 2016, 51–5).

Calvillo Castro, A. J. (2016). "Flipped Learning como revolución didáctica en el siglo XXI" en Lag, N. (coord.) *Actas del III Congreso Nacional de Educación musical "Con Euterpe"* (ISBN 978-84-9881-372-2. Procompal. 2016, 103–12).

Do percurso doutoral ao autoconhecimento

Clarissa Gomes Foletto

Universidade de Aveiro
clarissafoletto@gmail.com

Instructional communication in one-to-one instrumental lessons: the use of teaching cues in violin tuition.
Universidade de Aveiro, Portugal, 2016

Resumo da Tese

A qualidade da instrução expressa por professores de instrumento tem vindo a ser apontada como um dos fatores que distingue professores experientes de professores menos experientes. Um dos desafios do professor de instrumento é abordar conteúdos complexos, que envolvem um vocabulário específico, e que ao serem comunicados de forma clara e efetiva podem ser posteriormente compreendidos e relembrados pelo aluno. Assim, a partir do estudo de pistas pedagógicas, o objetivo desta investigação foi compreender o processo de comunicação no ensino individual do instrumento. Para atingir este propósito foi conduzido um estudo de caso, exploratório, focado na comunicação estabelecida entre professor e aluno. Primeiro foi realizado um estudo piloto que guiou a construção do protocolo do estudo de caso principal. Depois foi realizado o estudo de caso principal que envolveu a observação de dezasseis aulas individuais de violino e a realização de doze entrevistas semiestruturadas.

Os participantes foram quatro professores (idades entre os 41 e 62 anos) e oito alunos (idades entre os 9 e 15 anos). Duas aulas sequenciais foram filmadas e foi conduzida uma entrevista no final da segunda aula. Vinte e oito pistas pedagógicas foram selecionadas a partir das observações, das filmagens e das notas de campo. Uma análise temática possibilitou a identificação de: (i) elementos contextuais; (ii) responsabilidades profissionais percecionadas pelos professores; (iii) estratégias de comunicação e (iv) perceções dos estudantes sobre a comunicação em sala de aula. Relativamente às pistas pedagógicas selecionadas foram identificadas o seu uso e eficácia. Os resultados principais sugerem que, na comunicação de instruções os professores desenvolvem competências específicas para expressar ideias musicais. Estas ideias são baseadas no conhecimento que têm sobre as preferências dos alunos, e a capacidade de serem flexíveis e de combinar diferentes estratégias. Os professores comunicam através de instruções, e usam as pistas pedagógicas com a função de aconselhar, resolver problemas e enfatizar um determinado conteúdo. As pistas pedagógicas foram usadas na abordagem de competências técnicas, auditivas, interpretativas e de apresentação. De uma forma geral, a comunicação destas pistas foi eficaz quando utilizada com a função de enfatizar algum conteúdo importante. Mais, a eficácia desta comunicação foi feita através do uso de diferentes estratégias: (i) metáforas; (ii) demonstração; (iii) contato/modelagem física, e (iv) incentivar o aluno a tocar livremente. Estes resultados refletem uma tendência comum encontrada na literatura, que sugere que a comunicação de instruções pode ser também otimizada quando professor e aluno negoceiam e partilham conceitos e significados durante as aulas de instrumento. Embora a otimização da comunicação de instruções tenha sido o enfoque principal desta tese, a contribuição final passa pela aprendizagem significativa do aluno, resultando numa experiência de ensino e aprendizagem positiva e agradável.

***

Da prática à teoria

Diferentemente de muitos professores de música a minha trajetória como professora de violino começou antes de eu ter tido propriamente uma aula formal de instrumento. Meu primeiro contato com um instrumento musical foi quando eu tinha sete anos de idade, com o piano, na minha cidade natal, no sul do Brasil. Alguns anos após a minha primeira aula de piano minha irmã mais nova, na altura com 3 anos de idade, começou a aprender violino pelo Método Suzuki. A partir daquele momento eu assumi a posição de "pai/mãe" dentro do modelo tripartido do método. Foi então assim que minha "prática pedagógica" deu seus primeiros passos. As responsabilidades com a minha irmã incluíam todas as atividades relacionadas à sua prática no violino durante as aulas e no estudo em casa. Para ajudá-la a aprender novas peças senti na altura a necessidade de buscar diferentes estratégias como, por exemplo, o uso de demonstração ou metáforas. Algumas vezes eu chegava a tocar em seu pequeno violino para demonstrar uma passagem específica. Toda essa experiência levou-me a desistir do piano e começar a aprender violino, também pelo Método Suzuki. Após seis anos de estudo do violino eu estava novamente á frente de um aluno, só que dessa vez exercendo oficialmente o papel de professora. Desde então, essa prática tem sido muito presente em minha vida.

Um dos grandes desafios dos professores de instrumento, principalmente nos estágios iniciais de aprendizagem, é abordar um conteúdo complexo (formado por um vocabulário específico) usando uma comunicação efetiva, criativa e clara que possa ser posteriormente entendida e recuperada pelo o aluno. Este desafio esteve sempre presente durante a minha carreira como professora e talvez tenha sido ele que me encorajou a frequentar várias formações para professores com o intuito de buscar o desenvolvimento e o aperfeiçoamento de competências pedagógicas. Apesar do grande empenho em desenvolver essas competências, foi apenas nos últimos anos que meu interesse em entender os processos de comunicação no ensino instrumental começou a surgir. Esse interesse emergiu, naturalmente, dessas formações, da minha experiência como professora de violino e dos incessantes questionamentos que eu ouvia em conversa com vários colegas em diversas ocasiões, como por exemplo: "Como você ensina vibrato para seus alunos?"; "Como você aborda a mudança de posição"; Porque para alguns alunos é necessário repetir tantas vezes algumas instruções?"; Porque, as vezes, os alunos não se lembram o que foi dito na última aula?" Essa discussão parecia emergir de uma aparente necessidade de encontrar a "melhor" estratégia para ensinar os alunos, em outras palavras, a busca por uma "receita pronta".

Foi com base nesses questionamentos, que tantas vezes surgiram no decorrer da minha prática, que o doutoramento entrou na minha vida. Minha ideia era usar o doutoramento como plataforma para tentar responder à todas essas questões que alimentavam meus anseios internos como professora. Para além desses tópicos, havia também uma motivação externa muito grande: a minha orientadora do mestrado incentivou-me muito para eu seguir trabalhando com ela na mesma instituição no âmbito do doutoramento. Incentivada por ela, e pela boa experiência que tive a nível de mestrado, eu aceitei o desafio e acabei por iniciar os meus estudos a nível de 3º ciclo na mesma instituição.

Definindo um tema de investigação

O cenário descrito acima ilustra, de certa forma, como minha jornada pessoal orientou o início do meu percurso doutoral e consequentemente a definição do seguinte tema de investigação: *a comunicação de instruções no ensino individual do violino*. Como referi anteriormente, uma das principais razões que me motivaram a conduzir investigação nesse tópico foi o reconhecimento da comunicação como um elemento chave no ensino individual do instrumento.

A definição desse tópico, que aparentemente está muito claro em minha mente hoje em dia, não esteve assim tão visível na altura. Foram necessários cerca de seis meses de aulas no doutoramento até eu ter a certeza do que queria fazer. Esse período de incertezas foi uma fase dura, uma vez que havia uma certa pressão da universidade para a definição de um tema de investigação. A ideia era que todos os alunos tivessem um projeto consistente para, no final daquele ano, enfrentar a "temida" qualificação, onde todos os doutorandos submeteriam as suas propostas à avaliação de um júri. De acordo com as políticas da minha instituição um aluno somente seria reconhecido como doutorando após passar com sucesso por essa fase; antes disso ele ou ela seria ainda um candidato ou uma candidata

Durante a fase de pré-qualificação eu me envolvi com muitas leituras, tive contato com muitas perspetivas teóricas diferentes e, acima de tudo, tive a oportunidade de conversar com colegas e amigos sobre possíveis temas de investigação. No entanto, foi através da minha própria prática pedagógica que a problemática de investigação surgiu. Durante os dois primeiros anos do doutoramento eu estive sempre a dar aulas num conservatório. Tinha cerca de 15 alunos de violino, desde a iniciação até o 4º grau (do sistema português). Todo esse ambiente acabou por se constituir num "laboratório" que me permitiu refletir sobre as leituras, as teorias e as conversas que eu tinha no âmbito do meu doutoramento. Esse processo reflexivo não somente me ajudou a definir a problemática de investigação como também me ajudou a melhorar minha prática pedagógica em muitos aspetos.

Uma aventura no "jardim secreto"

Se por um lado a prática pedagógica influenciou positivamente a definição do tema de investigação, por outro lado foi justamente ela que, de certo modo, dificultou muito os primeiros anos do meu doutoramento. Devido as condições de trabalho que eu tinha na época poucos dias podiam ser dedicados à investigação. Naturalmente que essa falta de disponibilidade, que me levou a inscrever-me em tempo parcial no segundo ano, fez com que eu atrasasse a finalização do curso. Habitualmente um aluno de doutoramento da minha instituição é encorajado a terminar seu curso em quatro anos, um ano a mais do que o previsto no cronograma oficial. No meu caso, devido principalmente às condições de trabalho da época esse tempo teve de ser estendido mais um ano e meio anos, ou seja, precisei de cinco anos e seis meses para concluir e defender minha tese.

No período em que eu estava envolvida entre as aulas no conservatório e a investigação, principalmente nos dois primeiros anos, muito desse tempo era dedicado à escrever candidaturas para bolsas de estudos. Lembro-me que naquela época cheguei a passar por quatro processos de candidatura à financiamento diferentes: dois desses em Portugal e dois no Brasil. Felizmente fui aprovada em dois desses processos e ainda hoje acho que toda essa experiência acabou fazendo com que o meu projeto de doutoramento se tornasse mais forte.

Em meio a esse processo todo, no segundo ano do doutoramento, comecei a recolher dados para um estudo piloto. Nesse aspeto a prática profissional acabou por ser novamente valiosa, uma vez que foi a partir do conservatório que eu estava a dar aulas que consegui ter acesso aos participantes necessários ao estudo. Antes de chegar até a esses participantes passei por algumas reuniões com outros professores em outros conservatórios, mas infelizmente nem todos esses professores aceitaram participar da minha investigação. Essa dificuldade em encontrar participantes foi sem dúvida um dos principais desafios que tive de superar. Anos mais tarde vim a saber que essa é uma dificuldade quase transversal a muitos alunos que por muitas vezes inviabiliza um estudo. Felizmente, apesar das dificuldades, isso não foi um empecilho para mim, embora reconheça que tal dificuldade já vem sendo descrita na literatura. O contexto do ensino individual reflete um cenário onde os professores e alunos estão isolados dos investigadores (Burwell, 2005). Alguns autores descrevem a aula individual como um "jardim secreto" se comparado com o escrutínio dado ao comportamento das aulas em grupo nas escolas (Young et al., 2003: 144). A díade professor – aluno é um exemplo da complexidade da interação humana e da evolução cultural. Essa mesma díade é definida pelo uso de uma linguagem específica, dum sistema de símbolos, de ferramentas pedagógicas e de muitos outros aspetos da psicologia humana (Kennell, 2002, p. 243).

Essa resistência dos professores em aceitar o convite para participar do estudo pode também ser explicada pela preocupação em preservar o ambiente pedagógico. Uma das questões frequentes entre os investigadores dessa área é como estudar o ensino individual do instrumento de uma forma que as observações não afetem o fenômeno em si. De facto, a preocupação em preservar a naturalidade das aulas tem vindo a "moldar" as abordagens conceptuais e metodológicas adotadas por diversos autores (e.g. Burwell, 2010; Hultberg, 2005; Kostka, 1984). Essa naturalidade foi sempre uma preocupação constante durante a minha investigação, de modo que todas as observações (de ambos estudos) foram conduzidas no ambiente habitual de trabalho dos professores e respeitando o ritmo habitual das aulas.

Ampliando os horizontes

Quando o terceiro ano do doutoramento chegou as coisas estavam diferentes: eu finalmente já tinha uma bolsa de estudos. A partir desse momento a dedicação para a investigação foi a cem por cento. Como não tinha mais o compromisso com o Conservatório de música (pedi afastamento do cargo) eu e meu marido, que também estava a cursar doutoramento em música na mesma instituição, decidimos realizar um período de estudos em outra universidade. Com base nesse objetivo, nós nos candidatamos para um período de ERASMUS no *Institute of Education/University College of London*.

Após todo o processo de candidatura e preparação, que duraram cerca de seis meses, em janeiro de 2013 ambos já estávamos a morar em Londres. O período de Erasmus foi sem dúvida uma das melhores coisas que aconteceu dentro do doutoramento. Para além do facto de poder ter tido formação com especialistas renomados da minha área, essa fase foi marcada também por toda a vivência que uma cidade como Londres pode trazer. Durante os seis meses, tive a oportunidade de assistir diversas disciplinas e de ter um atendimento com uma tutora que no final do percurso acabou se tornando minha coorientadora. Foi também durante o período de ERASMUS que pude coletar os dados do estudo principal. Esses dados foram coletados a partir da observação de cerca de 16 aulas de violino que posteriormente foram complementadas com entrevistas realizadas com 4 professores e 8 alunos.

Além de coletar os dados pude iniciar o processo de análise também sob a supervisão da mesma tutora que sempre me acompanhou no período que passei naquela instituição. A maioria das investigações no ensino instrumental têm sido baseadas em observações e gravações das aulas em formato audiovisual. Apesar das vantagens dessas ferramentas de coleta de dados os investigadores precisam lidar com o descompasso gerado pelo tempo consumido no processo de análise (Kennell, 2002). No âmbito da análise posso dizer sem muita sombra de dúvida que um dos principais desafios no meu caso foi lidar com a quantidade de horas de vídeo gravadas e com a seleção desse material. A necessidade de definir um foco de observação se tornou não apenas importante, mas também evidente. Acredito que a experiência prévia com o estudo piloto foi fulcral para definir esse foco de observação. Nesse sentido, o período de ERASMUS foi sem dúvida nenhuma muito frutífero para escolha dos métodos de análise dos dados que, pela natureza do meu trabalho, sempre exigiu muita sistematização e organização. O facto de nessa mesma altura estar a frequentar uma disciplina de análise qualitativa na minha instituição britânica trouxe muita ajuda e inspiração.

Para além de toda ajuda na fase de recolha e análise dos dados, bem como no meu próprio crescimento pessoal, o período que vivi como aluna de ERASMUS em Londres permitiu solicitar que o meu título fosse reconhecido como doutoramento europeu. Essa distinção é dada à investigadores que fazem parte de seu trabalho em outra instituição da Europa que não no país de origem da instituição onde o candidato está matriculado. Para ter direito a essa distinção a tese precisa passar por dois pareceristas de duas instituições europeias. Essa distinção permite que o diploma de doutorado seja automaticamente reconhecido em qualquer país da Europa.

Toda essa experiência trouxe-me a tranquilidade necessária para recomendar aos demais alunos de doutoramento que, se tiverem a oportunidade, participem de algum tipo de programa de mobilidade durante o curso. Sei que esses programas são muito comuns durante o mestrado, e que inclusive poucas pessoas sabem dessa possibilidade no doutoramento. Mas ter tido a oportunidade de fazê-lo nesse nível de estudos deixou marcas profundas na minha vida, principalmente no que diz respeito à minha atividade como investigadora.

O desafio da transdisciplinaridade

Ao longo dos anos como aluna de doutoramento fui naturalmente impelida, dadas as particularidades do meu tema de investigação, a procurar referências da psicologia, dos estudos de comunicação e também da pedagogia do desporto. Começar a estudar novas áreas foi um grande desafio que, ao mesmo tempo, estimulou-me muito. Apesar disso, uma das principais dificuldades vividas por mim foi reconhecer os autores de referência, e consequentemente as obras de referência no âmbito dessas áreas. Outro desafio foi o aprender o vocabulário técnico e os conceitos e teorias que habitavam o meu universo de estudo. No entanto, o resultado final do trabalho foi sem dúvida completamente transformado pela minha abertura à transdisciplinaridade. Ao conseguir desconstruir a pesquisa e até mesmo a visão do objeto de estudo penso que pude naturalmente enriquecer minhas perspetivas teóricas e consequentemente práticas. Contudo, no meu caso as contribuições foram além da mudança de perspetivas, pois foi graças a abertura à transdisciplinaridade que encontrei na literatura do desporto o principal conceito investigado na minha tese (*teaching cues*); na literatura da psicologia o conceito de *retrieval cues* e nos estudos sobre comunicação o conceito *instructional communication* que informou toda a construção do meu trabalho.

A fase final: Expectativa *versus* realidade

O meu processo de escrita da tese começou juntamente com a fase final da análise dos dados. Tendo em conta o meu interesse em disseminar minha tese para uma comunidade maior do que aquela que habita o chamado "mundo lusófono", somado ao facto de que minha coorientadora era canadiana, a minha tese acabou sendo escrita em inglês. Esta escolha acabou se configurando num novo desafio que acresceu ao já complexo processo de análise e construção teórica inerentes a qualquer tese. Durante a escrita eu tive que, naturalmente, visitar a literatura anglo-saxônica referente à escrita académica para poder desenvolver mais os meus argumentos numa língua que não era a minha. Apesar desses desafios, reconheço que esse processo acabou por me ajudar muito, uma vez que permitiu desenvolver mais a minha escrita e, consequentemente, sintetizar meu pensamento. Não foi de todo uma tarefa fácil, houveram muitas revisões e as datas previstas precisaram ser constantemente modificadas (o que é normal em grande parte dos casos). No entanto, penso que as vantagens em escrever minha tese em inglês acabaram sendo maiores do que os constrangimentos, por isso, penso que se tivesse de recomeçar faria exatamente o mesmo.

Paralelo ao processo de escrita teve lugar uma intensa atividade de reflexão da minha parte a respeito de todo o percurso doutoral vivido até aquele momento. Foi nessa fase que eu percebi que o meu tema de investigação tinha muito mais relação com a minha trajetória pessoal e profissional do que eu imaginava. Atualmente acredito ainda mais que os temas de investigação que escolhemos são próximos daqueles aspetos em que nós somos mais frágeis ou sensíveis, os quais precisamos desenvolver. Ao longo dos últimos anos conheci muitos exemplos que ajudam a justificar essa conclusão. Contudo, reconheço que é necessário um certo grau de humildade para assumirmos isso.

No final do percurso doutoral consegui apresentar um documento que, de uma forma geral, deixou-me muito satisfeita e feliz. Estava consciente de que tinha dado o melhor de mim e que tinha feito algo que poderia contribuir diretamente com os professores de instrumento (algo que foi sempre a minha preocupação). Não posso deixar de destacar a defesa pública da tese, que foi o momento ápice de toda essa jornada. Poder discutir a nível tão profundo com especialistas da área um trabalho em que dediquei anos da minha vida a realizar foi indescritível. Felizmente tive um final feliz, com uma aprovação por unanimidade e com distinção e louvor.

Após o término do doutoramento muitas ideias e projetos emergiram. Eu estava muito motivada a começar a trabalhar e por em prática muitas das minhas conclusões. No entanto devo dizer que, infelizmente, a "realidade" não é sempre assim. Tenho vindo a constatar que atualmente um recém doutor que queira seguir carreira de investigação, ou de docência universitária em Portugal não tem uma vida necessariamente "tranquila." Esse cenário despoletou uma série de deceções e consequentemente "abriu meus olhos," para as dificuldades em conseguir um posto de trabalho digno, principalmente depois de tanto esforço e estudo. Uma vez que nossos orientadores e professores, felizmente, não passaram por esse tipo de situação, muitos deles não sabem como podem nos ajudar. Felizmente o doutoramento é, por outro lado, um dispositivo que pode nos dar ferramentas para que possamos ser criativos e até mesmo empreendedores na busca por um posto de trabalho, principalmente nesse momento em que a academia parece estar cada vez mais "concorrida."

Se eu tivesse que dar um conselho ...

Se eu tivesse que começar de novo, com a perceção que tenho hoje em dia, faria algumas coisas diferentes, até porque tudo isso é um processo que, ao meu ver, está diretamente relacionado com a nossa evolução como seres humanos. Não me arrependo de ter feito o doutoramento, se tivesse que passar por todas as dificuldades novamente eu com certeza passaria, porque o crescimento intelectual é muito grande e isso faz com que todo o processo valha a pena. Penso que saí dessa jornada transformada, mais madura e, sobretudo, muito mais crítica. Contudo, se eu tivesse que dar um conselho, baseado na minha experiência, para uma pessoa que estivesse pensando em fazer um doutoramento, ou até mesmo, que estivesse no primeiro ano do curso, eu diria o seguinte:

- Primeiramente, tenha certeza de que deseja muito fazer investigação, porque um doutoramento não é apenas ter um título no final de um curso, mas sim uma jornada de vida, um ato que com certeza deixará marcas para o resto da sua vida.
- Não queira fazer uma investigação "para despachar", se optar por fazer doutoramento não perca seu tempo fazendo as coisas pela metade ou simplesmente "mal feitas." É muito tempo investido para ser gasto em

algo que não gostamos e não acreditamos. Na minha opinião fazer isso seria uma perda de tempo.

- Não invista seu tempo em um tópico de investigação que não diz respeito a você. Faça algo que você realmente acredite e goste.
- Não perca tempo nos primeiros anos do curso pensando que tem muito tempo, porque na verdade não tem! Concentre muito da atenção no segundo ano, pois esse é o ano mais fácil de passar despercebido e no final poderá acabar fazendo muita falta.
- Seja organizado desde o início com as leituras e os materiais. Caso não seja uma pessoa que se reconheça como organizada, procure achar a sua própria maneira de estabelecer alguma organização.
- Desde o início, deixe bem claro com o seu orientador como funcionará o fluxo de trabalho: isso poderá ajudar a criar um relacionamento saudável, profissional e efetivo.
- Não menospreze os métodos de análise de dados, estude todas as possibilidades de análise possível para seus dados e se possível, ou se for adequado, faça sempre um estudo piloto.
- Na fase da escrita tente sempre fazer exercício físico e ter momentos para relaxar. Isso afetará muito o seu trabalho, principalmente no aspecto criativo.
- Ainda em relação à escrita: caso um determinado parágrafo/passagem não esteja a evoluir, passe para outro. Se você já está muito tempo a insistir em algo que não está a funcionar existe uma possibilidade de esse não ser o caminho mais adequado. Todas as vezes em que fiz isso no meu doutoramento percebi que os resultados eram surpreendentes.
- Os prazos podem servir como estímulos, mas não dependa deles. Não limite todo o seu trabalho de anos a um intervalo de um mês, por exemplo. Se tiver que ter mais tempo com o documento final para ter um trabalho merecedor de todo o esforço não hesite em dar-se esse tempo.
- Converse com colegas e amigos sobre o seu tópico de investigação, dúvidas, dilemas e ideias. Procure ter um grupo com que possa falar sobre esses assuntos.
- Não "abandone" o seu orientador e não deixe que ele o "abandone".

Para finalizar, não esqueça que um doutoramento não é somente fazer uma tese, mas sim um período para desenvolver competências e pensamento crítico que resulta numa investigação que deverá/poderá ter algum impacto em determinado campo da sociedade.

Referências

Burwell, K. (2005). A degree of independence: teachers' approaches to instrumental tuition in a university college. *British Journal of Music Education, 22*(03), 199–215. https://doi.org/10.1017/S0265051705006601.

Burwell, K. (2010). *Instrumental teaching and learning in Higher Education* (PhD Dissertation). University of Kent.

Hultberg, C. (2005). Practitioners and researchers in cooperation – method development for qualitative practice-related studies. *Music Education Research, 7*(2), 211–224. https://doi.org/10.1080/14613800500169449.

Kennell, R. (2002). Systematic research in studio instruction in music. *The New Handbook of Research on Music Teaching and Learning*, 243–56.

Kostka, M. J. (1984). An investigation of reinforcements, time use, and student attentiveness in piano lessons. *Journal of Research in Music Education, 32*, 113.

Young, V., Burwell, K., & Pickup, D. (2003). Areas of Study and Teaching Strategies Instrumental Teaching: a case study research project. *Music Education Research, 5*(2), 139–155. https://doi.org/10.1080/1461380032000085522.

Referências em pesquisa realizada

Foletto, Clarissa (in press) Revealing the 'secret garden': teachers and students communication in one-to-one instrumental lessons in Louro, Ana Lúcia; Mota, Lucius e Teixeira, Ziliane (eds) *Professores de instrumento: desafios e propostas para um mundo em movimento* (Instrumental teachers: challenges and proposes to a moving world), Universidade Federal de Santa Maria, EditoraUFSM, Santa Maria, Brasil.

Foletto, Clarissa (2013). Otimização do ensino aprendizagem instrumental: um estudo sobre a memorização de informações nas aulas de violino. *Post-ip: Revista do Fórum Internacional de Estudos em Música e Dança Vol. 2*, No.

2, 54–62. http://revistas.ua.pt/index.php/postip/article/view/3410.

Foletto, Clarissa; Carvalho, Sara; Creech, Andrea (in press) How do instrumental teachers communicate musical ideas in performance teaching? In: *PERFORMA'15 Proccedings of the International conference on musical performance*, Aveiro.

Foletto, Clarissa; Carvalho, Sara, e Coimbra, Daniela (2013). Retrieval cues as a teaching tool in one-to-one instrumental lessons: A pilot study *in Proceedings of the International Symposium on Performance Science 2013*, edited by Aaron Williamon and Werner Goebl (European Association of Conservatoires (AEC), Brussels, Belgium), 619–24. http://iwk.mdw.ac.at/lit_db_iwk/auswahl_anzeigen_detail.php?id_string=22032&lan=eng&from=list.

Out of the box:
Músicas más allá de las aulas

Adolf Murillo Ribes

Asesor de formación del profesorado Consejería de Educación, Investigación, Cultura y Deportes de la Generalitat Valenciana

adolfmurilloiribes@gmail.com

Escultores del sonido: Creación musical colaborativa y aprendizaje informal. Universitat Jaume I Castelló, España, 2014

Resumen de la Tesis

En el s. XXI la escuela necesita con urgencia transformaciones en profundidad que nos permitan adaptarla a las necesidades que la sociedad en general y nuestro alumnado en particular reclaman. En el aula, la educación musical responde en el momento presente a modelos que nada tienen que ver con las formas de hacer música que encontramos fuera de la escuela.

Las nuevas revoluciones tecnológicas aplicadas al campo de la música han permitido emerger con fuerza otras formas de hacer y de colaborar que ofrecen una nueva cartografía del aprendizaje musical en todas sus dimensiones.

Por este motivo, este estudio, con una metodología etnográfica, sitúa el foco en las prácticas colaborativas en la creación musical que se ubican en el contexto informal y que son desarrolladas por músicos sin formación musical académica.

Los resultados del estudio nos muestran algunas de las claves que tendremos que tener en cuenta a la hora de transformar y adaptar las prácticas musicales que habitan nuestras aulas hacia contextos más permeables entre la escuela y la sociedad con la que convive, favoreciendo y potenciando unos aprendizajes musicales más creativos y colaborativos.

***

Calentamiento previo

En primer lugar quiero agradecer la oportunidad de compartir la que seguramente será una de las mayores experiencias que como docentes e investigadores podamos vivir. Está claro que con el tiempo, algunos atrevidos o atrevidas se atreven con una segunda tesis. No les quiero quitar mérito, pero creo que vamos a coincidir casi todos en que la primera tesis, como el primer amor, siempre te marca.

Si he de ser sincero creo que nunca me planteé realizar una tesis. De alguna manera mis clases, mi universo sonoro quedó atrapado en las aulas, mis alumnos, mis proyectos me mantenían feliz y con energía para plantear cada curso nuevos y estimulantes retos. Os puedo asegurar que fueron muchos los proyectos y cada vez la cosa adquiría mayor dimensión. De forma intuitiva y con la experiencia me di cuenta que cada proyecto en sí era una especie de investigación. Pronto decidí no utilizar libros de texto – los odio– el aprendizaje por proyectos fue mi *modus vivendi*. Cada proyecto implicaba replantear mil estrategias, indagar y buscar -aún sin internet- entre libros, revista y sobre todo en la vida real. Me pasaba horas observando y escuchando a la gente. Siempre buscaba nuevas ideas que poder incorporar a mi imaginario, y posteriormente, compartirlo con mi alumnado.

Fueron años apasionados – aún lo son – de horas más allá de las aulas, no cabía el tiempo en los encorsetados horarios de lo académico y menos aún, cuando sin saberlo empezaba a experimentar con eso que hoy llaman *aprendizaje de procesos*. Lo mío con los exámenes siempre fue una relación especial. Pronto entendí que no podía trabajar sobre procesos creativos y responder con un examen de 10 preguntas. Con qué facilidad irrumpía ese maldito timbre que más que marcar el principio nos obligaba a un final, desgarrando momentos de pura magia sonora. Pero en fin, era lo que había y sólo nos quedaba en muchas ocasiones el consuelo de esas tardes de lluvia para poder disfrutar de un fluir diferente del tiempo y sobre todo, de la mirada dibujada en sus caras. Como bien sabéis, la cara es el espejo del alma.

Mi primera relación con la investigación surgió con una charla con un amigo que me animó a realizar los cursos de doctorado en la Universidad Politécnica de Valencia. Fue un año duro pues compaginaba mis clases en un instituto de secundaria y preparaba las oposiciones. Por cierto, ¡las aprobé! Bueno, empecé con toda la ilusión del mundo, y aunque terminé los cursos, la línea de formación en este programa de doctorado era claramente musicológico y mi interés, bastante alejado, era el pedagógico. Como podéis imaginar la cosa no terminó muy bien. En el momento que tenía que definir mi trabajo de investigación, el cual nos acredita como investigadores, propuse un trabajo sobre creatividad musical. Mi tutor, un auténtico especialista en la arquitecturas de Bach, me sugirió "amablemente" que descartara esa línea por su amplitud – ¿dónde quedó eso de acotar? –. Nunca entendí cómo puedes de una manera tan sutil, intentar apagar la pasión del futuro investigador en un campo tan apasionante como la creatividad.

Primera lección: aunque debes estar abierto a las sugerencias y recomendaciones de tus tutores, cualquier trabajo de investigación necesita de vuestra pasión. Si no te apasiona el trabajo, cambia de tutor.

Pasaron diez largos años y sinceramente ya había abandonado la opción de investigar. Con la perspectiva que te da el tiempo, creo que nunca dejé de investigar. Eso sí, a mi manera.

Como en tantas ocasiones en la vida, y por casualidad y en una comida – fue una paella, seguro – el marido de una colega, que era doctor en la Universitat Jaume I de Castelló y conocía de mis aventuras pedagógicas, me sugirió retomar aquella línea perdida. Eso sí, en pedagogía y sobre la creatividad. Con el ánimo de la fiesta creo que ni lo dudé y empecé con mi tema. Tardé, creo, unos dos años en terminar mi trabajo sobre creatividad. En el título final del trabajo rezaba una cosa así:

Composición colectiva y música contemporánea: análisis de los procesos creativos en alumnado de Educación Secundaria desde un enfoque pragmatista.

Sin duda un título largo, pero en cierta manera atrapaba las ideas o conceptos que definirían mis líneas de investigación futura.

Lo habitual en esta situación, y como se suele aconsejar, es que este primer trabajo se utilice como marco teórico o de base para dar el salto final: la tesis doctoral. Yo, sinceramente, no sé hacerlo, así que la historia que os cuento ahora va a ser otra.

Out of the box

Salir o no salir, *that's the question*. Tanto tiempo pasé dentro de las aulas que sin darme cuenta desarrollé un exagerado apego. Mis primeras reuniones con mis directores (sí, directores: ella, Auxi Sales; él, Joan Traver) comenzaron con acaloradas discusiones. El foco central de estas discusiones estaban motivadas porque mi investigación pedía una salida urgente de las aulas. Yo, con mi típica cabezonería, les decía que mi interés era transformar las prácticas hacia modelos más creativos, seguramente en mi mente quedaban ciertas reminiscencias de mi primer trabajo de investigación, pero sobre todo tenía, y sigo teniendo, una clara visión de una educación musical diferente de la que me tocó vivir, sufrir y que en demasiadas ocasiones continúo viendo en muchos lugares.

Pasó bastante tiempo hasta que pude encajar que había llegado el momento de *out of the box*, dar el salto, dejar la caja negra. Durante estas primeras reuniones me vino a la cabeza una aportación de un miembro del tribunal de mi primer trabajo de investigación. La observación no era otra que yo, en un momento de mi análisis, indicaba que los chicos y chicas, en algunos casos, utilizaban dispositivos u otros medios, tecnológicos o no, para crear su propias músicas. Así que en un primer momento mis pesquisas se centraron en esta línea de investigación. Durante los siguientes meses no solo esta idea empezó a cobrar fuerza en mi cabeza sino que además recordé cursos y talleres en los cuales había participado como alumno, y dónde compartí las clases con alumnado con procedencias variopintas. En aquellos talleres me sorprendieron detalles como la pasión por hacer música, sus lecturas e imaginario sonoro. No es que me considere un cabeza cuadrada, pero posiblemente mi (de-)formación académica en conservatorios me produjo cierta ceguera que impedía hacer uso de otro tipo de lente. Compartir esos momentos con aquellos músicos me dio la pista para entender cómo desde otras visiones, trayectorias de vida y con formación musical o no, la música podía fluir de mil maneras.

Pasaban los días, o mejor dicho, los meses y la sensación era de que aquello no avanzaba de ninguna de las maneras. Había momentos de auténtica claridad, otros donde aquellas ideas se perdían y difuminaban. No entendía mucho si la función de aquellas acaloradas reuniones con mis directores era aportar soluciones o liarme más. De hecho, aún recuerdo perfectamente esa frase que odiaba: *la solitud del doctorando*. He de reconocer que hubo momentos de auténtico caos. Me costó terminar la tesis para entenderlo. Cada una de estas negociaciones, de tensiones, de idas y venidas me permitieron afianzar mi discurso, ser más estratégico, buscar alternativas y descartar caminos sin fin.

Segunda lección: sin duda, la frase escondía que no podemos ni debemos renunciar al aprendizaje que genera todo proceso de construcción de conocimiento.

De esos primeros meses de búsqueda, donde intentaba trazar una línea clara de mi tesis, tengo un recuerdo especial por un texto de Ítalo Calvino (2012), *Lectura de una ola,* que me pasó mi director. Comparto un fragmento:

> El mar está apenas encrespado, olas pequeñas baten la orilla arenosa. El señor Palomar de pie en la orilla mira una ola. No está absorto en la contemplación de las olas. No está absorto porque sabe lo que hace: quiere mirar una ola y la mira. No está contemplando, porque la contemplación necesita un temperamento adecuado, un estado de ánimo adecuado y un concurso de circunstancias exteriores adecuado; y aunque el señor Palomar no tiene nada en principio contra la contemplación, ninguna de las tres condiciones se le da. En fin, no son "las olas" lo que pretende mirar, sino una ola singular, nada más; como quiere evitar las sensaciones vagas, se asigna para cada uno de sus actos un objeto limitado y preciso (p. 19).

Sé seguro que esta lectura encerraba un universo de sutiles analogías con el trabajo del investigador. Ese necesario cambio de mirada, penetrante, analítica, tranquila, reflexiva… ¿Cuántas olas tuve que observar? ¿Y cuántas por necesidad tuve que dejar escapar? Desde una mirada caleidoscópica, con miles de detalles y volver a observar con la paciencia de que esas olas, en forma de datos, me fueron revelando otro mundo que yo no alcanzaba. Llegado a este punto solo os puedo regalar otra frase famosa de Marcel Proust*, y de esta manera completar el círculo:

Recuerda que el verdadero viaje del descubrimiento no consiste en mirar el paisaje, sino en cambiar la forma de mirar.

Situarse en el territorio informal. Territorio "salvaje" en comparación con los contextos formales supone aceptar esa sensación líquida de la que nos habla Bauman (2007) y aceptar que todo está en continuo movimiento.

Esta sensación me persiguió durante todo el trabajo de tesis, aunque aprendí a convivir con la sensación de imprevisibilidad y de movimiento continuo; de hecho, me resultaba familiar esa sensación de empezar un proyecto con mis alumnos sin saber a dónde nos llevaría. Si tuve ciertas resistencias por esta sensación de movimiento continuo fue por confrontar el mundo escolar, formal, estructurado con sus tiempos, espacios y ritmos, con un contexto totalmente desconocido para mí. Era como un pez fuera de su pecera. Con todo esto, he de confesaros que siempre he sentido enorme atracción hacia el riesgo y lo imprevisible. Una profesión como esta, sin pasión, es la nada absoluta. Sinceramente había algo que me atraía enormemente. La necesidad por comprender esos flujos humanos llenos de ideas, proyectos sonoros, construido de miles de fricciones, tan personales y a la vez cercanos y dados a compartir en el hacer musical, me parecían sumamente atractivos. Quería saber más, necesitaba comprender, sentirme uno más. Nunca tuve necesidad de medir o contabilizar nada de lo que empezaba a observar. Esto nos llevó a mí y a mis directores a descartar cualquier metodología cuantitativa. Si algo podía medir a mí no me interesaba.

Una pequeña pausa. Si recordáis mi relación con los exámenes podéis sacar vuestras conclusiones. Nunca me interesó medir a mis alumnos. La nota siempre explica poco. Me interesaba saber qué estaba pasando, cómo se desenvolvían en sus creaciones, cómo y de qué manera incorporaban aquello que aprendían en sus clases. Quería entender para mejorar y ayudar en sus aprendizajes.

Esto no es una lección pero explica ciertas direcciones que marcaron mis decisiones.

---

* https://es.wikiquote.org/wiki/Marcel_Proust.

Decidido por el enfoque cualitativo la metodología etnográfica encajaba perfectamente con las intenciones de mi investigación. Dedicamos cierto tiempo a construir unas buenas preguntas de investigación o al menos las mejores que pudimos construir en ese momento. Una vez construidas las preguntas, motor de toda investigación, todo empezó a rodar. Por fin, tenía la sensación de avanzar. A lo largo del trabajo las preguntas se fueron adaptando, transformando hasta que finalmente encontraron su lugar.

1. ¿De qué manera las experiencias previas, personales y colectivas de los participantes definen su universo musical?
2. ¿Qué formas de aprendizaje adoptan habitualmente los miembros de estas comunidades?
3. ¿Qué significados personales y compartidos asignan los participantes a su condición de *no músicos*?
4. ¿Qué importancia tiene la tecnología en sus maneras de hacer música?
5. ¿Qué formas de interacción caracterizan los procesos de creación entre los *no músicos*?

Siguiendo estas preguntas de investigación se formularon los siguientes objetivos de la investigación:

1. Detectar las diferentes formas de aprendizaje que de forma habitual utilizan los *no músicos* en contextos informales.
2. Describir los significados compartidos o no en torno al concepto de *no músico*.
3. Observar y describir qué usos hacen de las diferentes tecnologías aplicadas a la creación musical.
4. Analizar procesos y productos de la creación colaborativa offline y online para determinar similitudes y discrepancias entre un modelo y otro.

No quiero irme: Trabajo de campo

Mientras devoraba cualquier artículo, libro, podcast, etc., que encajara en mi universo temático, fui construyendo un marco con la precaución de dejarlo abierto a los posibles descubrimientos que de bien seguro, sabía o intuía que llegarían con el trabajo de campo. En mi caso, la metodología escogida "forzaba" a mantener cierto estado de alerta, y de esta manera, lo que fui construyendo con el tiempo más que un marco teórico cerrado fue una estructura porosa, en la cual poder encajar mis resultados.

La entrada al campo fue otro tiempo de reflexión y, cómo no, de patear la calle. En un primer momento tenía claro que mi interés se centraba en esa "rara especie" de músicos sin formación académica, o como solía decir Brian Eno, los *no músicos*. Hubo llamadas telefónicas, entrevistas de tanteo pero todas ellas se complicaban hasta que finalmente por unas cosas u otras, quedaban descartadas. Recuerdo que un colega tomando un café me sugirió a una persona que cumplía perfectamente con el perfil que buscaba. Así que me facilitó su teléfono y sin pensarlo le llamé. Está llamada me abrió la puerta a todo un batallón de músicos que cumplían el criterio. La persona que se convirtió en portero de mi entrada de campo fue Edu Comelles.

Fue curioso observar como Edu Comelles, natural de Barcelona, tenía un conocimiento exacto de los músicos que habitaban la ciudad de Valencia y de sus prácticas artísticas. Su perspectiva le permitía observar la ciudad desde una mirada que yo desconocía y de la cual tuve que aprender muchísimo.

Mis directores disfrutaron con todas mis idas y venidas. Fue un periodo fructífero. De largas e interesantes entrevistas, de observación participante, de conciertos y proyectos y múltiples conexiones que se abrían a mi paso. Mi trabajo de campo se prolongó durante seis cortos meses, lo hice coincidir con el festival que estos músicos organizaban, el festival *OFF_Hz*. Tan a gusto estaba que me costó echar el cierre.

El periodo de transcripciones resultó doloroso. Me sobrepasaba la información. Llegué al punto que en etnografía se llama *saturación de datos*. Aquello era un baile de notas en mi cuaderno y las hojas en blanco se oscurecían con texto y más texto después de aquellas largas tardes de transcripción. Este y muchos momentos requieren espacios de soledad y de aislamiento. No hay otra manera de reflexionar y pensar. Cada uno desarrolla sus técnicas, busca sus espacios y lo lleva como puede. En este trayecto el cuidado de la familia es capital. La tesis tiene caducidad y la familia es para toda la vida. Para llevar todo este peso, además del sacrificio que supone el trabajo, hay que desarrollar unas estrategias pedagógicas especiales con los tuyos, y como siempre, tener suerte. Todo lo que te rodea sufre con tu sacrificio, por eso tu esfuerzo, cuando estás acompañado de hijos y tu pareja, debe ser el doble. Tendrás que levantarte temprano y acostarte tarde. No nos queda otra. Tendrás que aprender que ese tiempo dedicado lo dejaste escapar unos años, sin poder estar con los tuyos.

Después de terminar la tesis, todos habrán crecido y deberás vivir con esta sensación durante toda la vida. Todavía (y doy las gracias) sigo con los míos, otros no lo pueden contar, pero esta parte de mi trayecto posiblemente sea la que peor digerí.

Cartografías sonoras: La ciudad oculta

Después de ese durísimo trabajo de transcripciones, análisis llegó el momento de organizar el relato que mostraba los resultados. Tener todos aquellos datos en la cabeza se convirtió en pura obsesión. Aún recuerdo perfectamente cada frase de cada una de las entrevistas. Hoy mismo, con suma puntería, podría decir quién dijo esto y quién dijo aquello. En este punto lo más importante, y creo que dificultoso, fue construir un relato potente que respondiera honestamente y con rigor a toda aquella montaña de datos. Recurrí a todo tipo de software analítico, Atlas-ti, AQUAD … pero finalmente opte por el método manual a través de notas de colores, esquemas, mapas y dibujos que finalmente me llevaron a dar con la solución que más nos reconfortó en aquel momento.

Todo este trabajo nos reveló una ciudad oculta a vistas de lo institucional. Una ciudad al margen de los circuitos y festivales oficiales.

En este contexto donde se rompe cualquier jerarquía vertical, imperan las relaciones totalmente horizontales y de crecimiento rizomático en todas direcciones, desde las interacciones sincrónicas hasta las interacciones asincrónicas vía *online*. Sus proyectos transpiraban pura colaboración al más puro estilo de las inteligencias colectivas. Estos músicos nos mostraron, sin querer mostrar, que los aprendizajes compartidos entre iguales son mucho más potentes. Digo sin saber, porque a ellos lo que les interesa es crear sin cesar, y dentro de sus procesos de creación se ocultaban las estrategias de aprendizaje que nuestra investigación reveló. El aprendizaje totalmente invisible pasa desapercibido. Cada experiencia, cada proyecto activa una serie de mecanismos: ensayo-error, disrupción, autoaprendizaje, que constituyen el magma de un aprendizaje a través de la acción. Lo suyo es aprender haciendo, al más puro estilo de Dewey (2008).

Punto sin final

Creo que uno de los momentos más críticos fueron las últimas semanas. Tengo la suerte de vivir cerca de inmensos campos de naranjos y por momentos esos caminos de tierra se convirtieron en senderos de reflexión. No era el miedo a defender mi tesis lo que más inseguridad me daba, más bien era un extra de responsabilidad por poner un broche perfecto a un trabajo tan arduo como la tesis doctoral. Le di mil y una vueltas. Visualice ese momento de mil maneras diferentes. Construí y deconstruí mil maneras de comenzar y terminar la defensa. Una semana antes, mis directores me aconsejaron reservar la sala de grados y realizar una especie de simulación. La verdad es que no me apetecía en absoluto. Me encanta hablar y suelo hacerlo habitualmente en cursos, conferencias ... Me encanta ese punto de enlazar las ideas a tiempo real y en situación real. No obstante, cedí a su propuesta. No tenía nada que perder. Con todo esto, por si no tenía bastante, Joan, en completa sintonía con mi directora, Auxi, me propusieron una defensa diferente: mi tesis les parecía muy original, y por tanto me sugirieron que debería tener un toque perfomativo. Si no tenía bastante con la simulación, encima la querían performática. No sé todavía, con lo cabezón que soy, cómo me dejé embaucar con todo esto.

Llego el día del ensayo general. He de confesar que estaba nervioso, nunca había hecho un ensayo previo. Cronómetro en mano, mis directores se sentaron enfrente y me dieron el empujón. El montaje era curioso: yo el doctorando sentado con mi ordenador – nada performativo, pura academia – y el portero de mi trabajo de campo: Edu Comelles de músico electrónico. La idea performativa era la siguiente. Había que entrelazar nuestros discursos, por un lado la palabra, por otro lado, parte de los sonidos que me acompañaron a lo largo de mi investigación. O sea, pura experimentación. Como no podía ser de otra manera. Ese simulacro lo recordaré toda mi vida. Mi director dio el pistoletazo de salida y comencé hablar. Aquello se prolongó durante más de una hora. Yo mismo me cansé de oírme y, del músico que tenía a mi lado, ni me acordé. Al terminar, mi director levantó un papel grande con un escrito que decía: CAMPEÓN – entiéndase esto con toda la ironía del mundo. Fue un auténtico desastre. Si mi defensa debía limitarse a unos 30 o 35 minutos, aquello fue puro suplicio.

Después aguanté como pude el resto de semana, y por fin llegó el día 14 de diciembre. Fui el primero en llegar a la Universidad, y además fui solo en mi coche. Mi familia vino después. Me levanté contento y con ganas de cerrar todo de la mejor manera posible. Mientras conducía desde mi localidad hacia la provincia de Castelló donde se ubica la Universitat Jaume I – unos 140 kilómetros – me harté de escuchar a Frank Sinatra. Me encanta su voz y esa potente *big band*, me animaba para la batalla final.

Cuando llegué a la Universidad me dirigí al Aula Magna y empezamos con el montaje. Preparamos los ordenadores, conectamos los altavoces y bajamos la intensidad de la luz de la sala hasta conseguir un ambiente casi místico. La sala se fue llenando de buenos amigos, de mi familia y de antiguos profesores míos. Algunas de estas personas muy especiales con las que compartí mil horas de charla durante mi trayecto, y que me asaltan al pensamiento en este mismo momento, ya no están entre nosotros. La entrada del tribunal con todo su protocolo me resultó emocionante, y eso que no soy yo muy dado a los protocolos académicos.

Se respiraba una especie de "tensión feliz". Esta vez no era un simulacro. La presidenta del tribunal, la doctora Díaz, hizo los honores y dio el pistoletazo. Recuerdo y aún guardo la hoja en blanco que tenía delante. Hice una raya recta antes de empezar. Ese trazo no respondía a ninguna estrategia, al menos consciente. No sé si aquello representaba la salida o la llegada. En fin, me sentí feliz. Empecé a hablar, jugué con los tiempos y busqué la complicidad con la música de mi compañero performativo. Las palabras y los sonidos encontraron su lugar y mi sensación fue de un fluir constante, de un tiempo lento que fluía. Disfruté como nunca y me sentí cómodo en todo momento. Ahora, después de unos años, creo que aquella raya que dibuje en el papel, como una especie respuesta automática, fue más una *salida* que una *llegada*.

Nunca quise realizar ese esfuerzo titánico para tener un título colgado en la pared y un libro gordo en un estante. Mi trabajo de tesis me permitió descubrir un universo de posibilidades, y sobre todo, dar *salida* a una aventura sin final.

Llegaron las preguntas, las explicaciones, los aplausos y los abrazos. Sinceramente, llegado este momento, yo ya flotaba. Nos fuimos a comer a un restaurante cerca de la playa de Castelló. De lo que allí se habló, como podéis imaginar, es puro secreto.

Mensaje en una botella

Tercera lección: no me gusta dar lecciones. No creo en las recetas. Lo único que nos queda es acompañar de la mejor manera a los y las valientes que quieran buscar y dar respuestas a sus sueños.

Aun así, correré el riesgo de completar este final. Si tuviera que meter un mensaje en una botella a modo de reflexión creo que escribiría estas notas.

Una tesis doctoral siempre es un viaje. Y no todos los viajes son siempre felices, por eso te recuerdo hasta la saciedad que sólo la emoción que produce el descubrimiento o el placer del conocimiento compartido es el que te aportará el combustible para cuando te sientas derrotado: seguir, levantarte y cerrar esta etapa de tu vida.

Comparte con tus colegas tus dudas, tus descubrimientos, crea debate, aprende a escuchar y luego decide.

Una buena tesis doctoral es una concatenación de pequeños fracasos de los cuales aprendemos y encontramos soluciones momentáneas. Por tanto, una tesis no debe ser concebida como una obra de vida. No tendría sentido.

Cada tesis debe ser una gran ventana para que puedas alcanzar otras metas, otros retos. Pero también será una puerta para quien quiera pasar y construir desde donde alcanzó tu vista.

Ser doctor o doctora no te hace especial. Una tesis doctoral ha de ser una lección de humildad. Lo nuestro es un pequeño legado para que otros continúen el trabajo y, entre todos, construyamos un mundo mejor.

Referencias

Bauman, Z. (2007). *Los retos de la educación en la modernidad líquida*. Gedisa: Barcelona

Dewey, J. (2008). *El arte como experiencia*. Barcelona: Paidos.

Calvino, I. (2012). *Palomar*. Madrid: Ediciones Siruela.

Referencias sobre la investigación realizada

Murillo, Ribes, A. (2015). La ciutat com a laboratori: noves cartografies de les pràctiques musicals creatives. *Kultur: revista interdisciplinària sobre la cultura de la ciutat,* 185–196.

Murillo, Ribes, A. (2016) De la (j)aula al laboratorio. *Eufonía: Didáctica de la música,* Nº 68, 2016, 40–7.

EDUCACIÓN MUSICAL Y CONTEXTO SOCIOCULTURAL

Carrera de fondo: Inicio y proceso de un viaje de superación

Noemy Berbel-Gómez

Universitat de les Illes Balears

noemy.berbel@uib.es

La Educación Musical Elemental en las Illes Balears: Evaluación de la Calidad de las Escuelas de Música.
Universitat de les Illes Balears, España, 2012

Resumen de la Tesis

La presente tesis doctoral analiza la calidad de las escuelas de música de las Illes Balears. Se pretende conocer la evolución y situación de los centros, con el fin de poder diseñar un instrumento de evaluación que se ajuste al modelo de enseñanzas musicales que imparten y evaluar la realidad actual de las escuelas de música en términos de calidad. Asimismo, se recogen otras variables que influyen en la calidad y el funcionamiento de los centros para tener una visión más amplia de su situación. Como resultado de nuestra investigación se propone un sistema de indicadores basado en el modelo CIPP (Context-Input-Process-Product), como herramienta para analizar la situación de las escuelas de música en términos de calidad, y se señalan sus fortalezas y debilidades con el propósito de concretar diversas propuestas de mejora para hacer frente a sus puntos débiles.

***

> *Mi preocupación no es saber si soy grande o pequeño,*
> *sino comprobar si crezco cada día.*
> Eduardo Chillida

El escultor Eduardo Chillida con esta afirmación pone de manifiesto la relevancia de crecer y evolucionar en términos de calidad día a día y no de demostrar la grandeza de nuestras obras o proyectos. Del mismo modo, Stufflebeam y Shinkfield (1987), consideran que el propósito más importante de la evaluación no es demostrar sino perfeccionar y que no se pueden mejorar nuestros programas a menos que sepamos cuáles son sus puntos débiles y fuertes. Esta es en primera instancia, la premisa que me motivó a la elaboración de la tesis, ya que se presentó la necesidad de evaluar las escuelas de música de las Islas Baleares en términos de calidad, no con el propósito de emitir juicios sino con la finalidad de incidir y contribuir en la mejora diaria en el funcionamiento y en las enseñanzas impartidas en este tipo de centros de educación musical no formal.

Stufflebeam y Shinkfield (1987) proponen un modelo de evaluación global que pretende estudiar la institución docente con intencionalidad formativa, facilitando el perfeccionamiento del centro escolar evaluado en su conjunto, de forma permanente, a lo largo de todo el proceso educativo. Definen la evaluación del siguiente modo:

> La evaluación es el proceso de identificar, obtener y proporcionar información útil y descriptiva acerca del valor y el mérito de las metas, la planificación, la realización y el impacto de un objeto determinado, con el fin de servir de guía para la toma de decisiones, solucionar los problemas de responsabilidad y promover la comprensión de los fenómenos implicados. (p. 183)

Esta definición resume los conceptos clave del modelo CIPP, los cuales son valorados mediante la evaluación del contexto, de la entrada (input), del proceso y del producto. Del mismo modo esta definición se podría ajustar al propósito de este texto, el cual pretende evaluar o reflexionar sobre el viaje llevado a cabo en la realización de la tesis doctoral. Por ello, de forma análoga, utilizaré el modelo CIPP como hilo conductor, ya que me permite reflexionar sobre diversos aspectos en cada una de las estancias de elaboración de la investigación, de mi tesis doctoral. Por lo tanto, organizaré mi exposición en torno a la estructura básica del CIPP, de acuerdo a Martínez-Mediano (1996): la *evaluación del contexto* nos proporciona información para las decisiones de planificación, con el fin de determinar los objetivos; la *evaluación de entrada*, nos proporciona información para establecer decisiones de tipo estructural y de procedimiento con el fin de seleccionar el diseño de un programa; la *evaluación del proceso* nos proporciona información para las decisiones de implementación con el fin de aceptar, clarificar o corregir el diseño tal como realmente se ha llevado a cabo; y la *evaluación del producto* nos proporciona información para tomar decisiones de reciclaje con el fin de aceptar, rectificar o abandonar el programa.

Primera etapa de la carrera de fondo

EVALUACIÓN DEL DONTEXTO: INFLUENCIA DEL BAGAJE Y EL ENTORNO EN LA DEFINICIÓN DEL OBJETO DE ESTUDIO

En este apartado me planteo cuestiones relacionadas con: la motivación para llevar a cabo la tesis doctoral; sobre el proceso para decidir el tema de la tesis, cómo cambio/surgió; y la elección de la Universidad.

La motivación que me llevó a realizar la tesis doctoral fue personal, yo creo que marcada por mi "modus operandi". Me refiero a mi forma de proceder a lo largo de los años, supongo que influenciada por mi forma de ser y por los consejos de mis padres que, como para todos, han sido y son agentes importantes en nuestras vidas. Mis inicios en el mundo de la música se remontan a cuando tenía 8 años y la profesora de boleros, danza tradicional en Mallorca, recomendó a mis padres que hiciera música porque tenía buen oído. Mis padres me propusieron si quería ir a clase de música y me encantó la idea. Como cualquier niña pequeña tenía la inquietud de apuntarme a actividades y hacer cosas nuevas y me acuerdo, como si fuera hoy, de una frase que me dijo mi madre: "puedes hacer lo que prefieras pero lo que se empieza se acaba" y así lo hice, no por obligación sino porque realmente me apasionaba. La inquietud por aprender y ampliar mis conocimientos me llevó a cursar cuatro especialidades diferentes en el Conservatorio Superior, a la vez que lo compaginé con los estudios de Economía, y con los inicios de mi experiencia profesional dando clases en diferentes escuelas de música. Esta inquietud es la que me motivó a iniciar mis estudios de doctorado. En aquella época estaba como profesora de piano y de lenguaje musical en diversas escuelas de música, la práctica como docente y previamente como alumna en estos centro hizo que se situaran como un posible ámbito de estudio, unido a mi "deformación profesional" como economista dieron como resultado mi tema de tesis. Este camino descrito es el que me llevó a elegir como centro donde realizar la tesis doctoral la Universitat de les Illes Balears, la cual me permitía desarrollar paralelamente mi actividad profesional y académica.

Pero llegar a definir el objeto de estudio no es tarea fácil, es una de las cuestiones más complejas y más importantes a la hora de abordar una tesis doctoral. Antes de llegar a definir mi propio tema de estudio, elaboré diversos borradores de lo que podría llegar a ser mi investigación: alguno de corte más histórico, que tuvo como consecuencia que pasara multitud de horas en los archivos de la Catedral de Mallorca y como resultado de ello me posibilitó elaborar parte de mi memoria de investigación para obtener la suficiencia investigadora; otro posible tema, más centrado en las metodologías del enseñanza-aprendizaje del lenguaje musical, que nunca vio la luz; y otro posible objeto de estudio era un tema interdisciplinar en el que se conjugaba la educación musical y la economía, pero que al final tampoco fraguó. En esta búsqueda hice diversas visitas al "Centro de Investigación y Documentación Histórico-Musical de Mallorca" a cargo de Joan Parets, al cual tengo que agradecer sus consejos y horas de charla, con el propósito de encontrar el antídoto a esta búsqueda inquietante. En este periodo recuerdo tener como "libro de cabecera" la obra de Humberto Eco (2001) "Cómo se hace una tesis" como si en su interior se encontrara la receta mágica. En esta búsqueda incesante, fue precisamente la lectura de la tesis doctoral de Díaz (2001) la que me inspiró y me brindó la luz para definir mi objeto de estudio, ya que en el momento que inicié mi investigación había pocos trabajos sobre escuelas de música y su trabajo me permitió reflexionar sobre la adecuación de mi tema.

El carácter individual y autónomo de las escuelas de música, justificó la necesidad de conocer su realidad en conjunto y analizar la repercusión o alcance que tienen sobre la enseñanza de la música en las Islas Baleares. Por tanto, los interrogantes iniciales planteados con el fin de concretar el campo de estudio fueron:

- ¿Cuál es la situación actual de las escuelas de música de las Islas Baleares en términos de calidad?
- ¿Cuál es su repercusión social, cultural y educativa en este ámbito territorial?
- ¿Cuáles son los indicadores de calidad de las escuelas de música de las Islas Baleares?
- ¿Cuáles son las medidas que pueden reforzar su impacto en la Comunidad Autónoma?

Con el propósito de dar respuesta a estas cuestiones se fijaron dos objetivos generales de investigación que me permitieron:

- Establecer un sistema de indicadores como herramienta para analizar la situación de las escuelas de música de las Islas Baleares en términos de calidad.
- Concretar una serie de medidas para reforzar el impacto social, cultural y educativo de las escuelas de música y mejorar otros aspectos relacionados con su situación actual.

Reitero que la elección del tema a investigar es un asunto importante ya que no concibo invertir un esfuerzo de las dimensiones que supone realizar una tesis doctoral en un tema que no te apasione o sea de tu agrado, aunque del mismo modo opino que la tesis no tiene por qué ser la investigación de tu vida, será una investigación importante en cuanto a dedicación y esfuerzo invertido, pero no es el fin más bien es el inicio.

Muchas veces esta búsqueda de encontrar tu propio camino está basada en el ensayo prueba-error, el recorrido para alcanzar un objetivo es más largo pero quizás las cosas que aprendes por ti mismo consolidan de forma más profunda los aprendizajes alcanzados.

Segunda etapa de la carrera de fondo

EVALUACIÓN DE ENTRADA: PLANIFICACIÓN, RECURSOS Y METODOLOGÍA COMO ELEMENTOS CLAVE EN LA INVESTIGACIÓN

A continuación haré referencia al proceso llevado a cabo para determinar la metodología de mi investigación y cómo surgió. Asimismo, trataré aspectos organizativos laborales y familiares.

En el planteamiento general de la investigación se observan dos fases, cada una de ellas basada en la metodología que más se ajustaba al análisis planteado.

En la primera fase del estudio, la metodología seguida fue descriptiva, basada en un método de análisis de documentos e información primaria. Los datos descriptivos de los centros se obtuvieron por una doble vía: en primer lugar, a través de la información aportada por los centros a la Consejería de Educación y Cultura en diversos documentos, como son: Programación General Anual, la cual recoge el Documento de Organización de Centro, y la Memoria del curso académico; y, en segundo lugar, a través de documentos de archivo proporcionados por la Consejería de Educación y Cultura. También se consultaron e incorporaron datos estadísticos proporcionados por la Consejería de Educación y Cultura, que sirvieron como base para la elaboración de las estadísticas del Ministerio de Educación, Cultura y Deporte. Así como las estadísticas facilitadas por este organismo a través de su página web.

Para conocer el punto de partida de los diversos centros educativos se analizó, en primer lugar, el marco normativo que regula las escuelas de música en las Islas Baleares y su repercusión en la evolución y situación actual de los centros. En segundo lugar, se contextualizó la situación de las escuelas de música dentro del panorama musical de las enseñanzas elementales impartidas en las Islas Baleares (desde el curso 1997/1998 hasta el curso 2008/2009) y en el resto de las Comunidades Autónomas. Y en tercer lugar, se llevó a cabo un análisis de la evolución de las escuelas de música, desde el curso 1997/1998, y se reflejó su situación en el curso 2008/2009.

La segunda fase fue evaluativa, sustentada en el método de encuesta, con una técnica de cuestionario web autocumplimentado, completado con asesoramiento personal por parte de la investigadora y entrevistas personales.

Llegados a este punto se me planteó el reto de indagar y profundizar en el tema de la evaluación de los centros educativos, procedimiento desconocido por mi hasta el momento. En esta fase se concretó un sistema de indicadores de calidad, como herramienta para evaluar o analizar la situación de las escuelas de música, no solamente desde una perspectiva cuantitativa sino también cualitativa. El punto de partida a la hora de elaborar el sistema de indicadores fue doble: en primer lugar, se llevó a cabo una revisión de diversos trabajos, investigaciones y modelos de evaluación de reconocida valía por la comunidad científica (modelo Deming, modelo EFQM de excelencia, modelo CIPP...) y otros estudios y modelos de evaluación aplicados al ámbito de la educación en diversas disciplinas, incluida la musical. Y, en segundo lugar, se tomó como base el análisis previo realizado en la primera fase del estudio, al profundizar sobre las características de las escuelas de música de las Islas Baleares y sobre su evolución experimentada en los últimos años. A partir del análisis de cada una de las fuentes se extrajeron diversos parámetros con la finalidad de ajustar el modelo a la realidad evaluada. Es absurdo pretender desarrollar políticas de evaluación a partir de la importación de modelos foráneos (Tiana, 1996).

En la elaboración de la propuesta de indicadores de calidad se tuvo en cuenta la doble condición educativa y artística de las escuelas de música, destacando tanto la responsabilidad de índole cultural como la responsabilidad educativa. Del mismo modo, se recogió la función social que ejercen las escuelas de música en el sistema de indicadores, entre otras variables. Posteriormente se elaboró un cuestionario, dirigido a la totalidad de los directores de las escuelas de música, con la pretensión de evaluar estos indicadores. Este sistema de evaluación (indicadores de calidad-cuestionario) fue validado por un comité de expertos de diferentes ámbitos: gestión, educación y métodos de investigación.

La recogida de datos se llevó a cabo a través de una plataforma web, diseñada para el estudio. Previamente al lanzamiento se realizaron varias pruebas piloto, con la colaboración de algunos directores de las escuelas de música. En la web, además de acceder al cuestionario, podían consultar varios documentos relacionados con la investigación, como son: la presentación del estudio, la carta de agradecimiento por participar, el listado de centros participantes, información previa e instrucciones para el acceso y registro del cuestionario. También se incluyó un buzón de sugerencias, a través del cual podían hacer las aclaraciones que consideraran oportunas a fin de completar la información que registraron a través del cuestionario.

Para facilitar y concretar la aplicación y análisis del instrumento de evaluación (indicadores–cuestionario) se construyó una batería de indicadores donde se especificaba: cada uno de los indicadores, su descripción, la fórmula de cálculo a aplicar, la escala aplicada en cada uno de ellos, la pregunta o preguntas del cuestionario relacionadas con el indicador que aportaban la información necesaria para su análisis y las observaciones oportunas.

Para hacer el análisis de la gran cantidad de datos de los que disponíamos se utilizó el programa estadístico SPSS (Statistical Package for the Social Sciences, versión 19). Se analizó cada uno de los indicadores de calidad establecidos previamente, comparando los resultados obtenidos en función de la situación geográfica de los centros por islas y de la titularidad de los mismos. En el análisis de algunos de los indicadores se hizo referencia a la situación de las escuelas de música de las Islas Baleares en el contexto de otras Comunidades Autónomas y en el contexto europeo, a partir de la información estadística publicada por la EMU (2011).

En todo este proceso es necesario aplicar una planificación minuciosa sobre la organización familiar y profesional; analizar los recursos materiales y personales de los que se dispone, a nivel de asesoramiento metodológico, elaboración de página web, análisis de datos, acceso a las fuentes de información o personas encuestadas; y contar con el apoyo de otros agentes de vital importancia, como son el director de tesis y la familia.

Esta carrera de fondo supone contar con el apoyo de tu familia, los domingos interminables delante del ordenador o muchas tardes que no has podido compartir porque tenías que trabajar en la tesis. Del mismo modo, el apoyo del director de tesis, es vital, ya que es tu confesor sobre todo aquello relacionado con la investigación y en la mayoría de las ocasiones son cuestiones que solamente el doctorando y su director conocen haciéndose cómplices. Recuerdo las reuniones interminables con mi director de tesis, el Dr. Martí X. March, con hora de inicio y sin hora de cierre, al cual me gustaría agradecer su paciencia y complicidad.

Anticipando uno de los consejos a futuros doctorandos, a partir de mi experiencia, es que la dedicación en la elaboración de la tesis sea continuada. En mi caso no siempre fue posible porque compaginaba su realización con la docencia en escuelas de música y posteriormente con una jornada completa como profesora de música en secundaria y una plaza de profesora asociada en la Universidad. Por lo que en algunos períodos no pude dedicar todo el tiempo que me hubiera gustado a su realización. El problema de una dedicación intermitente es que cada vez que retomas la investigación debes ponerte en situación, releer el punto donde lo habías dejado con lo que conlleva una no optimación del tiempo invertido. Del mismo modo, expreso que cada uno en el momento de realizar la tesis tiene unas condiciones personales y familiares con las que debe surfear y negociar, intentando no dejar de lado una u otra, ya que "pasada la tormenta siempre viene la calma" y debemos intentar cuidar en la medida de lo posible aquellas cosas que nos importan e ir jugando con los tiempos y des-tiempos de cada una de nuestras prioridades. En el momento de finalizar la tesis un factor que me ayudó fue mi situación profesional en la universidad como profesora colaboradora a tiempo completo, lo que me posibilitó tener una dedicación completa en el desarrollo de la misma.

No soy capaz de recordar quien me dijo que "realizar la tesis es como llevar siempre una maleta a cuestas" o probablemente me imaginé esta metáfora y me la hice mía, pero sea cual sea el origen de la frase es la sensación que yo tenía. Si dedicabas tiempo a la tesis, era el momento de abrir la mochila y ponerte a trabajar con lo que en ella cargabas, pero si no invertías tiempo era como llevar un peso sobre la conciencia de que debías estar trabajando y no lo hacías. Reitero lo que he expuesto anteriormente, precisamente, cada uno debe establecer su equilibrio, que no necesariamente siempre tiene que ser el mismo y puede ir variando con las necesidades del momento.

Tercera etapa de la carrera de fondo

EVALUACIÓN DEL PROCESO:
REVISAR Y CORREGIR PARA MEJORAR

Como aspectos destacables en la evaluación de proceso señalaré los principales problemas a los que me enfrenté durante el período de estudio, haciendo referencia expresa a los recuerdos más difíciles de la época como doctoranda y, por el contrario, a los momentos más memorables durante la etapa de elaboración de la tesis.

Momentos difíciles

Recuerdo los meses de verano que pasé en la Consejería de Educación, en la primera fase de la investigación, realizando el vaciado de los archivos que se pusieron a mi disposición. Me sentía como una funcionaria a tiempo completo, tenía mi mesa donde iba cada día a trabajar sobre ello. Me acuerdo de la persona responsable con la que compartí despacho, Ginebra, más bien invadí su espacio, sus consejos y orientaciones en el tema normativo y de datos de archivo de los centros fueron de gran ayuda. Una de las dificultades de realizar un estudio que persigue reflejar datos actuales o normativas vigentes es que cada curso académico que pasa quedan desfasados, por ello, con el propósito de actualizar al máximo posible los datos aportados, tuve que volver posteriormente a ampliarlos. La dirección general de la que dependían las enseñanzas de régimen especial en aquel momento cambió de edificio, así como las personas responsables a su cargo.

En la segunda fase, la dificultad en la recogida de datos persistió. Como hemos señalado para llevar a cabo la evaluación se estableció un sistema de indicadores de calidad, formado por un total de 75 indicadores y estructurado en 12 bloques. A partir del sistema de indicadores se construyó un cuestionario que permitió recoger la información necesaria para evaluar cada uno de los indicadores, formado por 79 preguntas, y de una extensión considerable de 22 hojas. La población de nuestro estudio fue la totalidad de escuelas de música y danza reconocidas por la Consejería de Educación y Cultura de la Comunidad Autónoma de las Illes Balears y los centros autorizados de música, en total 42 centros. La muestra obtenida, una vez facilitado el cuestionario a la totalidad de centros, fue de 41 escuelas de música, un 97,62% del total de la población. La participación de casi la totalidad no fue algo arbitrario sino que jugó un papel importante mi persistencia para promover su participación.

Debido al número de escuelas de música y a esa búsqueda por disponer de la totalidad de los datos de los centros, con el fin que el resultado global del estudio fuera un reflejo, lo más fiel posible, de la situación de los centros y del impacto social, cultural y educativo que tienen las escuelas de música en nuestro ámbito territorial, se tuvo que ampliar el período de recogida de datos, para facilitar el registro por parte de los directores de los centros y poder obtener la totalidad de los datos de las escuelas de música que confirmaron su participación.

Se realizó un seguimiento continuo del proceso de registro de los cuestionarios por parte de los directores, por vía telefónica y vía e-mail. Para poder tener un trato individualizado con los directores de cada uno de los centros, se llevó un registro minucioso de las conversaciones telefónicas mantenidas con los directores de cada una de las escuelas, las fechas en que se realizaron, correos electrónicos, decisiones acordadas, como la fecha pactada de entrega del cuestionario, dudas surgidas u observaciones. Una vez recogida toda la información también se realizaron entrevistas con los directores para concretar y completar la información aportada a través de los cuestionarios. Quiero expresar mi gratitud a todos aquellos que invirtieron su tiempo de forma desinteresada, ya que el cuestionario recogía muchas variables que requerían consultar documentos de centro y de archivo, así como por la extensión del mismo.

A pesar de las dificultades expuestas tengo la gran satisfacción de contar en la investigación con la participación de casi la totalidad de las escuelas, como se ha dicho previamente, de todas a excepción de una. El arduo trabajo que supone solicitar a los participantes de la muestra su colaboración me sirvió como un ejercicio de "terapia de choque" ya que no es de mi agrado insistir en algo que para mi como investigadora era lógico por lo que este proceso me supuso una cura de humildad.

Momentos memorables

La defensa de tesis es el momento culminante en el desarrollo del trabajo, la elección de los miembros del tribunal es relevante, ya que son expertos en la materia que evaluarán minuciosamente el trabajo realizado durante años, por lo que sus valoraciones son de gran estima, sobre todo para trabajos futuros, y del mismo modo son con las personas con las que compartirás uno de los espacios de reconocimiento y satisfacción por el trabajo realizado. Como ya he manifestado, la tesis no debe verse como un final sino como un inicio. En mi caso particular me sirvió para avanzar en mi trayectoria como investigadora al poder realizar una estancia de investigación en la Universidad del País Vasco con la Dra. Maravillas Díaz, con la que aprendí muchas cosas que no se aprenden con la elaboración de una tesis doctoral y a la cual siempre estaré agradecida.

Recuerdo el día de la defensa de tesis, la emoción que me evoca es la satisfacción por el trabajo realizado y por la superación de las dificultades surgidas que siempre son motivo para ir creciendo por el camino. El momento de la defensa supone un reto para cualquier doctorando ya que, por un lado, lleva de forma intrínseca la satisfacción a nivel personal por haber concluido el trabajo, por el esfuerzo invertido en tiempo y dedicación y; por otro lado, la inquietud por la responsabilidad a la hora de realizar la exposición y la defensa de la misma, que supone una gran labor de síntesis, al exponer en un tiempo tan breve un trabajo de años. Todo ello adquiere una especial relevancia cuando además lo compartes con la familia y amigos, convirtiéndose en un momento inolvidable.

Cuarta etapa de la carrera de fondo

EVALUACIÓN DEL PRODUCTO: VALORACIONES REALIZADAS CON PERSPECTIVA

Para finalizar, voy a hacer una retrospectiva sobre aquellas cosas que podría haber realizado de forma diferente o no; e indicaré algunos consejos dirigidos a posibles doctorandos.

Afirmar si a día de hoy haría algo de forma diferente o no es complicado, porque entendemos que la variable contexto influye en el resto de las tres variables (entrada, proceso y producto). Lo que sí podemos reconocer es la indudable satisfacción de tener el trabajo finalizado en las manos, ya que en la vida las cosas que te suponen un esfuerzo, que más cuestan, son la que al final más valoras, y a día de hoy lo que más valoro es el proceso vivido.

Me hubiera encantado haber podido contar con esta línea de publicaciones en la que hoy participo, ya que conocer las experiencias de otros colegas te da coraje para seguir con tu camino.

Algunos de los posibles consejos a futuros doctorandos:

- La figura del director es clave: debe ser cercano, resolutivo, quien te guíe en los caminos inciertos y se implique.
- Reflexionar en profundidad sobre la elección del tema: acotar el objeto de estudio y que sea realista.
- El tema de tesis debe ser de tu agrado, que sea por elección propia y te sientas identificado en algún modo con él y que la aportación que puedas realizar al conocimiento científico te resulte relevante.

- Buscar buenos modelos de referencia: tesis, investigaciones, artículos.
- Es necesario acotar el periodo de estudio y cerrarlo: ya que el querer estar informado sobre los últimos trabajos sobre la temática de tu investigación se convierte en una búsqueda exhaustiva que no tiene fin, así como los cambios legislativos o normativas que rigen los contextos educativos, demasiado variantes en nuestro país.
- Llevar a cabo un trabajo continuo en la ejecución de la tesis.
- Ser minucioso a la hora de redactar utilizando criterios homogéneos desde el inicio: tiempos verbales, forma de citación, mismo formato en gráficos y tablas, referencias bibliográficas…De este modo a la hora de revisar la tesis no dedicarás tiempo a rehacer aspectos formales.
- La tesis no es la investigación de tu vida, hay más vida tras la tesis.

Final del recorrido

UNA ÚLTIMA REFLEXIÓN

La tesis es un trabajo en solitario pero como cualquier carrera de fondo requiere una preparación previa y unos requerimientos durante su trascurso: a nivel físico, psíquico, de alimentación, de indumentaria, de avituallamiento… Por lo que la experiencia vivida anteriormente, a nivel contexto y de investigación, al igual que todos aquellos agentes que nos encontremos durante nuestro camino y la destreza que demostremos en superar las dificultades emergidas harán que lleguemos satisfactoriamente a la meta.

Referencias

Díaz, M. (2001). *La música en la educación primaria y en las escuelas de música: la necesaria coordinación*. (Tesis doctoral). Facultad de Filosofía y Ciencias de la Educación de la Universidad del País Vasco.

Eco, U. (2001). *Cómo se hace una tesis*. Barcelona: Gedisa.

European Music School Union. (2011). *EMU 2010. Statistical information about the European Music School Union*. Recuperado de: http://www.musicschoolunion.eu/wp-content/uploads/2016/06/EMU_Statistics_2010.pdf.

Martínez Mediano, C. (1996). *Evaluación de programas educativos. Investigación eva- luativa. Modelos de evaluación de programas*. Madrid: UNED. (Cuadernos de la UNED, No 159.)

Stufflebeam, D.L. y Shinkfield, A.J. (1987). *Evaluación sistemática. Guía teórica y práctica*. Barcelona: Paidós/MEC.

Tiana, A. (1996). La evaluación de los sistemas educativos. *Revista Iberoamericana de Educación, 10*, 37–61.

Referencias sobre la investigación realizada

Berbel, N. (2009). Situació de l'Educació Musical Elemental a les Illes Balears: les Escoles de Música i/o Dansa Reconegudes. *Anuari de l'Educació de les Illes Balears 2009, 6*, 172–207.

Berbel, N. (2011). Qualitat i impacte social, cultural i educatiu de les escoles de música reconegudes de les Illes Balears. *Anuari de l'Educació de les Illes Balears 2011, 8*(1), 360–87.

Berbel, N. (2012). Anàlisi de l'evolució i situació actual de les escoles de música i/o dansa reconegudes a les Illes Balears. *IN. Revista Electrònica d'Investigació i Innovació Educativa i Socioeducativa, 3*(2), 33–66.

Berbel, N. (2014). Las escuelas de música: mirando al pasado, mirando al futuro. *Eufonía. Didáctica de la música, 60*, 32–41.

Berbel, N. (2014). Evaluación y proyección de las escuelas de música de las Islas Baleares. En J. Cruz y M. Díaz (Coords.), *Investigación Psicodidáctica y Mejora Educativa* (pp.141-153). Bilbao: Servicio Editorial de la Universidad del País Vasco/Euskal Herriko Unibertsitatea.

Berbel, N. y Díaz, M. (2014). Educación formal y no formal. Un punto de encuentro en educación musical. *Aula Abierta, 42*(1), 47–52.

Un viaje en forma sonata: Autopercepciones sobre mi doctorado

Alberto Cabedo Mas

Universitat Jaume I de Castellón

cabedoa@uji.es

Música y convivencia social: Un estudio acerca de la educación musical y sus implicaciones en el diálogo entre las personas y las culturas.
Universitat Jaume I de Castellón, España, 2012

Resumen de la Tesis

Esta investigación tiene como objetivo analizar las implicaciones de la educación musical en la gestión de la convivencia positiva entre las personas y los pueblos. En ella se articulan determinadas corrientes pedagógicas en la educación musical actual con los principios que rigen una educación para la paz. La propuesta se centra en la educación musical primaria y secundaria en España. Para ello, se tienen en cuenta opiniones y aportaciones de figuras relevantes en el campo de la educación musical, la teoría de la educación y el pensamiento crítico, que pretenden dar respuesta a cuestiones acerca de la música, la educación y la organización de las relaciones humanas. La finalidad radica en ofrecer argumentos para fomentar la adquisición de experiencias musicales positivas en el aula de música, que promuevan la convivencia entre las personas y las culturas.

***

Introducción: ¿Y ahora qué?

Quizás este simple cuestionamiento, ¿y ahora qué?, es uno de los motores que me ha llevado a explorar caminos en los que nunca me hubiera imaginado ubicarme. Ha sido esta una pregunta que me ha permitido cerrar etapas y enfrentarme a nuevos retos. Es precisamente de este modo como comienza mi viaje doctoral.

Estudié música, violín, desde bien pequeño. Comencé los estudios en el conservatorio de mi ciudad. Desde bien pequeño me han interesado siempre muchas cosas y, en la mayoría de las ocasiones, muy dispares. Tal como he ido avanzando en mi vida académica y profesional, esto me ha dado una plétora de oportunidades …, y también de dificultades. Fue esta serie de inquietudes las que me llevaron a no abandonar nunca los estudios musicales, pero compaginándolos en periodos puntuales con otros tan complementarios como químicas o humanidades. Siempre con ilusión, me he apasionado con el descubrimiento de diferentes campos de estudio, pero parecía que la música era un elemento vehicular en mi trayectoria vital. Y esto me llevó a concluir los estudios superiores, a cursar un máster de interpretación en un centro prestigioso fuera de mi país, bajo la supervisión de la profesora Mari Tampere-Beznodny, a participar en conciertos en solitario o con diferentes agrupaciones camerísticas y orquestales, a asistir a cursos y clases magistrales con grandes intérpretes a impartir clases de violín particulares y en escuelas de música, etc. Pero también llegó el momento en el que me abordó de nuevo la cuestión: ¿y ahora qué?

Tenía claro que la música me interesaba, pero también tuve consciencia de que me interesaba desde diferentes perspectivas de las que hasta ahora había abordado. Y también me suscitaba curiosidad iniciarme en otros campos de conocimiento que me producían fascinación. Es de este modo como inicié mis estudios en el Máster Universitario en Estudios de Paz, Conflictos y Desarrollo de la Universidad Jaume I, y es en este programa en el que posteriormente inscribí mi tesis doctoral. Estos estudios rompieron en muchos términos mis esquemas sobre hacia dónde quería dedicar mis esfuerzos en el campo de la música – y también, en cierto modo, en mi vida en general. Un año más tarde comienzo a ejercer como profesor de música en la universidad. Este paso también marca una inflexión en mis concepciones acerca de la educación musical. Es difícil descubrir cómo un modelo educativo de aprendizaje de un instrumento musical, como el que yo había vivido en el conservatorio, marca de manera profunda tu relación con la educación, con tu instrumento, y la manera en la que disfrutas las experiencias musicales.

Las reflexiones acerca de mi propia educación fueron el germen que me animó a adentrarme en la realización de la tesis doctoral. Una tesis doctoral que pretendió establecer un vínculo entre la educación musical formal, concretamente en las escuelas primaria y secundaria, y el campo de conocimiento desde el que había centrado los estudios para la paz. Vincular la educación musical con la educación para la paz no estaba exento de retos. En primer lugar, porque un cambio en el foco de interés de la experiencia musical, que desvinculase el estudio sobre la enseñanza musical centrada en una perspectiva de educación *para* la música hacia un análisis que no sólo estudiase la música como un fin, sino que apoyase una educación *a través* de la música, rompía con muchas de mis estructuras anteriores. Hallar un equilibrio entre ambas perspectivas ha sido – y es – una constante inquietud en mi investigación. En segundo lugar, porque los estudios para la paz están frecuentemente articulados desde estructuras macro, con estudios que se centran en conflictos y mediaciones entre países o colectivos grandes de personas; en definitiva, cuestiones de mayor envergadura de las que esta propuesta de investigación planteaba. Era poco probable que mi investigación centrara esfuerzos en transformar conflictos estructurales o situaciones de emergencia frente a episodios de violencia directa, entre personas o entre países. Justificar que la educación musical en la escuela tenía un espacio en este entramado era una tarea a realizar.

Quizás entender por qué quería hacer una tesis, y comprender que únicamente podría darle forma si estaba lo suficientemente dispuesto a enfrentarme a ella con una predisposición abierta a escuchar atentamente todas las opiniones de los directores, de profesores, de colegas, y a ser capaz de reflexionar e intentar entender todas las lecturas, estudios previos, etc., sabiendo que muchas de ellas iban a cuestionar no sólo el trabajo que planteaba, sino también ideas o estructuras que tenía sólidamente aferradas, fue uno de los pasos más necesarios para dar forma y finalizar mis estudios doctorales. Con buenas intenciones – y con más o menos mente abierta –, me adentré en esta etapa.

Exposición: *En el ordenador, frente a un folio en blanco ...*

Dada la naturaleza de la investigación que quería desarrollar, era pertinente plantear el proyecto a dos directores. Uno de ellos, Vicent Martínez Guzmán, desde el campo de la filosofía para la paz; el otro, Antoni Ripollés Mansilla, desde la educación musical. Plantear un proyecto de investigación con el fin de recibir la aceptación de dos directores de áreas diferentes hace que realmente se deba sistematizar todo el entramado de ideas iniciales en una propuesta concreta y específica; al mismo tiempo, se debe ser capaz de ponerla de manifiesto de una manera clara y segura, puesto que las preguntas y los cuestionamientos vendrán desde diferentes perspectivas e intereses. Una vez sabes que cuentas con el visto bueno de tus directores y del programa de doctorado, te sientes más reconfortado, puesto que tomas consciencia de que tendrás un apoyo en momentos de desorientación o de necesidad.

Los inicios de los estudios de doctorado son, sin duda, fascinantes. Dos preguntas fueron las que más me inquietaban durante esta primera etapa: (1) ¿por dónde empiezo?, y (2) ¿cómo puedo saber qué he de hacer para aprender todo lo que debo aprender? Por un lado, sentí que quería ser experto en muy diversos campos, y que para ello debía leer. Quería aprender más sobre los áreas de estudio que mi investigación pretendía abordar – tanto el de la educación musical como el de los estudios para la paz –, necesitaba formarme en metodología de la investigación – es difícil posicionarse en un planteamiento metodológico y, cuando finalmente me ubiqué, sentía que no tenía la formación necesaria para resolver todas las dudas que emergían –, y era importante formarme en muchas otras cuestiones que tenían que ver con mis estudios doctorales – gestores de referencias bibliográficas, normativas de citación, gestión de archivos y organización informática, etc. Por otro lado, enfrentarse a un documento en blanco siempre supone un reto.

Esta primera etapa la recuerdo fundamentalmente leyendo. Esto era lo que me daba la sensación que hacía durante todo el tiempo: leer, leer y leer. Y recuerdo leer con gran intensidad, descubriendo magnetizado estudios que habían desarrollado investigaciones que no se me hubieran ocurrido, autores que contaban teorías cargadas de fundamento y de razón. Recuerdo que era una época en la que cuestionaba fuertemente todo lo que leía, pero que al mismo tiempo, una gran mayoría de las lecturas me resultaban de gran interés para mi investigación. ¿Cómo podía escoger qué lecturas iban a ser las más relevantes para mi estudio, dejando de lado todos aquellos otros saberes que tanto me habían seducido? ¿Cómo podía saber que aquello que estaba leyendo era significativo para mi estudio? Cada una de aquellas lecturas me llevaba a otras que sin duda iban a ser de interés; ¿dónde debía establecer el límite?

El tema de los límites es indudablemente clave en toda tesis doctoral. Para mí, como no, fue un elemento de reflexión que estuvo presente a lo largo de todo el proceso. Al finalizar los primeros meses, casi el primer año, pensaba que había aprendido mucho, que quedaba mucho por explorar, que había reflexionado y cambiado la perspectiva en varias ocasiones, que el tema me resultaba cada vez más relevante..., y que mi tesis estaba todavía llena de incertidumbres.

Desarrollo: Otras perspectivas, otros aprendizajes

Los programas doctorales en España ofrecen la posibilidad de realizar lo que anteriormente conocíamos como tesis doctoral *con mención "doctorado europeo"*, y que hoy se ha regulado como *mención de doctorado internacional*. Los requisitos para optar a esta mención incluyen que parte de la tesis doctoral esté escrita en una lengua distinta a cualquiera de las lenguas oficiales del territorio español, que la tesis haya sido informada por dos personas expertas pertenecientes a alguna institución de educación superior no española y que alguna persona perteneciente a instituciones extranjeras participe como miembro del tribunal evaluador de la tesis. Pero, en primera instancia, el doctorando debe haber realizado una estancia de investigación en una institución de enseñanza superior o un centro de investigación de prestigio cursando estudios o realizando trabajos de investigación por una duración mínima de tres meses.

Motivado, en parte, por obtener esta mención de doctorado europeo, y en mayor parte incluso, por aprender otras perspectivas en la educación musical, conocer otros programas de doctorado y vivir una experiencia diferente, decidí solicitar una estancia en el *Institute of Education* de la *University of London* – hoy perteneciente a la *University College London* –, en Reino Unido. La decisión de ir precisamente a este centro surgió a raíz del interés de conocer y compartir la investigación con una de las autoras de las lecturas más relevantes que habían orientado mi investigación, la profesora Lucy Green. Hoy me siento afortunado de haber tenido la oportunidad de compartir durante varios meses mi investigación con ella. Fue verdaderamente estimulante tratar de dar respuesta a cuestiones perspicaces que planteaba acerca de mi tesis, e intentar absorber las ideas y consejos que emergían de sus comentarios sobre mis presentaciones. Hoy también soy consciente de lo mucho que aprendí.

La estancia en el *Institute of Education* fue enriquecedora no sólo por las frecuentes reuniones y charlas con Lucy Green. El centro me permitió asistir a todos los cursos y seminarios que ofertaban. Intentando no desaprovechar una generosa oferta académica, atendí un número importante de cursos, de educación musical, de metodología de investigación, de escritura científica, incluso de programario informático, que fueron un gran apoyo para mi tesis. Otra de las oportunidades que posibilitaba este centro era la de promover espacios para compartir tu investigación con otros compañeros. Sentía que presentaba mi proyecto de doctorado a profesores y colegas con gran frecuencia; y siempre recibía retroalimentación y preguntas que me ayudaron a cuestionar algunos puntos importantes en mi investigación y a tratar de ser cada vez más claro en mis ideas. Al mismo tiempo, conocí infinidad de propuestas doctorales de otros colegas, algunas de lo más variopintas, que me abrían nuevos campos de reflexión. Y, por qué no decirlo, durante la estancia tuve tiempo de visitar infinidad de lugares que no conocía, y me crucé con colegas maravillosos, con los que aún hoy, después de pasado tiempo, mantengo relación. Fue una estancia académicamente muy enriquecedora, un impulso decisivo a mi tesis, y lo pasé muy bien.

Al poco de volver a la Universitat Jaume I ya tenía en mente planificar una nueva estancia de investigación. Había conocido pinceladas del panorama internacional en educación musical, que me dieron la posibilidad de valorar el trabajo que se hacía fuera de nuestras fronteras, y también de poner en valor algunos de los trabajos que se estaban llevando a cabo en nuestro país. Sentí que quería conocer más de aquellos. De nuevo, sin contacto personal previo, y orientándome únicamente a partir de aquellas lecturas de artículos e investigaciones que resultaban relevantes para mi investigación, contacté con la profesora Maravillas Díaz, de la Universidad del País Vasco. Maravillas Díaz, Mara, me acogió durante cinco meses que se convirtieron en una de las etapas más productivas de mi tesis doctoral. Tras muchas reuniones, tutorías, charlas, y todo tipo de formatos de conversación, y tras mucho tiempo dedicado a leer, pensar y replantear, emergieron nuevas dimensiones en mi investigación que, casi de manera frenética, sentía que debían estar presentes. Articular un cambio en un episodio avanzado en la tesis suponía un enorme trabajo y no era tarea sencilla, y proponer estas ligeras modificaciones a mis directores tampoco lo fue. Aun así, sin duda, valió la pena.

Con la perspectiva del tiempo que ha pasado desde entonces, hoy agradezco el impulso que otras personas, más allá de uno mismo y sus directores, pueden aportar a una tesis doctoral y, en mi caso concreto, el valor que tuvo para mi tesis el compartirla con otros investigadores de prestigio, no solo al final, sino durante todo el trayecto. Viajar y realizar estancias en diferentes universidades ayuda a aportar otras perspectivas a tu investigación, que implican nuevos aprendizajes, siempre enriquecedores. Al mismo tiempo, permite conocer colegas y establecer redes para compartir ideas e investigaciones futuras. Con muchos de ellos, a día de hoy sigo compartiendo e investigando.

Reexposición: *En el ordenador, culminando el que fue aquél documento en blanco*

Los últimos meses de escritura de la tesis no son sencillos. Requieren de un gran esfuerzo, materializado en una cantidad enorme de tiempo frente a la pantalla del ordenador. Suponen concretar y poner por escrito todas aquellas ideas propias y de las lecturas realizadas que, tras mucha reflexión, decides que van a ser las que articulen tu discurso. Algunas de las lecturas que retomaba para incluirlas en mi documento final, y que quizás hacía tiempo que no repasaba, las releía desde una perspectiva diferente, encontrando nuevos significados y nuevas relaciones con mi tesis.

En mi caso, los últimos meses se resumen en jornadas de muchas horas escribiendo; completando páginas en blanco, organizando secciones y concluyendo capítulos. Inmerso en esta dinámica, me costó tomar consciencia de que había elaborado un documento lo suficientemente coherente para decidir enviarlo a los directores. Sentía que, aunque escribía muchas páginas, lo que allí se decía nunca era lo suficientemente explícito, lo suficientemente claro.

Desde la última revisión por parte de los directores, todo se convirtió en una secuencia de trámites, maquetación y gestión. Por una parte, esta etapa me resultó tediosa en algunos aspectos burocráticos; por otra, me daba cuenta de la cantidad de gente que debía leer, informar, estar pendiente y dar el visto bueno para que todo el trabajo que había realizado pudiese culminar. Escuchar sus voces me generaba inquietud y, al mismo tiempo, emoción.

Coda: *El principio del final o el final del principio*

Recuerdo el día de la defensa de mi tesis doctoral como uno de los más importantes, y también de los más especiales de mi vida académica. Prepararse para ese día fue todo un trabajo. En primer lugar, realicé hasta tres ensayos con diferentes colegas y con mis directores. No me siento orgulloso de ninguno de ellos; alguna de estas sesiones resultaron, desde mi perspectiva, todo un desastre. Mi idea original de cuáles eran los puntos más relevantes de la investigación que debía poner de manifiesto en la defensa se redujeron tras los citados ensayos, de manera aproximada, a la mitad. Llegué al mismo día de la defensa con energía, pero con inquietudes fruto de la sensación de que alguna cosa podía fallar.

Aunque la sala estaba llena de caras conocidas, que producen un sentimiento reconfortante, no conocía a gran parte de los miembros del tribunal. Sin embargo, a los pocos minutos de iniciar la sesión, aún con riguroso protocolo, sentía que el ambiente de la sesión amigable, cómodo. Comencé la defensa con cierta sensación nerviosa, que inmediatamente se esfumó para dar paso a una exposición y una ronda de comentarios, preguntas y respuestas en las que tuve una sensación de fugacidad. Casi sin darme cuenta, habíamos concluido el acto y estábamos en un emotivo intercambio de agradecimientos y felicitaciones. El acto de defensa de una tesis doctoral es un espacio único para un investigador, pues se facilita una situación en la que expertos en un tema han dedicado parte de su tiempo a leer y reflexionar acerca de la propia investigación, y se encuentran físicamente en un espacio para cuestionarla, valorarla y, si es el caso, destacarla o ensalzarla. Pocas veces a lo largo de la carrera académica se repite una ocasión similar. Y si además se acompaña de un posterior ágape en un ambiente relajado y familiar, mejor que mejor.

El viaje de mi tesis doctoral ha supuesto, indudablemente, una experiencia única y especial en mi trayectoria académica y vital. A día de hoy, si tuviera que repetir, cambiaría muchas cosas, tomaría distintos caminos, estructuraría el tiempo de diferente manera; pero algunas de las decisiones que tomé las incorporaría de nuevo sin dudar. Dedicar esfuerzos a posibilitar el intercambio del proceso a través de estancias de investigación en otros centros y con otros investigadores sería una de ellas. Hoy tengo la oportunidad de acompañar viajes doctorales de estudiantes y supervisar sus propias tesis, y siento relevante poner de nuevo en valor la importancia de crear experiencias de intercambio con otros académicos; por esta razón, les animo a que se aventuren a realizar viajes y estancias.

Culminar una tesis doctoral puede ser visto, incluso en ocasiones por el mismo candidato, como el final de una trayectoria investigadora. Creo que yo mismo también pensé en algún momento que esto iba a ser el fin de muchas dinámicas, de muchas preocupaciones y de mucha carga de trabajo. No recuerdo cuánto me costó caer en la cuenta de que, para aquél que opta por desarrollar una vida académica, concluir la tesis doctoral no es más que el final de un principio hacia nuevos caminos en la investigación, similares, pero diferentes.

La tesis doctoral es una experiencia que tiene muchos momentos de soledad. Pero, al menos en mi caso, sentí el apoyo y el acompañamiento de muchas personas. Familia, amigos, compañeros, colegas, investigadores, directores; todos fueron importantes en algún momento a lo largo del proceso. Por ello, todos, de manera más o menos directa, forman y han formado parte del viaje que yo he narrado en forma sonata; a todos, en mayor o menor medida, he sentido la necesidad de agradecer.

Referencias sobre la investigación realizada

Cabedo-Mas, Alberto (2011). Desarrollo humano, música y educación en la era global. *Recerca: revista de pensament i anàlisi, 11*, 161–78.

Cabedo-Mas, Alberto, & Díaz-Gómez, Maravillas (2012). Music making: A bridge joint of students' cultural and musical diversity. *Procedia-Social and Behavioural Sciences, 46*, 2215–19.

Cabedo Mas, Alberto, & Gil Martínez, Joaquín (2013). *La cultura para la convivencia*. Valencia: Nau Llibres.

Cabedo-Mas, Alberto, & Díaz-Gómez, Maravillas (2013). Positive musical experiences in education: Music as a social praxis. *Music Education Research, 15*(4), 455–70.

Cabedo-Mas, Alberto (2014). La música y su aprendizaje en la construcción de culturas para hacer las paces. *Cultura de Paz, 20*(64), 10–16.

Cabedo-Mas, Alberto, & Díaz-Gómez, Maravillas (2016). Music education for the improvement of coexistence in and beyond the classroom: A study based on the consultation of experts. *Teachers and Teaching: Theory and Practice, 22*(3), 368–86.

Reflexiones para contrarrestar la conocida soledad del investigador

Remigi Morant Navasquillo

Universidad de Valencia

Remigi.Morant@uv.es

Perspectivas docentes de las Escuelas de Música de las Sociedades Musicales Valencianas: historia, presente y futuro.
Universitat Jaume I de Castellón, España, 2013

Resumen de la Tesis

Esta tesis doctoral se articuló en torno a las escuelas de música que dependen de las sociedades musicales valencianas. Representa el estudio de una realidad social, cultural y educativa; y también una investigación planteada desde una perspectiva docente.

Su objetivo era conocer su contexto específico y peculiaridades docentes para modernizarlas y posibilitar que alcanzaran mejores expectativas. Su hipótesis de partida planteaba la errónea tendencia generalizada en estos centros no reglados a reproducir los planteamientos de los Conservatorios Elementales de Música.

La investigación está diseñada desde una metodología integrada de análisis, en la que se utilizan técnicas cuantitativas y cualitativas. Se plantearon distintos instrumentos de análisis y la conveniente triangulación mediante tres encuestas dirigidas al profesorado de Escuelas de Música (E1, E2 y E4) y otra al de Conservatorios Elementales (E3). El tratamiento de los datos se realizó mediante programas de análisis cuantitativo (Excel y SPSS) y cualitativo (Atlas-ti) y aportaron información relevante para el análisis y la mejora de estos centros educativos.

La tesis analiza la historia y características de las escuelas de música valencianas para señalar que constituyen un modelo diferente al de otras zonas de España, Europa e Iberoamérica. También estudia la legislación por la que se rigen, apuntando las incoherencias legislativas detectadas.

Las conclusiones de la investigación apuntan a la incuestionable labor desarrollada por la red de escuelas de música de las sociedades musicales valencianas y detectaron problemáticas económicas, educativas y de formación del profesorado, debidas fundamentalmente a la histórica discriminación de estos centros educativos por el hecho de impartir estudios no reglados, por no ser tenidos en cuenta como salidas profesionales en la formación inicial del profesorado y por las trabas legislativas que encuentran sus docentes en el acceso a la formación continua. También plantea la necesidad del reconocimiento de un modelo propio que busca la normalización a partir de la formación, renovación e investigación, y que indiscutiblemente debe contar con una financiación adecuada por parte de la administración.

También remarca que la confluencia de la educación formal, no formal e informal de la música reporta grandes beneficios educativos, lo que hace indispensable la necesidad de colaboración entre todos los niveles formativos.

Las conclusiones y aportaciones de esta tesis doctoral son significativas y justifican la hipótesis e interrogantes de partida, proponiendo un nuevo modelo de centros educativos y nuevos caminos abiertos a la investigación. Toda la bibliografía citada al final de la misma está referenciada a lo largo del trabajo.

***

Introducción

Hablar de un trabajo de largo recorrido como supone escribir una tesis doctoral representa una gran experiencia vista al cabo de unos años. En este caso se partía de cero, ya que el trabajo de investigación del máster lo había realizado sobre la percepción de la consonancia musical; opté por empezar de nuevo con una temática educativa que conocía muy bien, las escuelas de música de las sociedades musicales valencianas. Se trataba de un estudio necesario ya que nunca había sido abordado en su totalidad. Poco a poco fui descubriendo la palabra mágica en toda investigación: acotar el objeto de la investigación.

Ahora cuento con muchísima más información que la que tenía en aquel momento, ya que solo recuerdo el consejo de lectura del famoso libro de Umberto Eco, "Cómo se hace una tesis". La verdad es que me sirvió para hacerme una idea de lo que iba abordar y convencerme de que era un trabajo de mucho mayor calado que el que había realizado en el caso del trabajo de investigación o antigua tesina. También reflejar la ayuda de mis dos directoras de tesis cada una en un frente: vertiente didáctica y vertiente metodológica. Recuerdo con cariño la famosa frase que hablaba de la soledad del investigador, y era cierto que en muchos casos no tenías más ayuda que tu ingenio para solucionar los múltiples problemas que iban apareciendo. Hacía referencia a que, aunque contaras con ayuda y orientación, era mucho el trabajo a realizar a solas ... La verdad es que tuve una buena orientación y ello sirvió para que la tesis no se eternizara en el tiempo.

La importancia del contexto

Desde una perspectiva actual veo claro que no hay diferencia entre una tesis doctoral, un artículo para una revista indexada, un capítulo de un libro o una investigación ... ya que la base es la misma en todos los casos, aunque hay que situar cada uno de ellos en su enfoque.

Para enfocar una tesis convenientemente hay que tener un conocimiento pormenorizado de la problemática a estudiar. Si entramos en una temática en la que no nos sentimos seguros, habrá que dedicar mucho tiempo a la lectura y a la inmersión en la problemática a analizar, para su conocimiento detallado y profundo. No obstante, la lectura es muy necesaria en todos los casos.

La primera cuestión a abordar fue justificar el caso, tanto desde la necesidad del estudio a realizar en un campo virgen, como por mi interés personal en el tema después de 20 años dirigiendo escuelas de música. Igual que resulta complicado entrar en una línea de investigación en la que hay mucho trabajo avanzado, resulta también complicado empezar en algo poco o nada estudiado. Para aclarar este punto era urgente abordar el estado de la cuestión y analizar las pocas referencias que abordaran el objeto de estudio aunque de manera parcial.

El hecho de ir acotando las posibilidades del estudio y definir la hipótesis y las preguntas de investigación me ayudó a aclarar el objeto de estudio. La hipótesis de partida era que la mayor parte de las escuelas de música dependientes de las sociedades musicales valencianas se comportaban como auténticos conservatorios. Esto estaba muy alejado de su objetivo como centros que imparten estudios no reglados, que no es otro que aproximar la vivencia de la música a "amateurs" y solo en aquellos casos que quisieran continuar con estudios profesionales prepararles para el acceso a un conservatorio. No se trataba de estudiar todo en las escuelas de música valencianas, sino de plantear un estudio que, además de hacer su análisis, formulara una propuesta de mejora a partir de la opinión de su profesorado.

Esta hipótesis condicionó una serie de objetivos:

- Historia, presente y futuro de las escuelas de música.
- Estudio de sus características y problemática.
- Aclarar si reproducen los planteamientos de los Conservatorios Elementales.
- Análisis de la realidad docente.

Y también preguntas de investigación agrupadas por temáticas:

Función

- ¿Las escuelas de música valencianas, desempeñan de manera generalizada funciones de Conservatorios de Música de Nivel Elemental, o suponen entidades diferenciadas?
- ¿Hasta qué punto se comportan estas escuelas como centros de estudios no reglados, incorporando, por tanto, las múltiples posibilidades que les proporciona una concepción de la enseñanza mucho más abierta?

Colaboración

- ¿Existen contactos y colaboración entre el profesorado de las escuelas de música y el profesorado de música de otros centros educativos: primaria, secundaria, conservatorios, otras escuelas de música, universidad …?
- Igualmente, ¿existe contacto con el profesorado del conservatorio profesional de referencia de la comarca o localidad en la que están situadas?

Formación del profesorado
- ¿La formación inicial del profesorado de música realizada en los conservatorios profesionales, tiene en cuenta la docencia en las escuelas de música como una posible salida profesional?
- ¿Qué presencia tienen las distintas propuestas metodológicas del siglo XX en los planteamientos de la educación musical en las escuelas de música?
- ¿Qué necesidades formativas tiene el profesorado de las escuelas de música valencianas que dependen de las sociedades musicales?
- ¿El profesorado de las escuelas de música participa en algún tipo de programas de formación del profesorado, innovación educativa o investigación?
- ¿Participan las escuelas de música valencianas en programas de innovación (Proyectos Europeos, Proyectos de Formación en Centros, Movimientos de Renovación Pedagógica ...)?

Tutorización
- ¿Cómo se plantean las tutorías en las escuelas de música?
- Los equipos de profesores, ¿contemplan de manera coordinada la formación de cada alumno?

TICs
- ¿Están presentes las TIC aplicadas a la enseñanza de la música en las escuelas de música? ¿De qué manera?
- ¿En qué grado se utilizan otros instrumentos (TV, vídeo, CD, ordenador...) en las escuelas de música?

Regulación
- ¿Es necesaria la regulación de un nuevo modelo de escuelas de música para la Comunidad Valenciana?

La última pregunta enmarcaba la finalidad última de esta investigación: plantear la necesidad de buenas prácticas educativas en la red de escuelas de música y la búsqueda constante de la calidad y la consecuente mejora educativa.

Tal como tenía planteado el trabajo inicial, pensaba en una investigación cuantitativa experimental en la que partía de una hipótesis y de una serie de preguntas enfocadas a analizar cómo estaban funcionando las escuelas de música. Pero esta idea inicial fue evolucionando y se convirtió en una investigación mixta (cuantitativa en principio y cualitativa en la segunda parte). Las razones que nos llevaron a este enfoque fueron claras, la parte cuantitativa proporcionaba una serie de datos, en muchos casos planteados a partir de encuestas con formularios por gradientes que nos daban una serie de respuestas que hubo que analizar por métodos estadísticos. Pero había un gran problema, una serie de afirmaciones sin explicación, y se hacía necesaria una vertiente cualitativa que proporcionara respuesta a todas las preguntas.

El estado de la cuestión

De entrada, pensamos que era un problema abordar un estudio que nadie había contemplado hasta el momento, pero poco a poco descubrimos importantes aportaciones, que aunque no habían analizado las escuelas de música desde esta misma perspectiva, suponían puntos de confluencia muy interesantes. También quedaron en este apartado todas las ponencias que se realizaron en congresos, cursos y jornadas, tanto a nivel nacional como internacional y que reflejaban los avances de esta investigación.

Marco teórico

A la hora de abordar el marco teórico se tuvieron en cuenta las tres vertientes sobre las que se sustentan las escuelas de música y las sociedades musicales de las que dependen: social, cultural y educativa:

I. Aproximación social y cultural

Analizando las escuelas de música desde una óptica social y cultural a partir de los siguientes ámbitos: desde una perspectiva histórica, desde el estudio de sus características generales considerando su dependencia de las sociedades musicales como un hecho diferencial con respecto a otras zonas de España, comparando las escuelas de música europeas, españolas y valencianas; también se analizan algunos fenómenos educativos semejantes en Iberoamérica.

II. Aproximación educativa

Una introducción histórica a la educación musical en España y en la Comunidad Valenciana, estudiando la aparición de las escuelas de música y su reconocimiento, analizando este fenómeno educativo y situando las escuelas de música en los parámetros educativos que les corresponden y haciendo un estudio crítico de la legislación referente a esta tipología de centros educativos.

III. Contextos docente y de aprendizaje en una escuela de música

Analizamos las escuelas de música desde dos perspectivas complementarias: la docencia y el aprendizaje. Partimos de las bases teóricas de la educación y el aprendizaje, abordamos las nuevas necesidades de formación para conseguir una escuela expresiva y estudiamos la importancia de la formación inicial y permanente del profesorado con los modelos de formación continua. También analizamos las teorías constructivas de la educación y su interés para las escuelas de música valencianas.

IV. A la búsqueda de un marco curricular para las escuelas de música valencianas

Planteando la necesidad de un marco curricular específico para las escuelas de música valencianas. En principio, se aborda el aporte metodológico proporcionado por las diferentes corrientes que representan las aportaciones metodológicas del siglo XX y la conveniencia de su consideración por parte de las escuelas de música, dado que representan aportaciones metodológicas de las que carecen. También tiene en consideración las aportaciones de una serie de investigadores musicales que hemos considerado de interés por sus aportaciones a la educación musical desde la perspectiva de las escuelas de música. Finalmente, planteamos el estudio de las componentes de la educación musical. Termina con unas observaciones metodológicas generales y la necesidad de contemplar la formación permanente del profesorado como una baza necesaria para la mejora sistemática de las escuelas de música, llegando a los argumentos que deberían guiar los proyectos educativos de las escuelas de música.

Marco metodológico

Este capítulo recoge las bases y la introducción metodológica a la investigación propiamente dicha. El marco metodológico empieza desde el convencimiento de que también necesita una fundamentación. A la hora de formular la hipótesis de partida de la presente investigación se tuvieron en cuenta las cuestiones planteadas inicialmente y la necesaria recensión bibliográfica sobre la temática abordada. Se trataba de un fenómeno ya conocido que lo íbamos a hacer evidente por medio del método científico. Seguimos el consejo del profesor de la Universidad de Illinois, Cameron McCarthy (Castellón, 2012) cuando decía que no merecía la pena investigar aquellas cuestiones que son evidentes, a no ser que entremos en los motivos y las circunstancias que conducen a estas evidencias. Esta fue una de las razones que motivaron la parte cualitativa de la presente investigación.

La metodología empleada consistió en una investigación cuantitativa aplicada a una muestra significativa de la población de profesorado de escuelas de música, en la que la estadística descriptiva fue la herramienta de trabajo que nos permitió llegar a conclusiones; y, otra investigación cualitativa de diseño descriptivo-interpretativo, basada en enfoques hermenéuticos y etnográficos, nos permitió interpretar la realidad estudiada a partir de los casos analizados, teniendo en cuenta las circunstancias y partiendo desde los mismos procesos educativos para una comprensión global de la misma.

Trabajo de campo

Primera encuesta (1E)

Una vez avanzada la recensión bibliográfica y la fundamentación teórica se planteó una primera propuesta de encuesta semiestructurada dirigida al profesorado de las escuelas de música que dependen de las sociedades musicales, que fue validada por profesorado doctor en didáctica de la educación musical y de metodología de la investigación. El formulario fue alojado en el servidor de encuestas "Opina" de la Universidad de Sevilla y se remitieron correos electrónicos dirigidos a los equipos directivos de las 224 escuelas de música de las provincias de Alicante, Castellón y Valencia que constaban en aquel momento en la base de datos de la Consejería de Educación de la Generalitat Valenciana (2010).

Segunda encuesta (2E)

En paralelo a la primera encuesta telemática de carácter eminentemente cuantitativo se planteó un comentario escrito, una encuesta abierta de carácter narrativo en forma de ensayo, en la que se planteaban algunos de los aspectos más importantes de la encuesta cuantitativa. Esta prueba, cuyo objetivo era contar con un test de control realizado por expertos (directores y profesores de escuelas de música) serviría para la aseveración de la coincidencia de resultados y la triangulación de los mismos (2010).

Tercera encuesta (3E)

La tercera encuesta se planteó con el objeto de identificar, hasta qué punto el profesorado de las escuelas de música valencianas actuaba a nivel docente de igual manera que el que imparte docencia en los conservatorios que imparten el nivel elemental de estudios musicales; con este motivo se planteó una encuesta alojada en el servidor de Google 2.0, en la que participaron profesores de conservatorios de las tres provincias, especialmente miembros de los equipos directivos. A la hora de decidir el campo al que dirigir esta prueba, se tuvo en cuenta que fuera proporcional por provincias al porcentaje de encuestas recogidas en la primera consulta. Este formulario estaba conformado con cuestiones idénticas a las de la primera consulta y, por tanto, era una encuesta semiestructurada que proporcionó datos cuantitativos comparables a los obtenidos en la primera (2011).

Cuarta encuesta (4E)

La última encuesta estaba destinada a proporcionar sentido, a obtener datos que explicaran las motivaciones y circunstancias, a los datos cuantitativos obtenidos en la primera consulta. De mayor calado que la segunda encuesta, su objetivo era obtener el porqué, las razones de estos resultados. Se trataba de un cuestionario abierto a desarrollar descriptivamente en forma de ensayo, dado que su objeto era justificar las razones que habían motivado los resultados obtenidos. También utilizamos el servidor de encuestas web 2.0 de Google. Se seleccionó una muestra de escuelas en proporción directa a la participación por provincias en la primera encuesta. La misma, preguntaba al profesorado de escuelas de música, especialmente miembros de los respectivos equipos directivos, los motivos por los que consideraban que se habían obtenido los resultados proporcionados por la primera encuesta. Esta encuesta de carácter cualitativo, tratada como tal, sirvió como base para las conclusiones globales de la investigación, conclusiones coincidentes con las aportadas por la segunda encuesta.

Muestra

1E. Primera encuesta

La población sobre la que planteamos la primera encuesta fue la totalidad de las escuelas de música valencianas dependientes de las sociedades musicales según datos de marzo del año 2010. Se trataba de 224 escuelas y el objetivo era conseguir una muestra significativa que representara el 20% del total. Lo que implicaba una muestra representativa de centros al 99% y con un error de ±0,02. Tras cuatro meses de insistencia en la importancia de los datos que podría aportar este estudio, en julio se cerró la encuesta gracias a la colaboración de la Federación de Sociedades Musicales de la Comunidad Valenciana, tras comprobar que un 20'08% del total de las escuelas de música había participado en la misma, gracias a una casilla que señalaban los directores de los que se obtuvo respuesta. Los datos de población y muestra obtenida fueron los siguientes: participaron 45 directores de escuelas de música de un total de 224 centros. Con todos los datos, es una cifra que rebasa el 20% tanto en porcentaje global, como provincia por provincia, dato requerido para que la muestra fuera significativa.

2E. Segunda encuesta

Dado el carácter cualitativo de la misma, se procedió a la lectura y análisis de las encuestas que cumplían los requisitos apuntados (profesorado con cargo en el equipo directivo de su centro) hasta llegar a la saturación en los datos o generalización en un grupo finito de casos (Hammersle y Atkinson, 2001).

3E. Tercera encuesta

La tercera encuesta se dirigió a los equipos directivos de los conservatorios en los que se imparte el nivel elemental de estudios musicales de las tres provincias, en una búsqueda de aquellas coincidencias mayoritarias con las formas de proceder en el trabajo desarrollado en las escuelas de música. La selección de los conservatorios se hizo de manera proporcional a la muestra recogida en la primera encuesta. Dado que el objetivo de esta tercera encuesta era contrastar si los resultados eran semejantes a los obtenidos en la primera encuesta, una vez alcanzada la cifra suficiente, se cerró la encuesta recogiendo un total de 32 encuestas.

4E. Cuarta encuesta

La última encuesta estaba destinada a una muestra de escuelas de música, y en particular a los equipos directivos de las mismas. Consideramos que la muestra significativa era suficiente con 29 encuestas, dado que las respuestas eran recurrentes y no venían a aportar más criterios de los ya significados.

Instrumentos de recogida de datos

Los instrumentos de recogida de datos fueron servidores telemáticos de encuestas y los resultados de las mismas fueron tratados como con los programas *Microsoft Office Excel 2007* y *SPSS Stadistics 17.0* en el caso de los datos cuantitativos y con *Atlas-ti Cualitativa Dada Analysis 6.2.27* en las dos propuestas cualitativas.

La verdad del asunto

Una investigación va madurando a medida que va avanzando y lo digo porque, tal y como está planteado el apartado anterior, parece que la investigación se planteó inicialmente desde una perspectiva mixta y la verdad es que no fue así; esta investigación era cuantitativa en origen, pero es claro que la vertiente cualitativa aporta mucho más en los estudios educativos y ello quedó claro tras el pobre análisis de los datos de la primera encuesta. Tenía una serie de porcentajes y datos variados que venían a aportar respuesta a las preguntas de la investigación, pero no nos satisfacía suficientemente y esta fue la razón que motivó la segunda parte. Considero que la parte fundamental de esta investigación fueron precisamente las aportaciones de la cuarta encuesta. Esta encuesta estaba diseñada para ser planteada mediante entrevistas informales con el profesorado de las escuelas de música analizadas inicialmente y en un número suficiente. Tampoco se pudo hacer de este modo y la responsable fue una mala caída que me provocó 4 meses de baja por una rotura de tobillo. Las encuestas se realizaron, pero a distancia, y mediante formularios abiertos planteados en la web 2.0.

Descripción y categorización de los datos obtenidos

El capítulo VI aborda la descripción y categorización de los datos obtenidos y la comparación de los resultados. Para ello y desde la perspectiva estadística, se obtuvo la frecuencia, media y rango en todas las categorías procesadas y en aquellas que trabajaban con gradientes se obtuvo la desviación típica y el coeficiente de variación para asegurar una dispersión aceptable en los resultados. También se incluyó la representación gráfica de los datos obtenidos en las encuestas de carácter cuantitativo (E1 y E3) y el mapa conceptual obtenido a partir de los resultados cualitativos (E2 y E4). Las transcripciones completas de las respuestas cualitativas se incluyeron en formato digital en los anexos finales.

A la hora de comparar los resultados se siguió la base proporcionada por la primera encuesta (E1), a la que se añadió la justificación aportada por la cuarta encuesta (E4). También se cruzaron los datos con la tercera encuesta en las cuestiones comparables entre profesorado de escuelas y de conservatorios (E3), y se tuvo en cuenta la segunda encuesta (E2) en las cuestiones generales, dado que la misma se planteó a un grupo de expertos.

Discusión de los resultados

El capítulo VII abordaba la discusión general de resultados y la misma nos condujo a tres problemáticas-resumen, que habían aparecido repetidamente en la mayor parte de las categorías obtenidas: problemáticas económicas, problemáticas educativas y problemáticas de formación del profesorado. Además de analizar el mapa conceptual obtenido de cada una de estas problemáticas, analizamos todos los ítems sobre los que ha incidido cada problemática y justificado las razones argumentadas por los profesores.

En otro apartado se consideraron las convergencias y divergencias observadas para conformar el requisito de triangulación.

Finalmente, analizamos la constatación de los objetivos generales y específicos, de los interrogantes de partida, de las respuestas obtenidas y la confirmación de la hipótesis de partida.

Consideraciones

Del análisis de datos cabe decir que proporcionó una muestra de información muy bien trabada del objeto de estudio. Las encuestas 1 y 3 (cuantitativas) proporcionaban datos que la encuesta 4 (cualitativa) se encargaba de explicar y de ese modo todo era mucho más claro.

Además, el hecho de haber utilizado el programa de análisis cualitativo Atlas.ti nos proporcionó herramientas sumamente útiles. Recordemos que en toda investigación partimos de premisas básicas como diferenciar entre opinión y conclusión. La utilización de sistemas de análisis fundamentados en la secuencia: Cita-Código-Categoría-Grupos o familias-Comentarios, fue decisiva.

Y considerando de gran importancia la consideración de las categorías emergentes, el refinado de categorías o la utilización de los comentarios como una forma de recordatorio de las decisiones tomadas que en el fondo van a marcar los resultados finales de la investigación.

Conclusiones y prospectiva

El capítulo VIII está dedicado a la formulación de las principales aportaciones y conclusiones de la investigación. Para ello analizamos las aportaciones y conclusiones en cada uno de los siguientes apartados:

1. Hemos estudiado la historia de las escuelas de música que dependen de las sociedades musicales de la Comunidad Valenciana y las hemos situado en la realidad del s. XXI.
2. Hemos analizado las incoherencias derivadas de la legislación por la que se rigen las escuelas de música valencianas.
3. Hemos determinado las distintas problemáticas con las que cuentan estos centros que imparten estudios musicales no reglados.
4. Hemos comprobado hasta qué punto, estos centros reproducen los conservatorios en la mayor parte de sus planteamientos.
5. Hemos analizado la realidad docente en este sector educativo, tomando el profesorado como punto de partida para realizar una propuesta de mejora.
6. Hemos definido los criterios que debería contemplar a grandes trazos el

modelo de escuelas de música dependientes de las sociedades musicales de la Comunidad Valenciana. También hemos formulado los argumentos que deberían guiar los proyectos educativos en las escuelas de música.

7. Para terminar, hemos planteado las conclusiones referidas a los interrogantes de partida: función de las escuelas de música, grado de colaboración, formación del profesorado, planteamiento de la tutorización, uso y presencia de las TICs, y propuestas generales para la regulación del nuevo modelo de escuelas de música.

8. Finalmente, hemos confirmado la hipótesis y terminamos con una propuesta para el modelo de escuelas de música de la Comunidad Valenciana y el análisis de las líneas de investigación abiertas tras la presente tesis.

> Las conclusiones de la presente investigación apuntan a la necesidad de tener en consideración una serie de criterios que debería contemplar el modelo de escuelas de música dependientes de las sociedades musicales de la Comunidad Valenciana. Consideramos el proyecto educativo de centro y la reflexión del conjunto de profesores como una de las necesidades que pueden ayudar a la mejora continua en el funcionamiento de las escuelas de música.

Por otra parte, el modelo de proyecto educativo de cada escuela de música deberá ser acorde con la realidad de la sociedad musical en la que se encuentra inmersa y las diferentes agrupaciones vocales y/o instrumentales con las que cuenta, además de las nuevas propuestas que pueda asumir.

Finalmente, apuntar a la necesidad de que estos centros educativos sean entendidos como lo que son y aborden la investigación, la innovación y la formación continua como pautas que aseguren su mejora. No cabe duda que estos planteamientos abrirán las puertas a la investigación acción y a nuevas líneas de investigación educativa sobre estos centros de estudios.

Referencias bibliográficas

Las referencias bibliográficas deben estar planteadas por orden alfabético de autores y en todos los casos han de constituir citas de referencia de la tesis doctoral. Es de gran importancia que solo se utilicen fuentes citadas en la investigación, que se haga respetando la normativa APA y que se recurra siempre, en la medida de lo posible, a las fuentes primarias.

Otros comentarios finales

Resulta imprescindible corroborar que el trabajo se ha realizado mediante la aplicación de criterios de calidad para conseguir una investigación sistemática, congruente y válida, en la que quede clara la ausencia de aberraciones en los procesos o instrumentos (fiabilidad) y la imparcialidad de los investigadores.

La triangulación es una herramienta de gran importancia y al igual que es imprescindible que las encuestas estén validadas por tres especialistas que puedan asegurar que reflejan las preguntas de la investigación, que son pertinentes y que están bien expresadas, debemos intentar la triangulación de fuentes mediante la observación, filmación, entrevista, análisis de materiales... o la triangulación de informantes con profesorado, alumnado, equipos de profesores (focus group), equipos directivos, padres... También la triangulación de observadores por la importancia de contar con distintas interpretaciones.

Al igual que hablamos de triangulación en distintas etapas, resulta de gran importancia la lectura del trabajo una vez terminado por personas de la especialidad e incluso por otros especialistas que puedan revisar los apartados de ortografía y expresión. Tengamos en cuenta que el síndrome de Burnout (Burn-Out o efectos del estrés prolongado) en la primera etapa y la confianza/dejadez en las últimas etapas, siempre estará presente y por ello nunca deberemos desestimar la posibilidad de miradas complementarias.

Finalmente apuntar, que aunque nos preocupe mucho cerrar el título de la investigación, este no se verá aclarado hasta que casi no esté terminada, ya que debe reflejar de la mejor manera posible el trabajo realizado. Por tanto, tranquilidad, que poco a poco se irá perfilando,

Lecturas recomendadas

Díaz, M.; Bresler, L.; Giráldez, A.; Ibarretxe, G. y Malbran, S. (2006). *Introducción a la investigación en Educación Musical.* Madrid: Enclave Creativa.

Díaz, M. (2010). Metodologías y líneas actuales de investigación en torno a la enseñanza y el aprendizaje musical en Educación Secundaria. ¿Podemos formarnos para ser investigadores? A. Giráldez (coord.) *Música, investigación, innovación y buenas prácticas.* Colección: Formación del Profesorado. Educación Secundaria. 13, III. Barcelona: Graó.

Díaz, M. y Giráldez, A. (coords) (2013). *Investigación cualitativa en educación musical.* Barcelona: Graó.

Eco, U. (2001). *Cómo se hace una tesis.* Barcelona: Gedisa.

Hammersley, M. y Atkinson, P. (2001). *Métodos de investigación.* Barcelona: Paidós.

Morant, R. (2013). *Perspectivas docentes de las escuelas de música de las sociedades musicales valencianas: historia, presente y futuro.* Tesis doctoral. Universitat Jaume I de Castelló. Recuperado de https://www.educacion.gob.es/teseo/.

Morant, R. (2013). Planteamientos de educación formal en enseñanzas no regladas de música: las Escuelas de Música de las Sociedades Musicales Valencianas. *Revista Electrónica de LEEME (Lista Europea Electrónica de Música en la Educación)* Number 31 (June, 2013), pp. 79-106. Recuperado de http://musica.rediris.es/leeme/revista/morant13.pdf.

Morant, R. (2014). *Las escuelas de música de las sociedades musicales valencianas.* Centro de Estudios de la Federación de Sociedades Musicales de la Comunidad Valenciana. Valencia: FSMCV.

Odena, O. (2015). La investigación en educación musical dentro de las ciencias sociales. *Revista Electrónica Complutense de Investigación en Educación Musical,* 12, 1-10. Recuperado de file:///C:/Users/Usuario/Downloads/49141-93838-1-PB.pdf

Rusinek, G. (2006). Investigar en educación musical. En *Doce notas.* 53, 12–13. Recuperado de http://www.academia.edu/5899090/Rusinek_G._2006_._Investigar_en_educaci%C3%B3n_musical._Doce_Notas_53_12-13.

POLÍTICAS EDUCATIVAS

Cerrar un círculo: Una razón más para embarcarse en la elaboración de una tesis doctoral

Baikune de Alba Eguiluz

Universidad del País Vasco

baikune.dealba@ehu.eus

Las Escuelas de Música del País Vasco: Análisis de una realidad educativa. Universidad del País Vasco, España, 2015

Resumen de la Tesis

Las escuelas de música tienen una prolongada trayectoria en el País Vasco, donde comenzaron su andadura en el curso 1992–1993, a raíz de la entrada en vigor de la Ley de Ordenación del Sistema Educativo, LOGSE. Estos centros, de larga tradición en Europa pero novedosos en su momento en el sistema educativo español, tienen como objetivo principal posibilitar el acercamiento vocacional a la educación musical, fundamentalmente desde la práctica instrumental o vocal, haciéndola accesible a personas de cualquier edad. Son centros, además, que, desde el ámbito de la educación no formal, y desde el marco del municipio, asumen la identidad cultural de su entorno, llegando a convertirse en focos de dinamización cultural del mismo. El objetivo de la tesis es conocer cuáles son las principales características de las escuelas de música del País Vasco, en cuanto a la oferta que realizan, a quién va dirigida, las características del profesorado, y la interacción con su entorno (educativo, social y cultural), para lo cual se lleva a cabo un análisis de estos centros mediante el sistema DAFO. A través de la introspección en la propia organización y del examen del entorno, se identifican las fortalezas y debilidades de este modelo educativo, así como las oportunidades y amenazas que pudieran influir en su desarrollo. Los resultados obtenidos permiten disponer de una visión detallada de la realidad de estos centros educativos, tanto desde el punto de vista interno como de elementos o situaciones influenciadas por el contexto en que se encuentran.

***

Mi trayectoria personal

El proceso de realización de la tesis doctoral es, generalmente, un proceso arduo y prolongado en el tiempo, en ocasiones con periodos inevitables de intermitencia. En mi caso, no se dio esta situación y pude dar continuidad al estudio en el tema elegido: las escuelas de música.

Soy docente en educación musical. Mi primer contacto con la enseñanza de la música comenzó en el año 1986, como profesora en una escuela de música. En realidad se trataba de un conservatorio en un municipio del área metropolitana de Bilbao, ya que en aquella época las escuelas de música, tal como se conocen ahora, no existían todavía, y prácticamente el único modo de entrar en contacto con la música, de aprender a tocar un instrumento, era asistir a un conservatorio. En cualquier caso, fue una etapa que recuerdo con mucho cariño, y que me permitió sentirme parte del engranaje del sistema educativo.

El alumnado al que atendía en esos primeros años fue muy heterogéneo, ya que al conservatorio acudían tanto niños y niñas en edad escolar como personas adultas. En unos y otros su interés como alumnos respondía mayoritariamente a la posibilidad de llevar a cabo una actividad gratificante para ellos, si bien la formación que se ofertaba estaba enfocada a la obtención de un título profesional, sin tener en cuenta otras posibles formas de acercamiento a la música. Además, cada vez se recibían más solicitudes de familias que deseaban una iniciación musical temprana para sus hijos, lo que era un indicador de que el abanico de posibles destinatarios de educación musical necesitaba ser ampliado. Lo que ocurría en el centro donde yo trabajaba era representativo de la situación de otros conservatorios municipales en el País Vasco, y en general, en todo el Estado. Efectivamente, hacia comienzos de los años noventa el número de alumnos en los conservatorios era elevadísimo, y el fin que perseguían muchos de ellos no concordaba con las finalidades formativas de estos centros. Se estaba gestando una reforma global del sistema educativo, que dio lugar en el año 1990 a la Ley de Ordenación General del Sistema Educativo, conocida como LOGSE, y que trajo cambios de calado en la enseñanza de la música tanto en la educación general como en la especializada, con la creación de las escuelas de música.

Fue un principio muy ilusionante y complicado a la vez. Los docentes de estos centros teníamos muchas ganas de trabajar en este proyecto, pero muchos de nosotros no sabíamos cómo empezar, cómo abordar esta nueva etapa, pues sentíamos que nos requería una especial atención en la forma de enfocar el proceso de aprendizaje, para adaptarlo a las características e intereses del alumnado. Queríamos hacerlo muy bien y necesitábamos apoyo y orientación. El Departamento de Educación del Gobierno Vasco hizo una apuesta muy fuerte por las escuelas de música, y junto con la Universidad del País Vasco, a través del Departamento de Didáctica de la Expresión Musical, Plástica y Corporal, se ofrecieron programas formativos para el profesorado de estos centros. Estos programas se extendieron durante algunos años, y estaban orientados tanto hacia aspectos docentes como organizativos. Y aquí tuve el primer contacto con quien después ha sido la directora de mi tesis doctoral, la Dra. Maravillas Díaz, a la sazón responsable e impulsora de este programa de formación y orientación para las escuelas de música. Su trabajo al frente de este programa nos facilitó la tarea de enfrentarnos al reto que se nos planteaba, y que, como se ha comprobado después, dio sus frutos en los años posteriores.

Después de una etapa sumamente enriquecedora como profesora en la escuela de música, en el año 2011 empecé a trabajar en la universidad, en la Escuela Universitaria de Magisterio, como profesora en el área de música, una nueva etapa profesional muy enriquecedora y motivadora.

Iniciar la tesis doctoral

El trabajo en la universidad, y en especial el que estaba realizando en el campo de la formación del profesorado, me hacía sentir que yo misma necesitaba una formación más amplia en investigación. El hecho de querer realizar mi trabajo lo mejor posible, con herramientas suficientes para poder orientar al alumnado en sus requerimientos, se convirtió en el aliciente para tomar la decisión de iniciar la tesis doctoral, un paso que medité mucho, por la dedicación que implica un trabajo de estas características. Aunque mis circunstancias personales no eran las mismas que al comienzo de mi vida laboral, el deseo de crecer personal y profesionalmente, y sobre todo, el apoyo de mi familia me impulsaron a afrontar este reto.

El proceso de inmersión en la elaboración de la tesis doctoral comenzó con la realización del Master en Psicodidáctica, en mi caso la primera toma de contacto con las bases de la investigación. Aquí empecé a ser consciente de lo que significa investigar, de la importancia de realizar un trabajo concienzudo desde la honradez como investigadora, de la necesidad de transmitir los resultados de la investigación, y por ello, de la importancia de adquirir una rutina de escribir. Así, el trabajo de fin de Master se convirtió en el primer paso en este nuevo camino que emprendía, proporcionándome el primer contacto con las metodologías de investigación, con la realización del trabajo de campo, y con el tratamiento de los datos. Me aportó las destrezas necesarias para poder afrontar un trabajo del calibre de una tesis doctoral y fue su punto de inicio, a partir del cual se fue centrando la temática de la investigación, las escuelas de música del País Vasco. Además gracias a este trabajo, volví a reencontrarme con la Dra. Díaz, que me animó a considerar la posibilidad de indagar en la situación actual de estos centros. Había preguntas que responder sobre ellos: ¿qué había ocurrido desde sus inicios hasta ahora? ¿Cómo habían evolucionado? ¿Seguía siendo válido el modelo de escuela de música después de los cambios experimentados por la sociedad actual? Su gran conocimiento del tema, y sobre todo la orientación recibida en todos y cada uno de los momentos y ámbitos del proceso, han sido determinantes para llevar a buen puerto el trabajo de la tesis.

Comienzo a trabajar

Centrar el tema de la investigación fue importante, y una vez superado este primer paso necesitaba vencer la sensación de incertidumbre y nerviosismo que surge al afrontar un reto de estas dimensiones. Así que prácticamente sin descanso, me sumergí en la tarea de concretar los pasos que tendría que dar en a lo largo de la elaboración de la tesis: estudiar los antecedentes y estado de la cuestión, identificar el objetivo de la investigación y presentar el problema, a través de hipótesis o interrogantes, seleccionar la metodología a seguir para obtener los datos necesarios e interpretar los resultados.

La realización del trabajo de Fin de Máster supuso dedicarle una importante cantidad de tiempo, nada comparable, como pude comprobar después, a la intensidad y continuidad en el trabajo que requiere el desarrollo de la tesis. Para construir el marco teórico sobre el que se fundamentaría la investigación fueron necesarias horas y horas de exploración en las bases de datos y posterior lectura y selección del material. Para poder llevar a cabo la revisión de la literatura de investigación, delimitar adecuadamente el campo de la búsqueda es importante, pero también lo es conocer los servicios que la biblioteca de la universidad ofrece de cara a acceder a la información que necesitamos (solicitud de libros o artículos de revistas no suscritas). Dependiendo del tipo de trabajo que estemos realizando, otras bibliotecas también pueden sernos de utilidad para obtener información. En mi caso, al hacer referencia a normas y proyectos llevados a cabo por la administración vasca, la biblioteca del Departamento de Educación del Gobierno Vasco me surtió de datos muy valiosos para la tesis. La búsqueda fue intensa y muy provechosa, ya que la lectura de artículos y libros me proporcionó información no solo del tema que me interesaba. También me ha servido para conocer otras investigaciones derivadas o relacionadas con ella.

Manejar un volumen tan grande de información hace que desde el principio sea imprescindible clasificarla de acuerdo a códigos que sean significativos para cada investigador, algo de lo que se es consciente cuando el número de iconos de artículos de revistas en la vista de la pantalla del ordenador empieza a ser inabarcable. También me gustaría señalar en lo que se refiere a esta etapa del trabajo, que, una vez finalizada la tesis, he sido más consciente, si cabe, de la importancia de redactar un buen resumen en los artículos: es el primer contacto que el investigador tiene con el contenido del mismo y lo que hará que lo seleccionemos o rechacemos en función de nuestro objetivo.

La metodología:
El sistema DAFO como instrumento de análisis

El objetivo de la investigación era conocer cómo había transcurrido el recorrido de las escuelas de música durante estos últimos años. Queríamos constatar si se habían estabilizado como una opción más en la oferta de educación musical, gracias su papel como difusores de la música y de las tradiciones musicales de su entorno y a su potencial para ofrecer formación musical a todo tipo de personas interesadas en disfrutar de la música. El estudio realizado se enmarca metodológicamente en un contexto empírico-analítico, de tipo descriptivo, de carácter eminentemente cualitativo, y utiliza el sistema DAFO como herramienta de análisis.

Después de valorar otras opciones decidimos aplicar el modelo DAFO, surgido en el mundo de la empresa, y aplicada con éxito también en otros campos, entre ellos el de la educación. Se basa en examinar las características de la organización y sus aspectos internos junto con las circunstancias del entorno, en base a que el contexto en el que se encuentran las organizaciones es un factor que tiene influencia en su configuración y desarrollo. En nuestro caso interesaba conocer las características de las escuelas de música y cómo habían respondido a las demandas de la sociedad, teniendo en cuenta el papel que hayan podido desempeñar en su desarrollo otros factores externos a los centros.

Otra de los factores a favor de utilizar esta herramienta era la forma de recopilar la información, ya que además de trabajar con datos relativos a número de profesores, alumnado, se han mantenido entrevistas con los responsables de los centros para obtener información sobre otros aspectos que puedan reflejar la evolución y la situación actual de las escuelas de música. Para construir la entrevista y decidir qué aspectos eran determinantes y relevantes de cara al DAFO, se contó con la colaboración de expertos en este campo, tanto a nivel nacional como europeo.

Uno de los puntos importantes en el estudio era el tamaño de la muestra, y decidimos que para obtener resultados significativos debería contemplar a todas las escuelas de música registradas en el Departamento de Educación. Con todo ello empecé a organizar la manera de contactar con los participantes y la mejor forma fue hacerlo a través de la Asociación de Escuelas de Música del País Vasco. Esta Asociación es una organización que representa los intereses de estos centros, actuando como nexo entre ellos. Para canalizar estas relaciones y la información que pudiera ser de interés para las escuelas de música, se articulan varias reuniones con los responsables de los centros, por zonas geográficas, a lo largo del curso escolar. Cuando planteé el estudio que estaba llevando a cabo me ofrecieron la posibilidad de presentarlo en estas reuniones, por lo que el posterior contacto personal con los informantes fue mucho más fácil.

Así empecé a definir mi calendario y hoja de ruta para poder desplazarme a cada centro para mantener en persona la entrevista que me daría la información necesaria de cada escuela de música. Esta parte del trabajo despertó en mí sensaciones contradictorias. Aun hoy en día, mi primera reacción es pensar que el proceso fue agotador: muchos kilómetros en la carretera, ya que la respuesta recibida cuando solicité la colaboración fue muy amplia (participaron un 67% de los centros registrados) y mucho cansancio acumulado, del que era difícil recuperarse puesto que seguía trabajando. Pero por otra parte estoy inmensamente agradecida a los participantes, por su fantástica predisposición a colaborar y por su hospitalidad, y a las personas de mi entorno más cercano, familia, amigos y compañeros, que me sostuvieron tanto física como anímicamente en esta etapa del trabajo.

Hacia la última fase: Organizar e interpretar la informacion

El esfuerzo realizado para obtener los datos del estudio tiene que canalizarse y transformarse en una cuidadosa dedicación para procesar la información conseguida. Toda la información recibida de las escuelas de música la volcaba en una base de datos inmediatamente después de las entrevistas. Además, mientras entrevistaba a los colaboradores, tomaba nota de los aspectos más importantes, que utilizaría posteriormente como guía al volver a escuchar los archivos de audio. Mi obsesión en aquellos momentos era guardar y custodiar bien las grabaciones, haciendo cada semana una copia de seguridad.

Ahora era el turno del trabajo más mecánico, pero el que debía realizar con más cuidado. Era necesario clasificar los resultados para su estudio y realizar el DAFO, para lo que se requería un trabajo minucioso que permitiera explorar todas las opciones posibles. Es imprescindible la paciencia para escuchar de nuevo las entrevistas, y los resúmenes realizados me sirvieron de guía a la hora de transcribir los datos relevantes.

En esta etapa tuve momentos de desaliento y desmayo, pues pensaba que el trabajo no se acabaría nunca. Tenía la sensación de que el tiempo que le dedicaba nunca era suficiente para terminar, y se iba en realizar tablas y gráficos. Afortunadamente, gracias a los ánimos de mi directora de tesis, que siempre ha escuchado mis inquietudes y preocupaciones, fui capaz de cambiar la perspectiva y coger fuerzas para el sprint final.

Según iba explorando los resultados surgían posibles interpretaciones o aspectos a tener en cuenta en las conclusiones finales, de los cuales es conveniente tomar nota para no olvidarlas. Son como pequeñas lucecitas, pequeños flashes, que no hay que desdeñar, pues quizá puedan ser relevantes en otro momento. Por otra parte, es necesario que este proceso lleve un tiempo, el necesario para ayudar a interpretar toda la información recopilada, comprobar si se ha respondido a los objetivos y preguntas de investigación que se planteaban en el estudio, y recapitular con unas conclusiones que sean de interés para la investigación y el colofón del trabajo realizado.

Y, por fin, terminas. Un día la directora de la tesis considera que puede presentarse para su defensa. Solo era necesario dar los últimos retoques: dejar el texto listo para la imprenta, decidir el formato externo y preparar la exposición oral. Esto llevó también una dosis de tiempo y preocupación mayor de lo que pensaba, pero creo que conseguí salir airosa de este pequeño escollo. Solo quedaba la presentación ante el tribunal.

Desde mi perspectiva actual, la tesis termina cuando la defiendes. Para mí fue el día más importante en muchos sentidos. Me sentía muy bien, y exceptuando el nerviosismo de los tres primeros minutos de exposición, todo salió como lo había imaginado, como tantas veces lo había repasado mentalmente. Mi familia acudió al acto público de defensa. Me gustó que me vieran ante el tribunal defendiendo mi trabajo, un tema que dominaba y para el que me había preparado tanto. Creo que se lo debía, sobre todo a mis hijos, ya que una gran parte del tiempo dedicado a la tesis era tiempo que ellos generosamente me habían cedido.

Fin de trayecto

Indudablemente la realización de la tesis ha supuesto un cambio en muchos aspectos de mi vida. Por desconocimiento del tema tenía un poco idealizada la posición del investigador, identificándolo con la realización de un trabajo puramente intelectual. Después de haber pasado por el proceso que conlleva una tesis, me encuentro con la confianza suficiente para afrontar cualquier reto. Me ha mostrado mi capacidad de trabajo, me ha facilitado los procesos para organizar información, me ha dado claridad de pensamiento, y también, y no menos importante, me ha ayudado a valorar el trabajo de otros investigadores.

En el plano personal, este trabajo ha posibilitado los encuentros con las personas responsables de las escuelas de música, que han sido muy gratificantes, y me ha dado la oportunidad de valorar el trabajo realizado en los centros y de comprobar que las escuelas de música tienen mucho futuro por delante. Ha sido una bonita forma de cerrar una etapa en mi vida profesional.

También he de decir que culminar este proyecto ha sido posible gracias al apoyo que he recibido, fundamentalmente de mi familia. El día solo tiene veinticuatro horas y durante todo el proceso de elaboración de la tesis he sobrevivido gracias a ellos, que han hecho todo lo posible para que yo estuviera lo más concentrada posible en el trabajo. Todos los elementos de la vida cotidiana se han quedado en un segundo plano (o un tercero, a veces).

En el camino recorrido ha habido buenos y malos momentos, éstos ya casi olvidados, y si he de nombrar alguno de ellos diría que lo peor ha sido el esfuerzo físico y mental que suponen las horas de trabajo mecánico, completando y revisando tablas y gráficos, conseguido a base de minimizar los momentos de ocio y reducir las horas de sueño.

Sin embargo, creo que no cambiaría nada, salvo poder conseguir un estado serenidad y sosiego personal para afrontar algunas partes del proceso de una manera más reposada. La experiencia me lleva a reafirmarme en la importancia de tres puntos: una organización impecable en todos los sentidos (tiempo, material que se va a utilizar, datos obtenidos…); definir el formato gráfico del trabajo, aspecto que como hizo mi directora de tesis, recomiendo tenerlo en cuenta desde los primeros momentos; y finalmente poder contar con apoyo externo, sobre todo en el plano anímico, ya sea familia o amigos que puedan escucharnos cuando lo necesitemos.

Referencias sobre la investigación realizada

De Alba, B. (2016). Estrategias didácticas en el aula de música como elemento de conexión escuela de música-entorno urbano. *Quaderns de Didàctica Artística, 4,* 28–35.

Doze anos depois: Reflexões sobre uma tese de doutoramento em avaliação no ensino das artes visuais

Teresa Torres de Eça

Universidade do Porto

teresatorreseca@gmail.com

Developing a new conceptual framework for pre-university art examinations in Portugal.
School of Education Studies, University of Surrey Roehampton, UK, 2004

Resumo da Tese

A tese de doutoramento incidiu sobre a avaliação nas disciplinas de artes visuais, sobretudo do desenho nos exames de final de curso do ensino secundário (idades 17/18 anos). O estudo de investigação decorreu entre 2000 e 2004 sob a orientação de dois investigadores: John Steers, da área das artes visuais e antigo presidente da International Society for Education though Art – InSEA, e Cyril Weir, da área da Avaliação. O estudo iniciava com perguntas de partida sobre instrumentos de avaliação válidos para as artes visuais no final do ensino secundário, apresentava uma extensa revisão da literatura que incluía para além de textos sobre educação e avaliação; autores chave sobre curriculum e avaliação nas artes visuais, criatividade e portefólio como avaliação de processo e de produto. Na primeira parte o estudo incidia sobre modelos de exames externos em artes visuais em vários países e incluía uma pesquisa bastante exaustiva do caso da Inglaterra e de Portugal no final do século vinte recorrendo a fontes primárias e secundárias (documentos curriculares e documentos de agências de avaliação externa, relatórios oficiais). Nesses dois países foram realizadas entrevistas a uma amostra de professores, examinadores; foram feitas observações de treino de examinadores em Inglaterra, e aplicados questionários para professores em Portugal. Essa primeira parte do estudo demorou dois anos a realizar e culminou com a criação de um quadro conceptual para a avaliação em artes visuais, que serviu para a realização de um novo modelo de avaliação baseado em portefólio de processo para os alunos das artes visuais, na segunda parte da investigação. O modelo criado integrava um guião para professores e alunos sobre o portefólio de processo e sugestões para os examinadores trabalharem em grupo de modo a obterem um grau consensual sobre a interpretação de critérios de avaliação. O modelo foi testado numa escola em Portugal, melhorado e re-testado para uma segunda aplicação em várias escolas portuguesas. A nível metodológico a investigação seguiu um modelo híbrido combinando metodologias quantitativas e qualitativas tendo sempre em conta questões éticas que desde o início foram muito importantes. Recorreu-se a análise documental e estatística descritiva para analisar dados dos vários questionários que foram administrados durante a investigação em Portugal; análise de conteúdo para tratar os resultados de entrevistas e de observação. E, finalmente utilizou-se um programa específico de tratamento dos dados obtidos na aplicação do novo modelo de avaliação: FACETS (unidimensional many-facets Rasch measurement), que media o grau de validade e de fiabilidade dos instrumentos a partir de iterações geradas por computador depois de introduzidos os resultados das classificações por aluno; avaliador, escola, pergunta, item, etc. e automaticamente criava diagramas e tabelas para os dados serem mais facilmente interpretados. As conclusões da investigação apontaram para a eficácia do modelo em termos de validade, fiabilidade e impacto da avaliação. A tese terminou com uma série de sugestões para a avaliação dos trabalhos dos alunos nas disciplinas das artes visuais dirigidas a vários utilizadores (construtores de currículo, autores de exames e professores).

***

Relato

Este capítulo apresenta algumas reflexões pessoais sobre a tese de doutoramento realizada entre 2000–2004 em School of Education Studies, University of Surrey Roehampton, University of Surrey, na Inglaterra, com o título: Um novo modelo conceptual para os exames de artes visuais em Portugal a nível pré-universitário. São tecidas considerações sobre a escolha do tema e da metodologia de investigação, salientando problemas encontrados e experiências vividas numa descrição do percurso da investigação que pretende ser de alguma utilidade para doutorandos.

No final dos anos noventa eu estava muito interessada no tema da avaliação dos trabalhos artísticos dos estudantes. Como aluna e como professora sempre senti muita dificuldade nessa área, tanto na construção dos instrumentos de avaliação como no processo de avaliação. Nas artes existe uma tendência geral para pensar que a avaliação é subjetiva e carece de rigor. Sempre senti que por causa disso o sistema de ensino tende a reduzir o objeto de avaliação a conhecimentos muito pouco relevantes, apenas aos conhecimentos e capacidades que são facilmente mensuráveis por testes de escolha múltipla ou de verdadeiro ou falso.

Para fazer a investigação precisava de tempo e de suporte financeiro e, por isso no segundo ano da investigação resolvi concorrer a uma bolsa de investigação ao mesmo tempo que pedia uma licença no Ministério da educação de Portugal, onde era funcionária, para poder dedicar-me a cem por cento ao estudo. Tive a sorte de ter sido seccionada pela Fundação para a Ciência e Tecnologia (FCT), a organização Portuguesa de apoio à ciência e à investigação, para uma bolsa remunerada de quatro anos e obtive a licença do Ministério da Educação para três anos sem lecionar. Tinha as condições reunidas para executar o estudo e não podia falhar, pois a bolsa da FCT e licença do ministério implicavam a consecução dos objetivos no prazo previsto. Creio que, na altura, aquele tema estava na lista das prioridades do ensino e os membros do comité de seleção acreditaram que a minha proposta tinha bases sólidas para ter alguma utilidade para o país. O apoio fez-me sentir confiante, mas implicava uma grande responsabilidade. Não só tinha de conseguir terminar no prazo como também tinha que mudar alguma coisa com o meu estudo, por pequena que fosse sentia que deveria retribuir de algum modo. Durante a investigação foram muitas as fases de desespero e de desilusão, por vezes pensava que nada daquilo que eu estava testando interessava aos professores ou ao organismo que criava os exames de artes visuais, sentia-me muito sozinha perante a estranheza dos profissionais que olhavam para as hipóteses de mudança que eu apresentava com muita desconfiança. Hoje, doze anos depois da conclusão do estudo acredito que consegui criar algumas questões nas rotinas da avaliação de alguns professores, consegui mudar algumas praticas e sobretudo consegui criar uma rede de profissionais interessados em trabalhar estas questões. Penso que desta forma retribui o apoio que me foi dado.

    A escolha da universidade teve mais a ver com o orientador e com o programa de doutoramento. Tinha terminado o mestrado em Roehampton em 1999 e conhecia bem o staff das artes visuais no departamento da educação artística da Universidade de Surrey-Roehampton como então se chamava, sabia que teria aí um grupo de discussão multicultural com colegas de vários lugares do mundo num ambiente informal. Sabia que John Steers era professor orientador do departamento e não hesitei em pedir-lhe para ser diretor da minha tese. Para mim John Steers era um modelo teórico a seguir, tinha-o conhecido porque leccionara uma disciplina de Teoria curricular durante o meu mestrado e tinha lido os seus livros e artigos sobre currículo das artes visuais e sobre avaliação nessa área, sentia-me também identificada com ele porque ambos acreditávamos na educação pela arte e no papel das associações e sociedades para criar espaços de diálogo e de intercâmbio profissional. Creio que a escolha do orientador ou orientadora é um fator crucial para o sucesso do doutoramento, o orientador mais do que um diretor, ou supervisor como às vezes lhes chamam é um amigo que aceita caminhar connosco durante um certo percurso. Como orientadora dou ainda mais valor às estratégias do John que depois integrei na minha pratica de orientação de doutorandos e pós-doutorandos. O orientador, por vezes fica na sombra mas está lá com a sua sabedoria, o seu sentido de oportunidade, sempre pronto para nos ajudar a refazer as questões que nos inquietam, a mostrar caminhos possíveis sem escolher por nós. Por vezes caminha ao nosso lado, partilha vivências connosco, partilha crenças, opiniões, indagações sem nunca influenciar as nossas escolhas. A escolha do co-orientador teve uma outra lógica, necessitava de um investigador que me ajudasse na área da avaliação mais geral, do âmbito dos testes, das medições e da construção de exames a nível internacional, calhou que Cyril Weir estava na altura a trabalhar em Roehampton e no seu centro de investigação tive a oportunidade de conhecer estudiosos ligados à avaliação na área das línguas e dos famosos testes internacionais de proficiência no Inglês. Com eles aprendi muito, sobretudo aprendi a confiar na validade dos instrumentos considerados mais subjetivos e na necessidade de avaliar os conhecimentos e capacidades mais dificilmente mensuráveis.

A universidade ofereceu-me dois lugares de construção de conhecimento incríveis: o centro de investigação em 'Art Education Research' liderado por Rachel Mason, uma investigadora que na altura rompia o caminho para a investigação narrativa na educação artística e o centro 'Language and Testing' liderado por Cyril Weir, os dois centros foram muito importantes para discutir ideias e ouvir relatos do que cada um andava a investigar. A par desses dois centros de investigação a universidade oferecia com frequência pequenos cursos, palestras e seminários sobre metodologias de investigação, isso também foi uma das razões porque escolhi Roehampton. Pensando agora em retrospetiva, creio que naquela época a universidade respondia às minhas necessidades, que embora eu não tivesse plena consciência delas, se foram revelando à medida que a investigação avançava e participava na diversidade de eventos oferecidos despoletando aprendizagens que muito me ajudaram no percurso do doutoramento.

Desde o inicio que tinha decidido o tema da investigação, era um assunto que eu acreditava ser necessário investigar, as grandes questões nunca partiram do que investigar mas de como investigar. À medida que ia aprofundando a literatura ia definindo o tópico, afunilando as buscas, por vezes afastava-me um pouco, seguindo a deriva das leituras, deixando-me levar por uma curiosidade enorme à medida que descobria outros tópicos mais ou menos relacionados que me poderiam levar para caminhos totalmente diferentes, ia construindo uma cartografia de procuras, de encruzilhadas, nunca lineares, sempre intrincadas e a cada cruzamento tinha que tomar decisões, deixando muitas vezes para depois da tese assuntos que tinham emergido mas que não teria tempo de os aprofundar.

Comecei com a vontade de investigar instrumentos de avaliação, de questionar maneiras de avaliar em artes conhecidas e de descobrir outras formas que ainda não conhecia noutros países, pouco a pouco fui compreendendo que não me interessava a comparação entre países, pois não poderia replicar modelos, nem copiar soluções de outros contextos, teria de criar algo para o contexto específico onde queria atuar respeitando as suas caraterísticas e tentando compreender as suas culturas e *modos operandi* e assim surgiram sub-temas que me indicavam questões a seguir, buscas a fazer e situações a inquirir. Depois da revisão da literatura e dos resultados dos primeiros inquéritos feitos a professores em Portugal a necessidade de criar um novo modelo conceptual e a sua implementação no meu país surgiu cada vez mais forte no tema da tese.

A primeira proposta de tese que escrevi não foi aceite. Foi-me comunicado que o método que tinha escolhido (investigação qualitativa-estudo de caso) não fora considerado adequado para um nível de doutoramento pelo juri de professores que avaliaram as propostas naquela banca de seleção. Refiz a proposta, modificando o método para uma combinação quantitativa/qualitativa integrando a coleção de dados sobre perceções dos professores a partir de questionários a um escala nacional. Depois dessa revisão metodológica a proposta de tese foi aceite.

A questão da metodologia de investigação naquela época e naquele lugar não tinha muitas possibilidades de escolha: a investigação narrativa estava apenas a emergir; ainda não se conheciam textos validados sobre investigação baseada nas artes, embora se utilizassem muitos dados visuais, por exemplo na antropologia e nas investigações etnográficas. Nas minhas primeiras decisões inclinei-me para a 'grounded theory' e o estudo de casos porque pretendia basear toda a investigação no terreno, ou seja fazer teoria a partir da praxis: analisar dados recolhidos em entrevistas e observações, cruzá-los com a análise de documentos e de observação de situações reais. Para mim parecia-me um bom plano, mesmo sabendo que os resultados nunca poderiam ser generalizados. Interessava-me, como ainda hoje me interessa, uma investigação com impacto local, pontual e em rede, capaz de despoletar desejo de mudança nos seus participantes e capaz de produzir meios para uma mudança vinda a partir dos profissionais que estão na base das decisões curriculares. Mas compreendi que dada a amplitude do tema que tinha proposto, o júri pensasse que deveria caminhar com o apoio de metodologias diferentes. Não era difícil adaptar a proposta a uma metodologia híbrida. Para além disso quanto mais tipos diferentes de dados tivesse mais interessante seria a triangulação (Miles & Huberman, 1994, 253–4). No entanto senti que integrar dados estatísticos provenientes de questionários iria exigir de mim um maior conhecimento nessa área, frequentei um curso na universidade sobre o programa de análise estatística SPSS. Mais do que o conhecimento pratico o que me trouxe esse curso foi uma visão diferente do mundo da estatística e das bases de dados, no curso conheci investigadores ligados aos Direitos Humanos, ao anti-escravatura, a teorias pós-colonialistas e isso abriu-me bastante os horizontes e creio que influenciou o modo transdisciplinar como hoje investigo e oriento investigações.

A variedade de dados que fui coligindo ao longo da investigação induziu-me direções metodológicas surpreendentes, os dados estatísticos dos resultados do instrumentos de avaliação que testei (portefólio de processo) exigiram que procurasse meios para os analisar e sobretudo pessoas que me ajudassem a dominar esses meios, como foi o caso do FACETS (unidimensional many-facets Rasch measurement). Desse período ficou-me uma aprendizagem global, a consciência de que o trabalho em equipe transdisciplinar é fundamental.

Integrando a metodologia na tradição da investigação qualitativa abriu-me muitas possibilidades de pesquisa, seguindo as palavras de Creswell (1998: 15) queria construir um estudo holístico analisando textos, declarações, relatórios detalhados, etc. no contexto real onde o fenómeno se inscrevia: escolas, vidas de professores e de estudantes. Eu acreditava que poderia explorar o problema inicialmente identificado de um modo exaustivo- validade no sistema de avaliação de trabalhos de estudantes de artes visuais. Claro que no final me dei conta que por mais sistemáticos, obcecados e meticulosos que possamos ser, o nosso estudo é apenas uma história possível, muitas outras poderiam ser construidas e isso não é um problema, mas sim uma das riquezas do conhecimento humano. A investigação, sobretudo no campo da educação, é um tatear, uma procura de múltiplas verdades que no seu todo podem ajudar a melhorar a teoria e a pratica.

A escolha de uma metodologia híbrida deu-me uma grande liberdade de recolha de dados, mas ao mesmo tempo consumiu muito tempo, sobretudo nas entrevistas que fiz a professores em Inglaterra e Portugal. É preciso dizer aqui, que não tinha a mínima competência para fazer entrevistas, e o que li nos relacionado com entrevistas nos textos sobre métodos não me ajudou muito. Tive que aprender fazendo. O propósito das entrevistas era a compreensão das praticas dos professores de artes visuais e do modo como eles viam a avaliação. Criar um guião de entrevistas com perguntas semi-estruturadas foi o primeiro passo, mas não o factor mais importante. Como investigadora queria dar voz aos participantes, dar-lhes oportunidades para contarem as suas histórias. O guião teve que ser bastante aberto para deixar espaço para os participantes construirem e reconstruirem as suas histórias pessoais e socio-culturais (Stewart, 1996). Os primeiros contactos com os participantes das entrevistas foram terrivelmente duros, a relação entrevistadora-entrevistado nem sempre foi confortável. Dei-me conta de como era difícil conduzir entrevistas, tomar notas e ao mesmo tempo fazer a gravação com um pequeno gravador portátil, analógico, depressa entendi que teria que ter cuidado com o local em termos de som e de espaço e que não deveria seguir rigidamente o guião, mesmo que, depois tivesse muitas horas de trabalho para transcrever as gravações e selecionar os fragmentos relevantes. Era preferível deixar a conversa fluir, escutar o outro sem interferir. Compreendi que uma das melhores qualidades do investigador é a de ser um ouvinte isento e atento.

A minha formação artística dava-me uma ferramenta essencial: o conseguir planear, prever, antecipar, rever e adaptar planos com flexibilidade. Tinha um horário de trabalho diário, elaborava calendários com marcas importantes tanto para as atividades de recolha de dados como para a escrita. A escrita acompanhou o trabalho de campo, escrevia e rescrevia os capítulos da tese e procurava com tempo o feedback dos orientadores. Esse feedback foi essencial para prosseguir. Os rascunhos da tese eram cuidadosamente anotados pelos orientadores, nas margens, a lápis. Cada vez que recebia um rascunho anotado ficava dia e dias a fio voltando atrás na revisão da literatura ou na análise de conteúdo conforme os casos. Corrigindo, eliminando, adicionando, avançando noutras direções. Esse exercício, foi uma aprendizagem muito salutar, ajudou-me a entender que se pode sempre melhorar e que a ajuda de opiniões de terceiros é fundamental quando é construtiva. Aprendi, eu também, a fazer esse tipo de anotações questionadoras, orientadoras e desafiadoras, o que depois me ajudou como orientadora e como autora, revisora e editora no mundo das publicações académicas

As estadias em Inglaterra; as viagens para entrevistas e para os congressos onde ia apresentando resultados preliminares fizeram com que muitas vezes me sentisse uma mãe ausente, nesse sentido o meu doutoramento teve consequências negativas na medida em que retirou tempo precioso com a minha família. Muitas vezes senti-me extremamente frágil, duvidando do valor que a investigação traria para a minha vida pessoal e profissional, e nessas ocasiões o apoio dos familiares, amigos, colegas, participantes na investigação foi crucial, dando-me auto-confiança quanto tudo parecia deixar de ter sentido.

Lembro-me de situações muito deprimentes, os dias escuros em Inglaterra, as entrevistas aos professores. O meu pior momento foi uma ida a um lugar remoto no Norte de Inglaterra cujo nome nem sequer recordo, apanhar o comboio de madrugada, chegar à estação onde uma professora deveria estar à minha espera para uma entrevista e não estar lá ninguém, só um frio cortante! Recordo de como era duro e desconfortável ser recebida na vida daqueles professores, numa cultura e numa língua tão diferente da minha! Recordo uma visita a um escola na periferia de Lisboa, um ambiente tão inóspito, tão assustador tão diferente do que eu pensava que as escolas deveriam ser! Recordo sobretudo ter-me sentido extremamente vulnerável, como alguém que vem de fora: o forasteiro que ninguém convidou.

Se pudesse voltar atrás faria muitas coisas diferentes, teria utilizado as imagens de um modo totalmente diferente na minha tese, feito delas texto e não apenas ilustrações, teria dado mais ênfase ao pensamento visual que estava subjacente na minha maneira de raciocinar e que estruturou o processo de procura, de seleção, de tratamento e de transformação da informação tal como tenho vindo a trabalhar nos últimos anos (Eça, Agra-Pardiñas; Trigo, 2012; Eça, 2013; Eça, 2014).Teria publicado todos aqueles pequenas esquemas, diagramas, mapas conceptuais que me ajudaram a pensar sobre os conceitos. Teria utilizado retratos individuais dos estudantes e dos professores, para lhes dar mais autoria no processo. Faria muito mais coisas diferentes, claro!!! Talvez até nem sequer tivesse escolhido aquele tópico, ou talvez não tivesse delimitado a aplicação do modelo conceptual apenas àquele nível de ensino. Em retrospetiva considero que a grande utilidade da investigação não foi serviu, como eu esperava, os seus destinatários diretos que financiaram o estudo, pois que o instrumento de avaliação por portefólio não foi adotado como instrumento de avaliação externa em Portugal. O impacto da investigação repercutiu nos professores de vários lugares, aqueles que participaram no estudo, ou outros que leram a tese, aqueles que estiveram nas apresentações que fiz em congressos em vários países, aqueles que leram artigos que escrevi posteriormente sobre o portefólio de processo como instrumento de avaliação (Eça, 2005).

Para finalizar este relato gostaria de deixar algumas sugestões para estudantes de doutoramento, investigadores que estão a iniciar agora. O percurso de uma tese de doutoramento é um exercício de vida, onde se aprendem algumas coisas essenciais sobre o processo da investigação e sobre o mundo dos investigadores. Um doutoramento é uma viagem que se faz acompanhado como os orientadores, os participantes da investigação, os colegas de doutoramento, os amigos e os familiares. Investimos anos da nossa vida e implicamos muita gente nessa viagem. Fazemos também amigos novos e vemos lugares diferentes e vemos lugares conhecidos de outras perspetivas. Uma viagem que não se faz de ânimo leve, necessita de uma grande vontade, generosidade e humildade. Nesse percurso fazemos do nosso quotidiano um questionamento permanente; aprendemos a não dar nada por garantido, insistimos, persistimos, reiteramos. Buscamos obsessivamente e com imaginação maneiras de compreender o mundo que nos toca e tentamos comunicar os resultados dessa pesquisa de um modo claro para que a nossa investigação provoque algures em alguém questionamentos similares e outras pesquisas para contribuir de um modo único para a construção do conhecimento.

Referências

Creswell, J. W. (1998). *Qualitative Inquiry and Research Design, Choosing Among Five Traditions*. Thousand Oaks: Sage.

Eça, T. P. (2005). Using Portfolios for External Assessment: An Experiment in Portugal. In: *The Internacional Journal of Art & Design Education*. NSEAD–UK.

Eça, T. T. (2014). Interpreting Drawings: Processes of artistic inquiry in Qualitative Research. In K. Marzilli Miraglia & C. Smilan (Eds). *Inquiry in Action: Paradigms, Methodologies, and Perspectives in Art Education Research*. Reston Virginia: NAEA. 248: 252.

Eça, T. T. (2013). Perguntas no ar sobre metodologias de pesquisa em arte educação. In *Pesquisa Educacional Baseada em Arte: A/r/tografia.*, ed. DIAS, Belidson; IRWIN, Rita, Santa Maria, RS, Brasil: Editora UFSM, 71–82.

Eça, T. T.; Pardiñas, M. J. A.; Trigo, C. (2012). Transforming practices and inquiry in-between arts, arts education and research. *International Journal of Education Through Art, 8*(2), 183–190.

Miles, M. B. & Huberman, A. M. (1994). *Qualitative Data Analysis: An Expanded Sourcebook* (2nd Ed.). London: Sage Publications.

Stewart, R. (1996). Constructing Neo-narratives in Art Education. *Australian Art Education, 19*(3), 46.

Referências em pesquisa realizada

Eça, T.P. (2005). Using Portfolios for External Assessment: An Experiment in Portugal. In: *The Internacional Journal of Art & Design Education.* NSEAD–UK.

Eça, T.P. (2004). Avaliação externa nas artes visuais em Portugal e Inglaterra. In: *Revista científica da ESECB Educare Educere,* 35–48.

Eça, T.P. (2003). Avaliar Portefólios no Ensino das Artes Visuais. In: *Aprender: Revista da Escola Superior de Educação de Portalegre.* Portalegre, 75–84.

Crianças frente ao ecrã

João Paulo Queiroz

Universidade de Lisboa

j.queiroz@belasartes.ulisboa.pt

Ideologia: os enviesamentos estereotípicos na publicidade televisiva. Universidade de Lisboa, Portugal, 2008

Resumo da Tese

Problematiza-se o conceito de Ideologia (Marx). Neste âmbito utiliza-se a análise de conteúdo quantitativa para identificar os enviesamentos estereotípicos na publicidade televisiva em Portugal, em 2003, nos canais RTP1, SIC e TVI. Os temas de enviesamento estereotípico em observação são Género, Raça, e Idade. Da amostra de 5.414 anúncios, após as delimitações e os procedimentos de consistência (como o α de Krippendorff), obtémse a base de dados de 772 anúncios com 1.559 personagens visuais. Os resultados das Hipóteses e Questões de Investigação, além de confirmarem a maioria das Hipóteses, revelam 27 novos dados objetivos para a Teoria Focal. São exemplo, no tema Género, os 60% dos personagens dos anúncios infantis que são raparigas, a variação do género da vozinvisível ao longo do dia e a sua sensibilidade ao preço do produto, o revelar de um estereótipo global que traduz uma família média composta por um filho rapaz, uma mãe, e um avô, a constatação de os homens estarem mais afastados do uso dos objetos, e de os personagens que se dirigem aos homens serem mais dramaticamente 'planos' que os que se dirigem às mulheres. No tema Raça, apontase que as minorias raciais são ainda mais jovens e 'planas.' No tema Idade apontase que mais de dois terços dos personagens têm menos de 29 anos, que a idade afasta os personagens dos objetos, que os jovens têm uma caracterização plana, e que 20% da publicidade se dirige ao alvoinfantil. Resultam contributos para a Teoria de Fundo que permitem sintetizar e explicar os enviesamentos encontrados. São assim propostos conceitos como 'factos de discurso,' 'enviesamentofetiche,' e 'falafetiche,' a que se somam a modelização e definições de 'Reificação' e 'Ideologia.' O trabalho encerra com considerações éticas e políticas, bem como sugestões para investigação futura.

***

De estudante a professor

Nasci em 1966, na pequena cidade de Aveiro, no norte litoral de Portugal. O contexto com que cresci era o de um país com um regime ditatorial fechado e envelhecido, e uma guerra colonial persistente. Recordo a turma de escola primária, no ensino de livro único: a professora antiga e do "antigo regime" que baseava a sua pedagogia em reguadas de palmatória. Na sala de aula, entre trinta alunos, alguns andavam descalços. Aí, a educação artística estava reservada a deixar 6 linhas ao início das "cópias", que poderíamos ocupar com "desenho livre".

Em abril de 1974 ocorre a revolução e o turbilhão de novas ideias, *slogans*, palavras de ordem, propaganda, derivas ideológicas, golpes e contragolpes, que atravessam o país em diversas vagas sucessivas. Para mim um conjunto de novas experiências: professoras estagiárias, muitas, as primeiras visitas de estudo. Também os novos colegas, regressados do êxodo das ex-colónias, "retornados." Onde nasceste? Em Lourenço Marques, em Kinshasa, em... Chegado ao exame da quarta classe, entretanto suavizado, percebo que, dos 30 colegas de escola primária, apenas 7 prosseguiram para o 5º ano. Os outros foram trabalhar, aos dez anos, para os mais diversos sítios, ou emigraram para outros países. Nunca mais os vi.

Assim as coisas prosseguiram, novas disciplinas progressistas com conteúdo ideológico-político no ciclo preparatório ("Estudos sociais"), o PREC e a inflamação constante de mensagens e manifestações. A grande fonte de educação para além das escolas era a televisão.

A televisão estatal e a preto e branco, com abertura de emissão c. das 19h00, e encerramento perto da 00h00, com hino nacional. Um segundo canal de horário ainda mais curto. A programação, muito rígida, com alguns "desenhos animados" Hanna Barbera, ou as primeiras importações japonesas, Heidi, Marco, Vickie ... Entre as séries americanas, o "Espaço 1999" fazia sonhar com um futuro lunar em *terilene* e raios *laser*. E o começo das novelas brasileiras, com a hipnótica *Gabriela* / Sónia Braga, ou as canções de Caetano Veloso na Água-viva.

Os anúncios chamavam-se *reclames*, e por serem poucos, eram memorizados rapidamente.

Em paralelo comecei a interessar-me pelas artes. Em Portugal, a arte contemporânea não tinha lugares para ser vista até à abertura do Centro de Arte Moderna da Fundação Gulbenkian em 1983.

Os primeiros passos na expressão artística, entre um pequeno grupo de colegas de 14 anos, começavam pela procura de materiais que não existiam exceto em duas lojas em Lisboa ou no Porto (viagens de comboio), e também pelas experiências em que pintava a óleo com óleo de linhaça, da drogaria.

Aos 18 anos, em 1984, desloquei-me para a cidade de Lisboa, para casa de familiares, ou dividindo apartamentos em "república", para frequentar o Curso Superior de Pintura da então ESBAL, com imensa convicção e vontade de intervenção. Este período foi uma época de abertura rápida do país ao mercado aberto da CEE, para depois, em 91, se abrir o espaço Schengen e caírem as fronteiras. A partir de 1992 a televisão em Portugal deixa de ser monopólio do Estado e surgem canais privados.

Em 1988 era eu já um professor de Educação Visual no ensino médio, aguardando a formação em exercício. As escolas por onde passei foram numerosas, das mais centrais às mais suburbanas, lecionando nos 7 anos seguintes todos os níveis do 5º ano de escolaridade ao 12º ano.

Em 1995 começo a lecionar no Ensino Superior, na Faculdade de Belas-Artes. A frequência do mestrado no ISCTE (Instituto Superior de Ciências do Trabalho e da Empresa) em sociologia da comunicação foi o passo seguinte. O curso, dirigido pelo Prof. Paquete de Oliveira, alargou os meus interesses e competências metodológicas, e a personalidade do seu coordenador seria para mim muito marcante: com ele concluí a tese de mestrado sobre uma campanha de prevenção de droga nos média, o Dia D contra a Droga (Queiroz, 1999). Guardo o ambiente saudável e construtivo do ISCTE, a tradição da investigação quantitativa, a insistência nas metodologias, a interdisciplinaridade, a ênfase no estudo dos média.

Sobre a escolha do tema

Seguir-se-ia o doutoramento: demorei um pouco na escolha da Faculdade, mas sabia que queria continuar a explorar os temas que relacionassem *Mass Media* com Estudos Culturais: uma perspetiva descodificadora de enviesamentos buscando aspetos formativos e deformativos no tecido dos média. A personalidade serena e sábia do Prof. Paquete de Oliveira soube guiar-me de novo por entre as minhas ainda confusas propostas de pesquisa.

Lembro-me de, ao início, querer pesquisar algo como *as representações da União Europeia no discurso dos média*, com incidência no processo de implantação da moeda única. Agora que recordo esta proposta penso o quanto desajustado e perigoso teria sido esse caminho. Tinha todos os defeitos que uma tese de doutoramento deve evitar a todo o custo: ambição desmedida, não delimitação, ausência de um verdadeiro Problema de Investigação. Tudo o que Umberto Eco (2015) apontara no seu divertido livro "Como se faz uma tese". Mesmo tendo-o lido, o meu erro na escolha de tema permaneceria latente um par de meses, até o propor em entrevista ao meu paciente orientador. Após a reunião fiquei esclarecido da dolorosa inviabilidade do tema.

Havia que mudar de tema, embora sentisse resistência a mudar algo que já tinha começado a pesquisar, e sobre matérias que já me habituara a consultar quando pesquisara os dados e as orientações da política da União Europeia para a tese de mestrado. Aprendi aí que o maior inimigo do estudante de doutoramento pode ser ele próprio, ou melhor, a sua insistência em agarrar-se a um tema inadequado, impreciso, interminável, ou mesmo, infinito.

Mudar de tema pode ser muito difícil, em termos emocionais, porque possivelmente parecerá ao próprio uma espécie de capitulação perante o mundo real. Esta é uma ilusão bem perigosa. Pode parecer, por exemplo, que há algures uma verdade escondida que só nós nos lembrámos de investigar, e que é preciso lutar por ela em nome de uma integridade científica ou de uma liberdade académica de mística superior. Isso contribui para a cegueira do investigador ao melhor estilo de Dom Quixote. Passei por esta fase, o que foi importante para a minha aprendizagem, para melhor a saber ultrapassar, para reconhecer os seus apelos encantatórios, os seus sintomas. Experiência de erro muito útil. Ganhei em poder evitá-la de futuro, em mim, e a poder descrevê-la a outros, que hoje superviso.

Aprendi assim que mudar de posicionamento, adquirir agilidade na integração dos diferentes pontos de vista, aceitar as recomendações, perceber a benevolência e o tato do orientador, reconhecer e apreciar a necessidade de eliminar textos ou capítulos inteiros, é uma componente essencial ao investigador. Tudo isso passou, felizmente, a fazer parte dos meus hábitos de pesquisa.

Trata-se de adquirir a capacidade de saborear o mudar de ideias, sentir gosto ao riscar parágrafos ou páginas completas, porque simplesmente não eram precisas ou oportunas. Aparar frases, parágrafos, cortar trechos do meu texto, passou a ser fonte de um novo, e assim adquirido, prazer.

Enfim, um primeiro conselho: não navegar sem orientador, e propor-lhe cedo as suas ideias sem os atrasos gerados por perfeccionismos e inibições. O orientador experiente saberá reconhecer e reorientar barcas perdidas conduzidas por orientandos em regime de autossuficiência. Para isto, claro, humildade.

Também outro conselho: não partir para o doutoramento com a "tese" já arquitetada na cabeça, procurando no grau apenas uma validação académica. As coisas simplesmente não se passam assim. O período de pesquisa deve ser para descobrir, não para confirmar ideias pré-concebidas e geradas em autogestão. O contributo do orientador é capital.

Como escolher o orientador?

A escolha de um orientador é um dos pontos mais importantes de um trabalho que durará vários anos. Se há dificuldades em marcar reuniões de orientação, se surgirem problemas de relacionamento interpessoal, ou se aquele tiver sobrecarga de trabalho, tudo isto pode ter consequências muito negativas, quase imprevisíveis sobre o sucesso da conclusão da tese. O orientador deverá ser alguém em nos revejamos, nos identifiquemos, por vezes em aspectos mais subjetivos: isso será muito importante para manter uma relação positiva e motivadora, que nos estimule a reunir mais material, em preparar melhor as sessões de orientação sem nos sentirmos perdidos ou sem nada de novo para dizer ou apresentar. O orientador será uma espécie de dínamo construtivo, que nos carrega de novas ideias, sugestões de estruturação, leituras, alternativas, e sobretudo um otimismo inabalável. Aqui o fator motivação é o mais importante: uma personalidade acolhedora, estimulante, experiente, otimista, generosa, fará do trabalho de pesquisa um excelente período de enriquecimento, ao invés de uma prolongada e lenta tortura solitária. Um bom orientador deixa saudades, e provavelmente será a pessoa que melhor compreende as nossas inquietações intelectuais.

Portanto, é muito importante conhecer bem o leque de 'orientadores disponíveis' e conhecer o mais possível cada um deles. Assistir aos seus colóquios, aos seus seminários, pesquisar as suas áreas de interesse, e certamente as suas publicações. Perceber melhor as personalidades, tactear se se trata de alguém realmente construtivo e entusiasta, com ideias claras e facilidade em compreender tanto os aspectos especializados de qualquer tema como ter uma rápida visão integrada e uma ágil capacidade de síntese que os habilitam a apontar os pontos fortes e fracos nos vários momentos da pesquisa. Não se deixe deslumbrar pelo virtuosismo ou pelo enciclopedismo exibidos aqui ou além: por vezes isso é apenas uma manifestação de vaidade académica e, personalidades assim, no seu âmago, podem encerrar bem pouca generosidade. Podem enfermar da busca de aplausos, e assim ser pouco propícios a reconhecer as qualidades no outro, ou de o auxiliar verdadeiramente.

Talvez possa ir chegando a uma *short list* de orientadores possíveis. Orientadores muito sobrecarregados não terão muita disponibilidade, e por outro lado, orientadores com pouca experiência de orientação podem não conseguir ajudar o orientando a ser conclusivo, a chegar ao fim de todas as etapas.

Saliento que, ao nível dos estudos de doutoramento, o grau de especialização é muito elevado: sobre o tema que escolher, ninguém saberá mais sobre o assunto que o próprio doutorando, nem sequer o seu orientador. Quero dizer que escolher o orientador tomando como critério que ele deverá ser o maior especialista na pesquisa que escolheu, pode não ser o melhor passo, pela simples razão que a pesquisa terá de ser original e inovadora, e no seu final, o maior especialista será você, o estudante de doutoramento.

Enfim, a melhor qualidade de um orientador é a segurança metodológica, a clareza de ideias, a versatilidade, a generosidade, o espírito construtivo, o entusiasmo, a capacidade de inscrever pesquisas em campos de referência alargados. Ao mesmo tempo o orientador deverá ser um referencial ético e humano, alguém que nos suscite simpatia e admiração. Em resumo, e metaforicamente, alguém que seja capaz de conduzir um barco olhando para as estrelas, por navegação astronómica. Alguém que conhece as relações entre os pontos de referência, conhece as fontes originais, e dispensa recorrer a outros mecanismos de orientação que apenas fornecem resultados, sem uma compreensão sintética de todo o fenómeno em estudo. E alguém com um bom espírito, superior, elevado, com alguma *gravitas*.

Um ou dois orientadores?

É muito comum recorrer-se a dois ou mais orientadores. A minha experiência indica-me que mais do que um orientador é algo que deve ser evitado tanto quanto possível. Os tempos diferentes de cada um, as inevitáveis ausências de comunicação, a impossibilidade de existirem reuniões com os vários orientadores presentes em simultâneo (os horários são totalmente incompatíveis, são pessoas de Faculdades diferentes, e reuniões assim simplesmente nunca sucedem dada a complexidade de marcar agenda entre três pessoas), tudo isso faz com que as desvantagens suplantem as vantagens: o tempo de leitura dos textos duplica por dois, assim como a dificuldade de marcar reuniões, ora com um, ora com outro. Quanto mais para o final se está, mais difíceis as coisas se tornam: como obter opiniões e conselhos em tempo útil sobre conjuntos de dezenas ou centenas de páginas, por duas pessoas diferentes? O mais provável é receber indicações precisas de um dos orientadores, e semanas depois, outras indicações muito diferentes, do outro orientador. Esta pode ser uma realidade que conduz facilmente ao desnorte e ao desespero e, não raro, à total desmotivação. Finalmente não será possível, pelo menos em Portugal, contar com a presença de mais do que um orientador no Júri final. Se a motivação for a de incorporar o máximo número de orientadores como jurados, isso agora é interdito por lei, e ainda bem. Apenas um orientador poderá integrar o Júri.

Portanto, por todas as razões, será de evitar mais do que um orientador, a menos que seja absolutamente imprescindível: tipicamente será por a tese tocar áreas científicas diferentes e exigir orientação especializada em cada uma dessas áreas.

O problema de investigação

O Problema de Investigação (ou Questão de Investigação) da tese é das partes mais custosas: ninguém espera que escrever essas poucas linhas possa ser tão difícil.

Porque é que é difícil formular o problema de Investigação? Porque o Problema de Investigação irá implicar o tema, a revisão de literatura, o método, a amostra, os resultados, e as conclusões. Ou seja, toda a tese. Em resumo, as linhas do Problema de Investigação, ou estão bem formuladas, ou temos uma tese em permanente dificuldade, onde as rodas em vez de girar, se arrastam, bloqueadas. Assim não se espante se demorar meses até chegar a uma formulação viável. Mas é um trabalho que depois será bastante compensador.

O Problema de Investigação, uma vez formulado, costuma ser decomponível em mais ou menos numerosas Sub-Questões e Hipóteses, consoante o seu nível de especificidade e detalhe. O modo de se decompor o Problema de Investigação em Sub-Questões de Investigação e Hipóteses é sempre a lógica do geral para o particular. O Problema de Investigação pode sugerir uma aproximação a três ou quatro dimensões identificáveis; cada uma delas poderá suscitar Questões de Investigação e Hipóteses consoante nos aproximamos mais dos aspetos de especialidade.

Qual a diferença entre Hipóteses e Questões de Investigação?

Uma Questão de Investigação formula-se quando não encontrámos na literatura nada que nos permita antecipar, por indução, uma resposta para a nossa pesquisa. Aí apenas podemos interrogar, formular uma pergunta de raiz.

Uma Hipótese formula-se quando conseguimos detetar estudos na literatura, de outras realidades e de outras amostras, que nos permitem, por indução, antecipar os resultados que iremos observar na nossa realidade de estudo. Ou seja, em vez de interrogar, podemos antecipar o resultado na forma de uma hipótese (fazendo uso da indução).

No meu caso (Queiroz, 2008), o Problema de Investigação principal foi: *Quais as distorções estereotípicas na publicidade em Portugal?*

Esta pergunta parte também de uma "tese", que a organiza: a de que é possível, através do modo como o "sexo", a "raça" e a "idade" são apresentados na publicidade televisiva de sinal aberto, identificar regularidades de enviesamento, padrões na arbitrariedade. Identificaram-se as categorias sexo, raça e idade, porque são as primeiras saliências na perceção social (Bruner, 1957; Bower e Karlin, 1974; Arcuri, 1982; Brewer, 1988). Eis uma base categorial, justificada, para estudar o modo como os juízos se estabelecem no que a elas diz respeito.

Sobre a amostra, anúncios televisivos, houve alguns cuidados. Após alguma observação sobre a sazonalidade dos anúncios, quer ao longo do ano, quer ao longo das 24h do dia, decidiu-se que a amostra teria de incluir 4 dias em quatro épocas distintas do ano, e cada dia iria conter 24h de gravação, tudo isto nos 3 canais abertos que veiculavam publicidade em 2003 (RTP1, SIC e TVI). É bem diferente a publicidade de Verão ou a de Natal, ou a publicidade da *rentrée* ou de fevereiro. Do mesmo modo, a publicidade num qualquer dia às 7h30 é bem diferente da que passa às 16h00, às 20h30, ou às 23h30.

Para isto, na identificação das unidades da amostra de publicidade a observar, foram estabelecidos dois níveis de granulação: o nível anúncio, e o nível de cada personagem identificável nos anúncios, numa amostragem multiestádio (Riffe, Lacy & Fico, 2005: 110).

O trabalho de campo

Utilizei a análise de conteúdo quantitativa como protocolo do trabalho de campo (Berelson, 1952: 18; De Sola Pool, 1959; Osgood, 1959: 36; Gerbner et al., 1969). Aqui os objetos observados não são o objetivo final. O que mais conta é a inferência do texto para o contexto, e procurar a partir das regularidades novas conclusões sobre a realidade:

> a análise de conteúdo, sendo decerto um método de análise, é mais que isso ... é um método de observação. Em vez de se observar o comportamento das pessoas directamente, ou pedirlhes que respondam a questionários, ou de as entrevistar, o investigador recolhe as comunicações que as pessoas produzem e coloca questões sobre essas comunicações. (Kerlinger, 1964: 544)

Usando a metodologia de análise de conteúdo quantitativa, recorri a painéis de observação (onde não me incluí por salvaguarda de isenção na observação). Esses painéis codificaram, mediante um livro de códigos preparado por mim, mas sem a minha presença, os anúncios e personagens da amostra. O "livro de códigos" na posse dos membros do painel utilizou unidades de codificação que permitissem a maior validação externa possível, ou seja, que beneficiasse a comparabilidade entre os resultados da minha tese e os estudos passados, presentes ou futuros. Assim estas unidades de codificação foram procuradas na literatura, e nela se buscaram as mais resistentes e duradouras. O estudo de McArthur & Resko (1975) virá a ser o mais influente, e utilizou o protocolo de variáveis e categorias usado por Child et al. (1949) num trabalho sobre a representação do "género" nos livros de leitura escolares. O estudo de McArthur & Resko tem sido bastante replicado, no que respeita às unidades de codificação observadas, com uma ou outra modificação, em diversos países (Bretl & Cantor, 1988; Craig, 1992; Manstead & McCulloch, 1981; Chappell, 1983; Livingstone & Green, 1986; Harris & Stobart, 1986; Gilly, 1988; Furnham & Voli, 1989; Mazzella, Durkin, Cerini, & Buralli, 1992; Furnham & Bitar, 1993; Mwangi, 1996; Furnham, Abramsky & Gunter,1997; Furnham & Skae, 1997; Furnham, Babitzkow & Uguccioni, 1999; Furnham & Farragher, 2000; Furnham, Mak, & Tanidjojo, 2000; Furnham & Saar, 2005) e também em Portugal (Neto & Pinto, 1998).

Por ser bastante replicado, o estudo de McArthur & Resko e as suas unidades de codificação tornaramse um referencial de validação e uma fonte de comparabilidade, o que implicou que as usasse em benefício possível longitudinalidade das descobertas, e do benefício de conseguir formular mais hipóteses sobre cada uma das unidades observadas pelo painel, isto no que respeita à dimensão "género." A título de exemplo apresento no Quadro 1 as instruções de codificação no que respeita à "voz invisível."

A soma de todas as instruções constituiu o livro de códigos, entregue aos codificadores, onde se contavam, além da "voz invisível": "género alvo do produto" (masculino; feminino; neutro), ou, ao nível do personagem, "género" (masculino; feminino; indistinto). Todas estas categorias estavam convenientemente definidas no livro de códigos, a exemplo do que se apresenta no Quadro 1.

Quadro 1. Codificação do anúncio: Voz-invisível

Variável de anúncio 5	Categoria	Definição
'Voz-invisível'	Masculino	A voz que se ouve sobre o anúncio (*voice over*). Havendo várias, é codificada apenas uma:
	Feminino	1. primeiro nível de decisão: prevalece a voz 'falada' em detrimento da voz 'cantada' (ou coros)
	Indistinto	2. segundo nível de decisão: prevalece a voz que 'fala' durante mais tempo. No caso de haver uma divisão equilibrada, prevalece a última voz, a que conclui.

A pesquisa da literatura sugeriu-me as unidades de codificação no que respeita ao estudo da "raça" ao nível do personagem (Kassarjian, 1969): "raça" (caucasiano; negro; asiático; outro). Já no que respeita à "idade" não foi possível estabelecer uma segmentação etária dominante na literatura, pois cada autor fraccionou a idade segundo intervalos diferentes. Assim só me restava fazer a minha própria granulação etária, procurando ser o mais adequado possível aos propósitos do meu Problema de Investigação: "idade alvo do produto" (criança; adulto). Ou ao nível do personagem: "idade" (criança, de 0 a 15 anos; jovem adulto, de 16 a 29 anos; adulto maduro, de 30 a 49 anos; sénior, mais de 50 anos). Outras variáveis codificadas foram, ao nível do anúncio, "Tipo de Produto" (corpo; lar; brinquedo; alimentar; auto ou desporto; outro), "preço do produto" (barato, menos de 50€; caro, mais de 50€). Também no nível de granulação personagem, foram estabelecidas outras definições, tais como "espécie" (humana; animal; desenho animado; objeto animado), "bem estar" (positivo; negativo), "ambiente" (lar; ar-livre; escola); "contexto familiar" (filho(a) ou neto(a); pai (mãe) ou avô(ó); outro) "papel desempenhado" (utilizador; autoridade; outro), "actividade" (lazer; trabalho remunerado; trabalho doméstico).

Derivadas do problema de investigação foram exploradas algumas Hipóteses e Questões de Investigação a um nível muito detalhado. Exemplo de algumas Hipóteses, numerosas porque muito especializadas, no eixo "género" (tomando por base outras observações de outros autores):

H: A vozinvisível é 60 a 80 por cento masculina, 20 a 40 por cento feminina.

H: O anúncio ao produto "corpo" tende a ter vozinvisível feminina; o anúncio ao produto "alimentar" tende, embora menos, a ter vozinvisível masculina; o produto "auto / desporto" tende a ter apenas vozinvisível masculina.

H: Em anúncios infantis, a vozinvisível é de maioria masculina.

H: O anúncio infantil tende a ter alvo feminino, a seguir ao alvo neutro.

H: Nos anúncios infantis há predomínio de crianças do género masculino.

H: Nos anúncios infantis os personagens adultos são predominantemente masculinos.

H: À noite, nos horários "serão" e "noturno" os personagens tendem mais a ser do género masculino.

H: Há grande maioria masculina nos "bonecos" animados.

H: Nos personagens "adultos," as mulheres tendem a ser apresentadas mais jovens que os homens.

H: Os homens são mais apresentados que as mulheres em anúncios a produtos "caros" e as mulheres são mais apresentadas que os homens em anúncios a produtos "baratos."

H: A mulher é mais apresentada em anúncios a produtos "corpo" e "lar;" o homem é mais apresentado em anúncios a produtos "auto / desporto" e "brinquedo."

H: Há mais mulheres adultas apresentadas no "lar" que homens; há mais homens apresentados ao "ar-livre" que mulheres.

Todas estas hipóteses são baseadas no confronto entre a literatura disponível: tratam-se de induções a partir das amostras em outras realidades e países. A título de exemplo vou apresentar a fundamentação da última hipótese apresentada nesta lista:

> Esta hipótese é construída a partir da dupla tendência observada na literatura segundo a qual se encontram mais mulheres que homens no lar, e mais homens que mulheres ao ar livre.

Desdobrando as tendências uma a uma e revendo primeiro qual o género mais apresentado no ambiente lar, verifica-se, em Portugal, no estudo de Neto e Pinto (1998) que 35 por cento dos personagens femininos estão no lar, para apenas 13 por cento dos personagens masculinos em igual ambiente. Há pelo menos outros vinte estudos, de outros países, que apontam o défice de presença masculina no lar, tanto na Europa como no resto do mundo. Na Espanha, em Valls-Fernández e Martinez-Vicente (2007) anota-se um diferencial de 20 por cento. Na GrãBretanha, em Manstead e McCulloch (1981) anota-se um diferencial de 31 por cento, diferencial que se reduz depois para 21 por cento em Furnham e Farragher (2000). Na Itália, em Furnham e Voli (1989) anota-se um diferencial de 13 por cento, e na Turquia, por Uray e Burnaz (2003), o mesmo diferencial eleva-se a 27 por cento. Mas é na amostra da Polónia, de Furnham e Saar (2005) que se verifica o máximo europeu, com um diferencial de 37 por cento (todos estes diferenciais são recalculados). A maior parte dos estudos do resto do mundo confirmam o défice masculino. Nos EUA, o diferencial foi de 14 por cento (Bresnahan, Inoue, Liu, e Nishida, 2001), e na Austrália, em três amostras, tem-se 13 por cento em Gilly (1988), 16 por cento em Mazzella et al. (1992), e 13 por cento em Milner e Higgs (2004). Na Nova Zelândia, em Furnham e Farragher (2000), o diferencial é de 18 por cento. No Extremo Oriente o diferencial é de 11 por cento na Malásia (Bresnahan, 2001), 16 por cento em Hong Kong (Furnham, Mak e Tanidjojo, 2000), 16 por cento na Coreia do Sul (Kim e Lowry, 2005), 18 por cento no Japão (Bresnahan, 2001), e de 37 por cento na Indonésia (Furnham, Mak e Tanidjojo, 2000). Outros três estudos na Europa e no resto do mundo apontam o mesmo défice mas sem o quantificarem. É o caso nos EUA de Courtney e Whipple (1974), na GrãBretanha de Furnham e Bitar (1993) e, ainda, no Quénia de Mwangi (1996).

Revendo agora qual o género mais apresentado ao ar livre, verifica-se que o défice da apresentação feminina ao ar livre é apontado por um número menor de estudos, sete, uma vez que nem todos o problematizaram. É o caso, nos EUA, de Bretl e Cantor (1988), Craig (1992) e Bresnahan, Inoue, Liu, e

Nishida (2001). Também no resto do mundo o mesmo défice é apresentado. Em amostras da Austrália está presente nos estudos por Gilly (1988) e Milner e Higgs (2004). No Japão igualmente, no estudo por Bresnahan, Inoue, Liu, e Nishida (2001) e também na Coreia do Sul, no estudo por Kim e Lowry (2005).

Em sentido contrário ao das tendências gerais há a apontar uma amostra atípica de Taiwan no estudo longitudinal de Bresnahan, Inoue, Liu, e Nishida (2001), que descreve paridade entre homens e mulheres tanto no ambiente lar como ao ar livre.

Existem ainda alguns estudos que não encontram associação particular entre ambientes e género dos personagens. É o caso, na GrãBretanha, de Furnham e Skae (1997), na França e na Dinamarca, do estudo longitudinal de Furnham, Babitzkow e Uguccioni (1999) e, no México, de Gilly (1988). Craig (1992), nos EUA, anota que o défice existe durante o dia e desaparece durante o horário nobre.

Concluise que há uma maioria de estudos recentes e de vários países que suportam a dupla tendência que permite exprimir a Hipótese #26, articulada em duas proposições:

Há mais mulheres adultas apresentadas no lar que homens; há mais homens apresentados ao ar livre que mulheres.

Quase todas as hipóteses foram confirmadas pela minha análise de conteúdo com algumas excepções (Cf. Queiroz, 2008: 223).

Do mesmo modo, quando não se encontra suporte para indução de Hipóteses na literatura, são traçadas Questões de Investigação. São exemplo:

Q.I. – Como se distribui a vozinvisível pelo horário?

Q.I. – Há tendência para correspondência directa, ou inversa, entre o género da vozinvisível e o géneroalvo?

Q.I. – No personagem criança, qual a vozinvisível predominante no anúncio?

Q.I. – Há um géneroalvo preferencial para cada horário?

Da codificação do conteúdo às possíveis formas finais

Dos 5.414 anúncios gravados, após as delimitações e os procedimentos de consistência que eliminaram as versões curtas do mesmo anúncio, as repetições, as televendas, o *product placement* no interior de programas, e os anúncios que recorriam extensivamente a vídeos ready-made (por exemplo, anúncios a concertos, a filmes ou a músicas), a autopromoção de programas ou produtos produzidos pelo canal, obtive uma base de dados de 772 anúncios contendo 1.559 personagens visuais.

Estes anúncios foram distribuídos, na forma de VCDs, a alunos de graduação, de modo a que cada um codificasse 20 anúncios, e que os três codificadores do mesmo conjunto de anúncios fossem de turmas diferentes (num total de 167 juízes codificadores), para não haver contaminação entre juízos. Ou seja, os anúncios foram codificados sem a minha presença e sem a presença mútua dos três membros do painel. Cada membro preencheu uma ficha preparada para leitura ótica (OCR) e os dados foram importados para o programa SPSS. Uma macro foi aperfeiçoada para aplicar uma medida do coeficiente de acordo entre os membros de cada painel, no caso, o alfa de Krippendorff (2004): se o acordo fosse inferior a 80%, a codificação seria descartada como inválida.

Tudo isto consumiu uma quantidade generosa de tempo: a gravação sazonal exigiu quase um ano, e gerou 288 horas de emissão gravada. O isolamento de todos os intervalos nas fitas gravadas, isolamento de todos os spots, remontagem, deteção de repetições, construção de *storyboards* a partir de cada um dos planos de cada anúncio, isolamento de personagens nos storyboards, e finalmente gravação de centenas de VCDs a entregar aos painéis de codificação, assim como a preparação do livro de códigos, exigiram também muitos meses.

A escrita da maior parte do texto ocupou também bastante tempo, e recordo-me de uma alteração de grande magnitude que implicou um reposicionamento total da lógica de apresentação dos resultados e também das conclusões, implicando um refazer de 2/3 do texto da tese em cerca de 4 semanas. Assim, quando achava que a tese estava terminada, após buscar o conselho de orientadores, e também de outros colegas que generosamente se prestaram a lê-la, apercebi-me que a clareza de resultados estava comprometida, e a tese foi praticamente toda reescrita, com uma recomposição global e profunda. Isto é algo que se revela bastante frequente e convirá ao investigador estar preparado para profundas reestruturações nos últimos meses de trabalho.

Conclusão

Neste período de redação da tese de doutoramento poderia solicitar um afastamento de 3 anos para os dedicar à tese inteiramente. Contudo foi minha opção não o fazer. Porquê? Por razões da minha personalidade: sei que permanecer em casa, sem uma disciplina diária, provoca em mim uma crescente desorganização pessoal (as rotinas, os horários...) que eu queria evitar. Permanecer em casa durante anos, sem outra atividade, para mim equivalia a uma espécie de prisão domiciliária. Contudo, quase a chegar ao fim do prazo de entrega, e esgotadas as prorrogações, verifiquei que pelo menos um ano teria que dedicar por inteiro à tese. E esse ano foi essencial. Lembro-me que permanecia longas horas ao computador, e aspetos tão simples como qual a cadeira mais confortável exigiram bastantes pesquisas e alguns erros de escolha.

A minha companhia permanente era a "nuvem", um pequeno *hamster* russo que, com o hábito, permanecia muito calmo na minha mão esquerda, longas horas, enquanto eu digitava com a direita.

Ao nível familiar, tive a sorte de não passar por grandes turbulências (como divórcios, mudanças no emprego, mudanças de cidade), mas a 4 meses do final sucedeu a morte súbita de meu pai, uma explosão afetiva de máxima magnitude, que gerou em mim forças e efeitos contraditórios: ora uma astenia associada ao profundo sofrimento, ora uma vontade de a vencer, mais ainda, como se o meu pai me ajudasse a progredir pelos meandros da tese então em fase muito adiantada.

Sendo uma tese de doutoramento algo que se prolonga por vários anos, é muito provável que uma ou outra grande perturbação, seja a nível pessoal, familiar, profissional, ou mesmo tecnológico (os discos rígidos estragam-se normalmente nas fases de finalização de uma tese) venha a ocorrer, e será bom integrar mentalmente essa eventualidade a fim de melhor a conseguir precaver, acomodar, com adaptação e inteligência, e sobretudo com resiliência.

Uma tese de doutoramento integra muitos aspectos emocionais, pessoais, relacionais, comunicativos, metodológicos, produtivos, tecnológicos, familiares. É impossível passar pela experiência de um modo indiferente, e a condição para o sucesso é a própria capacidade de adaptação, de transformação, de obrigação ao crescimento, de ultrapassar dos seus limites. Será uma experiência transformadora que se justifica pela entrega da nossa pesquisa ao bem comum, e à exigência que ela seja portadora de novidade, originalidade, utilidade. Que valha a pena.

Referências

Arcuri, L. (1982). Three patterns of social categorization in attribution memory, *European Journal of Social Psychology*, N. 12, 271–82.

Berelson, B. (1952). *Content analysis in communications research*. Glencoe, Illinois: The Free Press.

Bower, G. H., & Karlin, M. B. (1974). Depth of processing pictures of faces and recognition memory. *Journal of Experimental Psychology*, N. 4, 751–7.

Bretl, D. & Cantor, J. (1988). The portrayal of men and women in US television commercials: a recent content analysis and trends over 15 years.' *Sex Roles: a Journal of Research*, N. 18, 595–609.

Brewer, M. B. (1988). A dual process model of impression formation. In Srull, T. K. e Wyer Jr., R. S. (Orgs.) *Advances in social cognition*. Hillsdale, NJ: Lawrence Erlbaum Associates. Vol. 1, 1–36.

Bruner, J. S. (1957). On perceptual readiness. *Psychological Review*, 64, 123–52.

Chappell, B. (1983). How women are portrayed in television commercials. *Admap*, (June) pp. 327–31.

Child, I. L., Potter, E. H. & Levine, E. M. (1949). Children's textbooks and personality development: An exploration in the social psychology of education. *Psychological Monographs*, Vol. 60, N. 3, 1–54.

Craig, R. S. (1992). The effect of television day part on gender portrayals in television commercials: a content analysis. *Sex Roles: a Journal of Research*, Vol. 26, N. 5/6, 197–211.

De Sola Pool, I. (Org.) (1959). *Trends in content analysis*. Urbana: University of Illinois Press.

Eco, Umberto (2015). Como se Faz Uma Tese em Ciências Humanas. Lisboa:

Presença ISBN: 9789722356428

Furnham, A. & Bitar, N. (1993). The stereotyped portrayal of men and women in British television advertisements. *Sex Roles: a Journal of Research*, N. 29, 297–310.

Furnham, A. & Farragher, E. (2000). A crosscultural content analysis of sexrole stereotyping in television advertisements: a comparison between Great Britain and New Zealand. *Journal of Broadcasting e Electronic Media*, Vol. 44, N. 3, 415–37.

Furnham, A. & Saar, A. (2005). Gender role stereotyping in adult and children's television advertisements: a two study comparison between Great Britain and Poland. *Communications*, N. 30, 73–90.

Furnham, A. & Skae, E. (1997). Changes in the stereotypical portrayal of men and women in British television advertisements. *European Psychologist*, N. 2, 44–51.

Furnham, A. & Voli, V. (1989). Gender stereotyping in Italian television advertisements. *Journal of Broadcasting and Electric Media*, N. 33, 175–85.

Furnham, A., Abramsky, S. & Gunter, B. (1997). A crosscultural content analysis of children's television advertisements. *Sex Roles: A Journal of Research*, Vol. 37, N. 1–2, 91–6.

Furnham, A., Babitzkow, M. & Uguccioni, S. (1999). Gender stereotyping in television advertisements: A comparative study of French and Danish television. In *Genetic, Social and General Psychology Monographs*, N. 126, part 1, 79–104.

Furnham, A., Mak, T. & Tanidjojo, L. (2000). An asian perspective on the portrayal of men and women in television advertisements: Studies from Hong Kong and Indonesian television. *Journal of Applied Psychology*, N. 30, 23–41.

Gerbner, G. (1969). Toward 'cultural indicators': The analysis of mass mediated public message systems. In Gerbner, G., Holsti, O., Krippendorff, K., Paisley, W. & Stone, P. *The analysis of communication content: Developments in scientific theories and computer techniques.*

Gilly, M. (1988). Sex roles in advertising: a comparison of television advertisements in Australia, Mexico, and the United States. *Journal of Marketing*, Vol. 52 (April), 75–85.

Harris, P. R. & Stobart, J. (1986). Sexrole stereotyping in British television advertisements at different times of the day: An extension and refinement of Manstead e McCulloch (1981). *British Journal of Social Psychology*, N. 25, 155-64.

Kassarjian, H. H. (1969). The negro and American advertising, 1946-1965. *Journal of Marketing Research*, Vol. VI (February), 29-39.

Kerlinger, F. H. (1964). *Foundations of behavioral research: educational and psychological inquiry*. New York: Holt, Rinehart e Winston.

Livingstone, S. & Green, G. (1986). Television advertisements and the portrayal of gender. *British Journal of Social Psychology*, 25, 149-54.

Manstead, A. S. R. & McCulloch, C. (1981). Sex role stereotyping in british television advertisements. *British Journal of Social Psychology*, N. 20, 171-80.

Mazzella, C., Durkin, K., Cerini, E. & Buralli, P. (1992). Sex role streotyping in Australian television advertisements. *Sex Roles: a Journal of Research*, N. 26, 243-59.

McArthur, L. & Resko, B. G. (1975). The portrayal of men and women in American television commercials. *The Journal of Social Psychology*, N. 97, 209-20.

Mwangi, M. (1996). Gender roles portrayed in Kenyan television commercials. *Sex Roles: a Journal of Research*, N. 34, 205-14.

Neto, F. & Pinto, I. (1998). Gender stereotypes in Portuguese television advertisements. *Sex Roles: a Journal of Research*, 39, N. ½, 153-64.

Queiroz, João Paulo (1999). *Cativar pela Imagem: olhar a campanha de persuasão pública dia D, Juntos contra a Droga*. Tese de Mestrado. Instituto Superior de Ciências do trabalho e da Empresa.

Queiroz, João Paulo (2008). *Ideologia: os enviesamentos estereotípicos na publicidade televisiva, em Portugal, em 2003*. Tese de Doutoramento. Universidade de Lisboa. Disponível em URL: http://hdl.handle.net/10451/666.

Riffe, D., Lacy, S. & Fico, F. (1998/2005). *Analysing media messages: using quantitative content analysis in research, 2nd ed.* Mahwah, NJ: Lawrence Erlbaum. ISBN: 0805852980.

Transitar por el camino de la investigación: Un relato autobiográfico

María Elena Riaño Galán

Universidad de Cantabria

rianoma@unican.es

La Gestión de las actividades musicales del G9 en contextos de educación formal y no formal.
Universidad del País Vasco (UPV/EHU), España, 2009

Resumen de la Tesis

Esta investigación explora los modelos de gestión y organización de las actividades musicales desarrolladas por los vicerrectorados de extensión universitaria de un grupo de nueve universidades españolas (G9) y analiza su implicación con los contextos educativos formales y no formales.

Si, tradicionalmente, las universidades eran instituciones portadoras de conocimiento, donde los modelos educativos preferentes eran los formales, la frontera entre la educación formal y no formal va desapareciendo progresivamente y ambos tipos de educación conviven para brindar al alumnado una oferta educativa de mayor calidad y más amplio espectro. La perspectiva de incluir todas las formas de aprendizaje: formal, no formal e informal, supone un avance importante, dentro del proceso de formación permanente de las personas, acorde con el Espacio Europeo de Educación Superior (EEES). La universidad gestiona sus políticas educativas ofreciendo, además de nuevos modelos de planes de estudio, programas culturales y musicales e iniciativas que permitan su participación activa en la sociedad, de forma que la imbricación universidad-sociedad sea más efectiva e irreversible en los próximos años.

Los datos recogidos en esta tesis son de naturaleza cualitativa (análisis de actividades musicales de las universidades seleccionadas y entrevistas a gestores culturales de cada universidad) y cuantitativa (encuestas a miembros de la comunidad universitaria participantes en las actividades musicales). Desde una perspectiva etnográfica (descriptiva interpretativa), se presenta una metodología mixta de investigación y los resultados convergen en una síntesis que usa la triangulación como recurso de validación o verificación. Se describen las convergencias y divergencias encontradas.

El estudio concluye que existe una opinión unánime con respecto a que las actividades culturales complementan tanto aspectos formativos o profesionales, como personales, contribuyendo a la formación integral de las personas. Asimismo, hay una clara vinculación entre las actividades musicales y las modalidades educativas formal y no formal. Por otra parte, aunque se dan importantes diferencias de programación cultural en cada universidad, hay un clima y una voluntad común de llevar a cabo políticas culturales de calidad entre las universidades del Grupo. Sin embargo, se demandan más recursos humanos y materiales que mejoren la infraestructura necesaria para llevar a cabo una mejor gestión cultural en la universidad.

***

Los pasos iniciales

Tomar la decisión de comenzar una tesis doctoral es una cuestión personal, en ocasiones, motivada por la trayectoria profesional realizada. Se trata de una opción que permite culminar los estudios superiores y obtener el máximo título académico que puede ser otorgado: el título de Doctor. A lo largo de estas líneas, pretendo describir mi experiencia al respecto y compartirla, en la medida de lo posible, desde mis primeros pasos en el mundo de la investigación hasta la finalización del doctorado, con el fin de poder ayudar a otros doctorandos que, actualmente, se encuentren inmersos en esta apasionante labor.

Para ello, comienzo recordando los inicios profesionales en la docencia universitaria, los cuales tienen relación directa con la que ha sido mi andadura investigadora hasta el día de hoy. Allá por el año 2000, tras la finalización de mis estudios en el Real Conservatorio Superior de Música de Madrid, presenté mi curriculum a un concurso público de méritos, de acuerdo con la convocatoria que había salido publicada con respecto a un puesto de Profesora Asociada en la Facultad de Educación de la Universidad de Cantabria. Esta universidad está situada en Santander, una ciudad costera del norte de España. Los puntos más fuertes de mi curriculum estaban vinculados con una labor pianística, avalada por los conciertos ofrecidos y por los cursos de especialización realizados. En aquel momento, poco sabía de lo que significaba la implicación en una carrera académica universitaria, investigar, participar en foros y congresos científicos, escribir y publicar artículos, conocer los índices de impacto de las revistas especializadas, buscar fuentes bibliográficas en bases de datos, etc. El mundo del que yo procedía era otro bien distinto, marcado por el estudio técnico e interpretativo del instrumento, la preparación de conciertos o la ampliación de repertorio, además de la formación en cuestiones puramente musicales: armonía, improvisación, acústica, historia y estética musical ..., adquirida en los conservatorios. Era como viajar de un planeta conocido a otro al que llegaba a ciegas.

En cualquier caso, la suerte o el destino hicieron que mi perfil de entonces encajara con la necesidad de cubrir aquella plaza docente y fui merecedora de la misma. Como anécdota, recuerdo el día en que conocí a mis dos compañeros del área de Didáctica de la Música, ambos profesores Titulares. Cuando se presentaron personalmente, uno de ellos dijo llamarse Antonio Rubio. Yo, entonces, le comenté: *Vaya, qué casualidad, yo he interpretado el primer cuaderno Iberia de Albéniz y, en concreto, he utilizado para "El Corpus Cristi en Sevilla" la digitación propuesta por un autor también llamado así*. Él, entonces, me contestó: *Ese autor es la misma persona que tienes delante*. Vergüenza aparte, aquel momento fue emocionante porque estuvimos hablando largo y tendido, de pianista a pianista, acerca de la obra para piano de Albéniz, y de Ravel, y de Falla, de las complicadas digitaciones de "Los cuadernos Iberia" y de estilos interpretativos. Años después, sigo pensando que Antonio Rubio, hoy profesor jubilado, hizo un interesante trabajo, de gran ayuda para cualquier pianista.

Anécdota aparte, sin embargo, las tareas docentes que entonces me tocó realizar fueron bien distintas a las que yo acostumbraba a realizar en los conservatorios y escuelas de música en las que había trabajado, pues siempre había enseñado a tocar el instrumento o contenidos relacionados con el lenguaje musical. Mi trabajo en la Facultad, por el contrario, consistía en impartir clases de Didáctica de la Música a futuros maestros de las especialidades vigentes en aquel momento: Educación Física, Lengua Extranjera, Educación Infantil y Educación Primaria. Estas nuevas clases suponían todo un reto para mí, pues la gran mayoría de alumnos apenas tenía conocimientos musicales, más allá de los adquiridos a lo largo de la etapa de escolarización obligatoria, aspecto que pude corroborar a lo largo de los primeros meses como docente en la universidad. En este sentido, se trataba de jóvenes con escasas experiencias vitales vinculadas con la música y las artes en general, lo cual me suscitaba una gran preocupación. Eran contadas las personas que tocaban algún instrumento o participaban en grupos de teatro, que visitaban museos de arte contemporáneo o asistían regularmente a conciertos e, incluso, muy pocos habían cursado alguna vez talleres de fotografía, escultura, danza o pintura, entre otros lenguajes expresivos. Esta realidad me sirvió para reflexionar en torno a dos cuestiones que serían el germen de mi futura tesis doctoral.

Las primeras preguntas de investigación

En primer lugar, reflexioné sobre la necesaria adaptación pedagógica por mi parte, para acercar la música a estos jóvenes de una forma lúdica, amena y participativa. Esto me llevó a iniciar lecturas sobre didáctica musical, a conocer el trabajo de las principales corrientes metodológicas que se iniciaron a principios del siglo XX y los avances realizados durante los últimos años y a decantarme por quienes apostaban por la creatividad, la experimentación y la innovación. Conocer el pensamiento de diversos autores y algunos de los trabajos más relevantes de la pedagogía musical me permitió ampliar mi perspectiva acerca de la enseñanza de la música a la vez que hizo posible que fuera moldeando un estilo docente propio.

Por otra parte, la escasa formación musical y artística de estos alumnos me condujo a pensar en la necesidad que existe en el ámbito universitario de ofertar un tipo de formación amplia, más allá de la puramente académica y especializada, que contribuya a educar a las personas de manera integral a lo largo de la vida y que brinde a los estudiantes oportunidades de tener experiencias con la cultura y las artes, entre ellas, la música.

Había plantado, así, la semilla de mi investigación cuyo enfoque se basaría en la defensa de una educación universitaria que englobase las modalidades educativas formal y no formal. La primera, a través de la oferta de estudios de especialización reglada, como institución de educación superior que la universidad es; la segunda, mediante la propuesta de actividades formativas de diverso calado y que atendiese a los posibles y diversos contextos sociales.

De acuerdo con mi propia formación profesional y con el entorno laboral en el que me encontraba, algunas de las preguntas iniciales planteadas fueron: ¿cuál es la oferta de actividades musicales en las universidades españolas?, ¿qué grado de participación existe por parte de los estudiantes y otros miembros de la comunidad universitaria?, ¿qué mecanismos de gestión se ponen en marcha para la realización de dichas actividades?, ¿quién se encarga de estas labores? El gusanillo de la curiosidad me había picado y ya no había vuelta atrás.

La universidad de acogida

Fue así como, poco tiempo después de haber entrado a formar parte de la comunidad universitaria como docente, tomé la decisión de empezar una trayectoria investigadora. En 2001, me matriculé en los cursos de doctorado de la Universidad del País Vasco (UPV/EHU), perteneciente a una comunidad autónoma vecina a la mía. El motivo de elegir esta universidad era bien claro: en la Universidad de Cantabria no había ningún programa de doctorado que me pudiera interesar y, sin embargo, la UPV/EHU ofertaba uno que cumplía mis expectativas: el programa de psicodidáctica. Dentro de este, pude elegir aquellos cursos que se relacionaban con la didáctica, la música, la creatividad y los contextos educativos.

El camino

Recuerdo los viajes en coche de Santander a Bilbao, ciudad situada a poco más de una hora y también otros viajes a Vitoria o a Pamplona, lugares más distantes. Si evoco estos momentos con intensidad, no es por el hecho de que fueran trayectos más o menos largos, sino porque estos viajes coincidieron en un momento personal muy delicado. El año en el que empecé a hacer los cursos exigidos por el programa de doctorado era el año en el que había sido madre por primera (y última vez) puesto que, a falta de una, habían nacido mis dos preciosas hijas, mellizas. Debo decir que, si entonces para mí fue un enorme susto saber que venían dos bebés al tiempo, ahora no lo cambiaría por nada y me considero una mujer y una madre muy afortunada.

Por suerte, a pesar de que en aquel momento la situación familiar era complicada y yo marchaba de casa dejando a los bebés con más pena que gloria, contaba con todo el apoyo de mi familia más cercana, gracias a la que pude cumplir los objetivos planteados. No cabe duda de que este es un factor importante que todo doctorando debería tener presente. Afortunadamente, no estamos solos en la vida y, en mi caso, mis seres queridos más cercanos me ayudaron siempre que lo necesité. Fueron meses realmente duros y trabajosos, a pesar de que había optado, debido a esta situación personal, por cursar las materias a lo largo de dos cursos académicos, en lugar de hacerlo en uno solo. Y es que no siempre se dispone del tiempo óptimo para poder investigar con la serenidad y tranquilidad esperadas. Cada doctorando se encuentra en un momento vital en el que existen factores de tipo familiar, personal, emocional, profesional. Hacer una tesis es un compromiso más, una responsabilidad añadida al resto de las que ya se tienen.

No obstante, como dice el cantautor catalán, Joan Manuel Serrat, en la canción "Caminante", a partir de los poemas de Antonio Machado, "golpe a golpe, verso a verso … se hace camino al andar". Y por fin, dos años después, terminé los cursos. Llegados a este punto, la cosa fue algo más fácil, pues con la realización del primer trabajo de investigación, previo a la tesis doctoral, los viajes se distanciaron un poco más. Concertaba las citas directamente con mi directora, Maravillas Díaz quien, posteriormente, junto con Gotzon Ibarretxe, también dirigiría mi tesis doctoral. Las reuniones las marcábamos de forma consensuada pero flexible, porque podían variar en función de los progresos realizados por mi parte. En esta época, hacía menos rutas en carretera pero trabajaba con más constancia y tesón que, en opinión de mi directora, eran los ingredientes básicos en cualquier investigación. Sin embargo, esto no me preocupaba porque, si algo tenemos los músicos, es precisamente eso, constancia y tesón. A lo largo de mi etapa anterior como pianista, había pasado días, meses, semanas y años estudiando mi instrumento, perseverando en la idea de mejorar técnica y expresivamente, de superar obstáculos, de abordar repertorios cada vez más difíciles, de madurar musicalmente en cada una de las interpretaciones. Y es esta tenacidad en el trabajo la que se necesita para realizar con éxito un doctorado. Tocar un instrumento y escribir una tesis doctoral tienen algo en común: se convierten en una obsesión.

La tesis, una obsesión

No importa el tiempo que sea necesario para finalizar la tesis. Aunque se tenga un cronograma establecido, no se sabe a ciencia cierta cuándo el trabajo va a tener la calidad suficiente para ser presentado en tribunal público. Lo que verdaderamente importa es el camino que se recorre hora a hora, día a día, una ruta a través de la cual emergen los hallazgos, las reflexiones, el conocimiento. Volviendo al símil del intérprete, al igual que cuando se toca una obra musical y se está inmerso en un pasaje concreto, corrigiendo los errores en pro del avance en el dominio instrumental, lo importante es el empeño en el estudio, la persistencia, la voluntad y la paciencia. Si se deja un solo día de estudiar, se pierde destreza, habilidad y concentración. Y esto ocurre igual en el proceso de elaboración de una tesis.

Hay días en que la sesión de trabajo resulta productiva, son momentos de optimismo, en los que se avanza más. Otros días, en cambio, el avance se frena quedando como agua estanca, donde todo se paraliza y la sensación de fracaso es grande. El proceso podría asemejarse al llamado efecto acordeón en la carretera, que se produce cuando un vehículo aminora su velocidad, de repente, y hace que el resto de los coches que vienen detrás tenga que frenar también, provocando que la distancia entre los vehículos se acorte drásticamente. En esos momentos, es mejor levantarse del escritorio y cambiar de actividad, yendo al cine, haciendo deporte o, sencillamente, quedando en un bar con un amigo para charlar y tomar algo.

Esto es algo que pasa, sencillamente, y, por tanto, ha de tenerse en cuenta. Y no hay que alarmarse porque, al día siguiente, todo sigue ahí, donde lo dejamos. El ritual comienza y nos sentamos de nuevo a trabajar. Incluso, la diferencia es que, tras la parada del día anterior, la mente está más despejada y todo fluye mejor. El trabajo sigue ruta avanzando hacia el horizonte.

Este estado obsesivo en el que se entra cuando se hace una tesis puede estar siendo experimentado por algunos de los lectores de estas líneas. La

Real Academia Española de la Lengua, en su diccionario, define la palabra obsesión a través de dos acepciones:

1. f. Perturbación anímica producida por una idea fija.
2. f. Idea fija o recurrente que condiciona una determinada actitud.

Si hay investigadores que no se dan por aludidos, enhorabuena. Para el resto de doctorandos obsesivos, entre los cuales me incluyo, la sintomatología está bien clara. El tema de la tesis está fijado, taladrado, grabado en la mente y sólo se habla de esto, una y otra vez. En mi caso, ¿cómo pude detectar estos síntomas? Normalmente, en las reuniones con familiares o amigos, cuando éstos, por educación y consideración, básicamente, me hacían una pregunta clave: ¿Qué tal la tesis? Entonces, yo, comenzaba a contar mis avances, aquello que recientemente había descubierto, los obstáculos que estaba teniendo, la metodología utilizada... Recuerdo un día de manera especial en el que, al llegar a casa y justo en el momento en que me disponía a dormir, en los momentos previos al sueño, me percaté de que había aburrido al personal con "tanto conocimiento". A partir de ese estado de consciencia, normalmente provocado por un ligero pero crónico insomnio en el que me encontraba, también fruto de la tesis, decidí no abusar más del cariño y la confianza de mis seres queridos y me sumergí en una nueva etapa: la del encierro. Empecé un nuevo ciclo de soledad elegida y, si acaso, alterada por la única compañía de una mascota, mi gato, quien fielmente fue testigo de la neurosis académica en la que me encontraba.

La figura del director

Abandonando el tono desenfadado y un tanto exagerado, cabe reseñar que quien te acompaña de verdad, quien te entiende, te comprende y te alienta en todo momento es tu director o directora de tesis, que, además de las competencias y tareas a las que se dedica, avaladas por su trayectoria investigadora y profesional, realiza otras propias del ámbito de la psicología, el *coaching* o, incluso, la medicina. Frases como: "no puedo más", "estoy en crisis existencial", "la cabeza me va a estallar", "yo esto lo dejo", "no puedo concentrarme" y muchas otras más, son claros ejemplos de la terapia que con nosotros tiene que hacer esta persona en los momentos de crisis aguda, que llega a convertirse en nuestra aliada más fuerte.

Yo tuve la grandísima suerte de encontrarme con Maravillas Díaz, como ya he citado, que me ayudó desde el minuto cero. Ella tenía las palabras adecuadas para cada momento, corregía con dedicación y sumo cuidado, uno a uno, los párrafos que le enviaba. Recuerdo numerosos viajes a su despacho, en Bilbao, infinitas llamadas telefónicas, cientos de correos electrónicos… Años después, estoy en condiciones de afirmar que Mara es una de las personas importantes en mi vida y este sí que es un hallazgo verdaderamente importante.

He oído casos de doctorandos que se han sentido solos en este camino y con malas experiencias con sus directores, lo cual no es, en absoluto, deseable. Cuando se tienen buenos maestros, se aprenden muchas cosas de ellos, pero lo que, a mi juicio son los aspectos más valiosos de este aprendizaje se refieren a los modelos de trabajo, a la perspectiva ante lo que hacen y a su estilo personal y docente. Los doctorandos somos alumnos que nos convertimos, con el paso del tiempo, en maestros de otros. Actualmente, dirijo trabajos de investigación y a cada estudiante le recibo con el mismo respeto con el que yo fui tratada por parte de mi maestra, intentando guiarle como fui guiada. Y es a partir de este momento cuando comienzan a trazarse nuevos y maravillosos caminos compartidos.

La perspectiva aérea

Exceptuando a las personas que tienen vértigo, puedo imaginar a pocas de ellas que, habiendo visitado París, no hayan subido a la Torre Eiffel. Tener una perspectiva aérea de un lugar proporciona un conocimiento global del mismo. Desde lo alto de este símbolo nacional, se puede tener una "vista de pájaro" de los distritos parisinos, de sus monumentos principales o del curso del Sena, por citar algunos ejemplos. Asimismo, el visitante puede querer tener una perspectiva lineal y optar por perderse entre las calles de esta bella ciudad, recorriendo palmo a palmo cada rincón, adentrándose en los recovecos y disfrutando de las particularidades que cada lugar ofrece.

Igualmente, en el proceso de construcción de una tesis doctoral ha de ponerse el foco en las dos perspectivas, la aérea y la lineal. Por una parte, conviene elaborar un mapa mental de todo el trabajo, de manera que se pueda demostrar un conocimiento completo y global del mismo. Por otra, se ha de poder penetrar hasta el fondo de cada capítulo, con el fin de tapar cualquier pequeña grieta que aparezca, de coser a hilo fino con detalle y detenimiento, una a una, sus partes. Como el efecto mariposa, un cambio minúsculo en un lugar puede dar lugar a grandes modificaciones en la concepción final de la investigación y, por ello, es fundamental trabajar desde este doble enfoque.

A medida que crece el trabajo, cuantitativa y cualitativamente, es muy importante tener aprendida esta estrategia, pues será determinante para el logro de uno, que no el único, de los aspectos fundamentales de la tesis: la coherencia y la cohesión interna del documento. Una cosa es que el doctorando sea consciente y conocedor de todo lo que quiere contar y otra bien distinta es que lo escriba de manera tal, que el lector lo comprenda con claridad y sencillez para que pueda disfrutarlo. La buena organización de las ideas, la correcta estructuración de los capítulos y la brillante redacción final del texto implica haber trabajado a partir de las perspectivas global y lineal.

Los peores y los mejores momentos

Por otra parte, y avanzando hacia el capítulo final, no cabe duda alguna de que, en este reto que supone hacer una tesis doctoral, también hay momentos de pánico, ansiedad y miedo, así como otros gloriosos, emocionantes e irrepetibles. Todos ellos quedan grabados en la memoria y en la piel. Posiblemente el relato que voy a compartir aquí los contiene todos porque se corresponde con el día de la defensa de la tesis, el mismo día en que un doctorando deja de serlo para siempre.

Es el día señalado, cuando se defiende públicamente el trabajo ante un honorable tribunal, cuando se debuta. A pesar de haber ensayado en casa la presentación con el fin de ajustarse al tiempo estipulado, de haber realizado grabaciones en video para analizar el tono, el ritmo, para detectar las muletillas y los fallos al hablar, de haber escrito un guion a modo de apoyo, de tener memorizado todo el trabajo y pensada la estructura tal y como se piensa exponer, aunque se sepa al detalle cada palabra, cada dato, cada resultado, ese día, lo primero que se siente al despertar, si es que se podido dormir algo la noche previa, es una sensación nerviosa. Tanto esfuerzo, tanto tiempo invertido y, por fin, ha llegado el momento esperado que parece que nunca llegaría. Aquella mañana sentí todo esto y las preguntas que veían a mi cabeza de manera repetida, una y otra vez, eran: ¿podré hacerlo?, ¿saldrán las palabras de mi boca?, ¿me temblará la voz?, ¿se me notará que estoy nerviosa?

En un ejercicio mental de viajar en el tiempo y en el espacio, rebobinando hasta el momento exacto, intentaré describir lo más fielmente posible el que fue mi estado emocional a través de mi voz interior:

Estoy en la sala vacía. Aún no ha llegado nadie, ni los miembros del tribunal ni el público. Es la soledad del investigador una vez más. Todo está preparado y la tecnología funciona, ya he probado el cañón y la pantalla. Aun así, ya he avisado al técnico para que esté cerca por si algo ocurre de pronto. Me he puesto una ropa elegante, como merece la ocasión. Quiero dar una buena impresión. Llegan mis directores de tesis y me alientan con unas palabras de tranquilidad y confianza. Mi cabeza está repleta y parece que va a estallar. Entran los miembros del tribunal y salgo afuera, al pasillo. Toca esperar. Ya me llaman. Entro. El espectáculo va a comenzar. Las primeras palabras son de agradecimiento y no me he olvidado seguir el protocolo establecido. Mientras hablo, observo las caras de los miembros del tribunal y es imposible no percibir si uno está serio o el semblante de otro es afable. Son los todopoderosos que juzgarán mi trabajo. Siento una cierta inquietud y noto cómo el pulso está un tanto acelerado. Pero, de pronto, me escucho a mí misma hablando de la tesis y hay un punto de inflexión. Mi cabeza se centra, yo me centro, comienzo a dominar el discurso y me meto de lleno en él. Hablo y hablo sin parar. De pronto, me sorprendo porque ya he terminado. Pero, ¿cuánto tiempo ha pasado? He perdido la noción temporal. Miro el reloj y milagrosamente me he ajustado perfectamente a lo que se esperaba. Ahora el corazón late pausado y los nervios ya no están, se han esfumado y siento que hace calor. Escucho lo que tienen que decir ellos, los evaluadores, sus comentarios, observaciones, sugerencias. Anoto y afirmo con la cabeza intentando no perder la enorme concentración que tengo hasta ese momento. Llega mi turno de nuevo y respondo, uno a uno, intentando no dejarme nada en el tintero. Vuelvo a agradecer sus palabras y el acto llega a su fin.

Ni qué decir tiene que el resto del día pasó rápido y me sentí la protagonista de una película. Felicitaciones, besos, abrazos, risas, más abrazos, más felicitaciones. Alegría, felicidad, satisfacción personal, reto superado. Mis directores de tesis, los miembros del tribunal y yo comimos estupendamente, bebimos vino y champán. Charlamos durante la sobremesa de manera distendida. Por cierto, que fue excelente tribunal el que yo tuve, y puedo decir que disfruté enormemente, eso sí, desde un estado emocional a flor de piel, determinado aún por los restos de adrenalina, la que se había manifestado en dosis elevadas por todo mi cuerpo, invadiéndolo brutalmente horas atrás.

Esa noche tampoco pude dormir bien, a pesar de irme a la cama siendo ya toda una "doctora". Quizás porque era un momento idóneo para reflexionar, para echar la vista atrás y para volver a revivir una vez más el excitante día. ¿Demasiada intensidad emocional? Nunca nada es demasiado, sobre todo, si se trata de rememorar un momento tan importante, la muestra palpable que señala el final de una etapa y la constatación de que el compromiso adquirido al comienzo del camino ha devuelto sus frutos con creces. Solo por tener la oportunidad de vivir un día así, todo el esfuerzo realizado merece la pena. Quiero terminar este relato autobiográfico apuntando que, quien haya vivido este día y, al igual que yo, lo recuerde como un gran día, sabrá que estos recuerdos permanecerán para siempre aferrados en nuestra memoria y son verdaderamente las semillas que ayudaron a construir lo que ahora somos.

Algunos consejos básicos para el doctorando

- Trabaja a diario y evita procrastinar. Piensa en la moraleja de la fábula de la liebre y la tortuga: al final, no triunfa la velocidad y la pereza, sino la lentitud constante, estable y segura.
- Planifica y organiza tus tareas. La elaboración de un cronograma o calendario en el que anotes las fases y actividades a realizar ayuda mucho a ir cumpliendo objetivos.
- Ten mucho orden en tus archivos y carpetas. Es recomendable nombrar correctamente cada archivo, así como la fecha con el fin de tener un control sobre las últimas versiones. Es conveniente, igualmente, dividir la información en documentos independientes para manejar mejor el trabajo ya que, poco a poco, va tomando un volumen difícil de manejar.
- Haz copias de seguridad cada día para evitar perder información. Cada minuto de trabajo y de esfuerzo vale su peso en oro.
- Toma buena nota de las referencias bibliográficas a medida que las utilices. Aunque al principio te parezca que dedicas mucho tiempo a ello, es algo fundamental. Los gestores bibliográficos son una excelente herramienta de ayuda.

- Piensa en qué momento del día estás más lúcido y creativo, en el que notas que tienes una mayor concentración, e intenta trabajar en esa franja horaria si puede ser.
- Intenta cuidar al máximo aspectos importantes como los hábitos saludables de alimentación, el descanso y el ejercicio físico. Todo ello influye en la calidad de tu producción intelectual.
- Valora la rutina y cotidianeidad como algo positivo y piensa en las ventajas que conlleva: proporciona comodidad, incrementa la seguridad en uno mismo y ayuda a organizar los tiempos; todas ellas son beneficiosas para ti en estos momentos.
- Ten confianza en tus posibilidades y piensa en que el camino que estás trazando y transitando no sólo te enriquecerá personal y profesionalmente a ti. También va a ser un camino útil para otras personas. Tu investigación constituirá una importante aportación a la comunidad científica.

Referencias sobre la investigación realizada

Riaño M.E. (2009). La gestión de las acxtividades musicales en el G9 en contextos de Educación Formal y No Formal. En *Revista de Psicodidáctica 14*(1), 147–53. http://www.redalyc.org/articulo.oa?id=17512723010.

Riaño, M.E. (2009). Mais de um século de Educaçao musical nao formal. En *Revista de Educaçao Musical 133*, 11–18. http://www.si.ips.pt/ese_si/noticias_geral.ver_noticia?p_nr=7049.

Riaño, M.E. (2010). Educación formal y no formal en el G9. En *Eufonía. Didáctica de la Música 48*, 87-98. https://issuu.com/editorialgrao/docs/eu058_z.

Una carta a modo de cierre

Maravillas Díaz-Gómez

Querido doctorando:

Esta idea de concluir el libro, a manera de carta, viene motivada por las lecturas de los distintos capítulos que lo conforman. Como ya se anunció en la introducción, el mismo, surge del interés por dar respuesta a los muchos interrogantes, que en mayor o menor medida, todos nos hemos planteado a la hora de emprender el camino que conduce a la elaboración de la tesis doctoral.

En este sentido, cuando el Dr. Forrest nos solicitó nuestra colaboración para publicar un nuevo libro de la colección "Reflections on Doctoral Studies" lo consideramos una magnífica idea, ya que de alguna manera, pensamos que venía a completar la función que desempeñan los manuales de investigación educativa y ciencias sociales en general.

Ahora bien, la obra en cuestión, va más allá de los aspectos teóricos y epistemológicos previos que deben considerarse a la hora de enmarcar cualquier propuesta metodológica. La misma, aborda aspectos académicos y personales, que por lo cotidiano y frecuente, pueden preparar o servir de guía orientativa tanto en una posible estructura del trabajo, como para alentar a no flaquear a lo largo del proceso.

Y es, desde aquí, que me atrevo a darte algunos consejos o recomendaciones alentada por las contribuciones que hacen los autores de la obra y por la experiencia acumulada de los años dedicados a apostar por la educación artística y por ende musical (Cabedo y Díaz, 2015; Díaz 2010 y Díaz 2014) y el importante cometido que en este sentido tiene la investigación educativa (Díaz, 2003; Díaz, 2006; Díaz 2010; Díaz, 2012 y Díaz y Giráldez 2013).

Habrás leído ya, que una tesis doctoral supone un esfuerzo que lleva implícito pensar, observar, reflexionar, repensar, decidir, analizar, redactar… Investigar en educación artística significa actuar consecuentemente en el ejercicio de contribuir al desarrollo del conocimiento. De ese modo, podremos contar con una eficaz enseñanza aprendizaje de educación artística, tanto en enseñanza general en cualquier etapa y ámbito educativo, como especializada. De igual manera, tienes que ser consciente que a través de un nuevo conocimiento generado, se abren nuevos campos para la realización de posteriores investigaciones, y es por ello, como señala Fernández Ruiz (2013: 74) que tu trabajo debe convertirse en información y experiencia accesible y revisable por otros investigadores que trabajen en tu campo.

Si tienes esto presente, entenderás la importancia que tiene dar visibilidad a tu trabajo, y esto es posible, principalmente, a través de artículos publicados en revistas científicas con índice de impacto, por la difusión internacional que éstas conllevan y porque te posibilita entrar en contacto con otros investigadores atentos a tus intereses de estudio. Cierto es que no contamos con un número importante de revistas especializadas, más bien, todo lo contrario, por lo que tu compromiso se hace mucho más dificultoso que para otras áreas de conocimiento. Ahora bien, cuantas más investigaciones se vean publicadas, tanto en revistas especializadas como en revistas de educación general o psicología, vamos a ser más visibles para la comunidad científica, y en la medida del interés que despierten nuestras investigaciones, el camino a seguir, como profesor investigador, será más sencillo y evidente.

Dicho esto, tienes que tener presente que no toda la producción científica se puede evaluar por los índices de impacto (Buela-Casal, 2010), por lo que éste no debe ser tu único objetivo, tus contribuciones serán también de interés en otros soportes, en libros o capítulos de libros, algo a lo que en nuestro ámbito, dentro de la música y las artes en general, puede resultarte más habitual.

Otro objetivo a perseguir es el que puedas incorporarte, si todavía no formas parte, a un grupo de investigación. Los grupos de investigación, son unidades de organización y gestión de la actividad investigadora en el que un conjunto de personas interesadas, en una o varias líneas de investigación, se reúnen para llevar a cabo actividades investigadoras. La pertenencia a un grupo de investigación genera conocimiento, reflexión crítica y producción científica, previamente acordada en un plan de acción. La obtención de resultados del grupo viene determinada por la viabilidad y transparencia de los proyectos y acciones que lleva a cabo.

De todos modos, no pienses que va ser asequible, así, sin más, incorporarte a un grupo de investigación ya que además de motivación hacia el trabajo en grupo, hace falta encontrar al Grupo. Los grupos consolidados en disciplinas artísticas, fundamentalmente en el ámbito de la educación musical, que cuenten con un componente educativo y/o de producción, no son muy habituales en nuestras universidades. No por ello debes dejar de pensar en dicha posibilidad acercándote a investigadores que pertenezcan a un grupo o bien que deseen crear uno nuevo. En el caso de las enseñanzas especializadas, como son los centros y conservatorios superiores, tienen, de igual modo, este importante cometido, facilitar la creación de grupos de investigación para seguir apostando como, en algunos centros ya vienen haciendo, por una formación investigadora acorde con los trabajos fin de grado y otras actividades asimismo, acordes con la naturaleza y disciplinas de estos centros.

Una cuestión que me parece relevante y que siempre que tengo la oportunidad lo manifiesto, es el beneficio que supondría para nuestras áreas, la colaboración académica entre los diferentes Departamentos de la Universidad en sus áreas artísticas y los Centros de Educación Superior que imparten estudios superiores, como son los Conservatorios de Música y Danza o las Escuelas Superiores de Diseño, Arte Dramático, etc. La colaboración conjunta con docentes investigadores de estos centros tanto en proyectos de investigación como en la consecución de grupos de investigación, desde mi punto de vista, sería un paso importante de crecimiento tanto académico como social y cultural.

Por último, déjame recordarte que investigar en educación es un proceso unido a la formación y que es preciso ver esta formación investigadora como un proceso dinámico y progresivo de la profesión y función docente. Estamos ante un momento óptimo que no debemos desaprovechar, puedo asegurarte que en los últimos años ha habido un aumento importante de actividades investigadoras, que se traduce no sólo en tesis doctorales defendidas. Nuestros trabajos empiezan a ser difundidos en encuentros nacionales e internacionales. Son numerosos los espacios que en España se crean en formato Seminario, Jornadas o Congresos que te van a permitir compartir momentos de interés con colegas y que pueden servirte para intercambiar opiniones, siempre provechosas.

Y si bien, los diferentes foros que se crean en torno a los trabajos que se llevan a cabo, son de interés, aún lo es más la posibilidad de que puedas incorporarte como investigador predoctoral visitante, es decir, como estudiante de doctorado para realizar estudios o tareas de investigación bajo la tutela un profesor del centro de acogida.

Ahora sí, ya es el final, solo me queda animarte y decirte que algo que a mi me ha funcionado, a lo largo de mi carrera profesional, ha sido la pasión con la que he intentado abordar todo aquello en lo que creía. Si a mí me ha funcionado, a ti también! Ánimo!

Referencias

Buela-Casal, G. (2010). Índices de impacto de las revistas científicas e indicadores para medir el rendimiento de los investigadores, en *Revista de Psicodidáctica, 15*(1), 3–19.

Cabedo-Mas, A. y Díaz-Gómez, M. (2015). Arte y Música en la educación obligatoria. Algo más que un detalle curricular de buen tono. *Multidisciplinary Journal Educational Research, 5*(3), 268–95.

Díaz, M. (2003). Investigar en educación musical en África Rodríguez (Coord) II *Jornadas de Investigación en Educación Musical.* Universidad de Granada: Grupo Editorial Universitario, 17–28.

Díaz, M. (coord.) (2006). *Introducción a la investigación en Educación Musical.* Madrid: Enclave Creativa.

Díaz, M. (2010). Artes Integradas. ¿Se puede concebir el arte de otra manera? en Susana Espinosa (Coord.) *Artes Integradas y Educación*, (2), 43–56.

Díaz, M. (2010) Investigación musical y práctica educativa: La unión hace la fuerza, en Gabriel Rusinek, María Elena Riaño y Nicolás Oriol. (eds.) *Actas del Seminario Internacional de Investigación en Educación Musical.* SEM-EE – Universidad Complutense de Madrid, 20–9.

Díaz, M. (2012). Educación musical: Investigamos, luego avanzamos, en *Electrònica d'Investigació Innovació Educativa i Socioeducativa, 3*, 2–11.

Díaz, M. y Giráldez, A. (coord.) (2013). *Investigación cualitativa en educación musical.* Barcelona: Graó.

Díaz, M. (2014). Enseñar música en el siglo XXI en Andrea Giráldez (coord.) *Didáctica de la música en Primaria*, 13–36.

Fernández Ruiz, B. (2013). Algún día este dolor te será útil. Elaborar un trabajo de investigación en Selina Blasco (ed.) *Investigación Artística y Universidad: Materiales para un debate.* Madrid: Ediciones asimétricas.

Notas sobre los autores

María José Aramberri. Titulada Superior en Música por el Conservatorio Superior *Juan Crisóstomo de Arriaga* de Bilbao (1997 y 1984). Licenciada en Pedagogía (Universidad de Deusto, 1986) y Psicología (Universidad del País Vasco, 1987). Suficiencia Investigadora en el programa *Intervención educativa desde el enfoque cognitivo* de la UNED, Madrid (2000). Doctora en Pedagogía con la tesis *Comportamiento estratégico en el estudio de una obra musical. Estrategias metacognitivas implicadas,* en el departamento de Métodos de Investigación y Diagnóstico en Educación, MIDE II de la UNED, Madrid (2004). Profesora de Pedagogía Musical en los Conservatorios Superiores de Bilbao y Vitoria (1992–2004), y desde el 2001 hasta la actualidad, profesora del Centro Superior de Música del País Vasco, Musikene en Pedagogía e Investigación. Miembro del Consejo Asesor de Enseñanzas Musicales del Gobierno Vasco (2006–2008). Ha presentado ponencias en Jornadas y Congresos sobre educación musical y ha publicado artículos sobre estrategias y competencias en este ámbito. Como miembro de la Junta Directiva de la SEM-EE, antes Isme-España, (1997–2006), ha coordinado cursos, jornadas y encuentros sobre Educación Musical, destacando la participación como miembro del Comité Organizador de la *XXVI Conferencia Internacional de ISME,* celebrada en Tenerife en julio de 2004.

Cristina Arriaga Sanz. Titulada Superior de Música (Conservatorio Superior, Bilbao) y Ciencias de la Información (Universidad del País Vasco). Actualmente es Profesora Titular de Universidad en el Área de Didáctica de la Expresión Musical, Plástica y Corporal de la Universidad del País Vasco. Sus intereses de investigación transitan en torno a dos líneas. Por un lado, en lo que se refiere a la motivación para el aprendizaje de música en primaria, principalmente, en su relación con las formas de actuación del profesorado y las interacciones que se producen durante la práctica educativa musical. También ha investigado acerca de la didáctica de la música en los diferentes niveles educativos y en la formación del profesorado, desde un enfoque reflexivo, interdisciplinar y creativo. Ha publicado en revistas de impacto como Eufonia: Didáctica de la música, Cultura y Educación, Music Education Research y Journal of Music Technology and Education, capítulos de libro en editoriales educativas de ámbito nacional, SÍNTESIS y GRAÓ, y participado en congresos internacionales en Londres, Exeter, Évora y Vigo, entre otros. Actualmente es miembro del consejo de dirección de la Revista de Psicodidáctica y miembro del consejo editorial de la revista Eufonía: Didáctica de la Música.

Alfredo Bautista. *Research Scientist & Lecturer* en el *National Institute of Education* de Singapur (*Nanyang Technological University*), donde enseña y dirige varios proyectos de investigación e intervención educativa. Su trabajo se centra en desarrollo profesional docente y análisis de prácticas de enseñanza, principalmente en las áreas de música y matemáticas y en los niveles de educación infantil, primaria y secundaria. Nacido en Toledo, completó sus estudios musicales en el Real Conservatorio Superior de Música de Madrid, donde obtuvo el Título Superior de Piano y de Solfeo, Teoría de la Música, Transposición y Acompañamiento. También estudió en la Universidad Autónoma de Madrid, donde completó su Licenciatura y su Doctorado en Psicología. Posteriormente trabajó como investigador post-doctoral en *University of Victoria*, Canada (2009–2010) y en *Tufts University*, Estados Unidos (2011–2013). Ha publicado más de 30 artículos en las principales revistas de psicología y educación, tanto españolas como internacionales. Es Editor Asociado de las revistas 'Infancia y Aprendizaje', 'Pedagogies: An International Journal' y 'Psychology, Society and Education' y colabora como revisor habitual de 17 revistas. Dirige las tesis de varios estudiantes de master y doctorado. En sus ratos libres, le gusta viajar, pasar tiempo su familia y sus amigos, nadar, ir a conciertos, y por supuesto, escuchar los Oratorios de Händel.

Noemy Berbel Gómez. Profesora del área de Didáctica de la Expresión Musical y Vicedecana de la Facultad de Educación en la Universitat de les

Illes Balears, España. Doctora en Investigación e Innovación Educativa por la misma Universidad. Titulada Superior de Música en las especialidades de: Piano; Solfeo, Teoría de la Música, Transposición y Acompañamiento; Pedagogía Musical; y Armonía, Contrapunto y Composición, por el Conservatorio Superior de Música de las Illes Balears. Licenciada en Economía, por la Universitat de les Illes Balears. Sus líneas de investigación se centran en la educación musical, creatividad e interdisciplinariedad y evaluación de centros educativos. Ha participado como ponente en congresos de carácter nacional e internacional y ha publicado diversos estudios en libros y revistas especializadas.

Alberto Cabedo Mas. Profesor de educación musical en la Universidad Jaume I de Castellón, España. Estudió música, en la especialidad de violín, en el Conservatorio Superior de Música "Salvador Seguí" de Castellón y obtuvo un Máster en Música en la Estonian Academy of Music and Theatre, en Tallinn, Estonia y, posteriormente, un Máster en Estudios de Paz, Conflictos y Desarrollo en la Universidad Jaume I de Castellón, España. Es doctor por esta misma Universidad. Ha desarrollado estancias de investigación e impartido docencia en diferentes universidades de España, Reino Unido, Nicaragua, Singapur o Australia. Es autor de diversos libros y artículos en revistas científicas nacionales e internacionales. Es miembro del consejo de dirección de la revista Eufonía: Didáctica de la Música y actúa como revisor en diferentes revistas científicas nacionales e internacionales. Ha dirigido y participado en numerosos proyectos de investigación nacionales y en colaboración con instituciones internacionales. Sus intereses de investigación incluyen la educación musical, la formación de profesorado, la convivencia, la interculturalidad y la transmisión musical a través de las culturas.

Antonio J. Calvillo Castro. Doctor en Educación con una tesis sobre música y *Flipped Learning* por la Universidad de Valladolid (2014). DEA en Innovación e Investigación educativa con un trabajo sobre creatividad sonora en el aula de Secundaria por la Universidad de Alicante (2010). Licenciado en Geografía e Historia – Historia del Arte: Musicología por la Universidad de Granada. Ha trabajado impartiendo asignaturas de libre elección en la Universidad de Alicante relacionadas con la edición de sonido y de partituras para el alumnado de Grado en Educación Musical; o con la Universidad de

Carabobo (Venezuela) en el Congreso Internacional "Música y Movimiento". Ponente en distintos congresos, jornadas y cursos presenciales y a distancia de diferentes entidades, tanto públicas como privadas, españolas y extranjeras. Ha diseñado, dirigido y/o tutorizado distintos cursos a distancia y presenciales sobre *flipped learning*. Posee varios libros escritos y numerosos artículos en revistas especializadas y divulgativas, algunos de ellos, sobre *flipped*, evaluación con metodologías activas o gamificación en el aula. Desarrolla su labor profesional como profesor de música en el IES Cristóbal Colón de Sanlúcar de Barrameda (Cádiz) donde imparte clases *flipped* desde 2013. Su tesis doctoral es la primera sobre el modelo *flipped learning* en habla hispana.

Lourdes Cilleruelo. Doctora en Bellas Artes, Profesora Agregada y Directora del Departamento de Didáctica de la Expresión Musical, Plástica y Corporal de la UPV/EHU. Ha desarrollado una intensa carrera investigadora y docente en la intersección arte, ciencia y tecnología, cuyo eje ahora se desplaza hacia la Educación Artística: los Problemas Deseados, una metáfora que alude a la potencialidad de las prácticas artísticas transdisciplinares para la construcción de un curriculum transversal basado en dicha intersección. Entre sus publicaciones, destacan los libros *Net.art. Prácticas estéticas y políticas en la red* (2006) que forma parte de bibliografías especializadas, *Lo digital en el Arte* (2008), cuaderno didáctico para el MNCARS, o más recientemente *Desired Problems: an artistic approach in the field of Neural Networks* (2015). Ha publicado en revistas como Aleph, Arte y Políticas de Identidad, Papers d'art, Revista de Bellas Artes o IJETA donde recientemente ha publicado *Mongo, Refuse or Resource? Residual narrations, an opportunity for the development of critical thinking and creative capacity*. Además ha comisariado *seARchT engines: de(sin)formación, una muestra de net.art* (Festival de Creación Audiovisual de Navarra, 2001). Ha formado parte de distintos jurados y comités científicos, y ha organizado *Expanded Cinema* (VTV, 2004) y *Arte y tecnología*, cuyas seis ediciones han contado con teóricos y artistas de nivel internacional.

Baikune de Alba Eguiluz. Doctora por la Universidad del País Vasco y Titulada Superior en Música en las especialidades de Composición y de Dirección de Orquesta. Ha realizado asimismo los cursos de postgrado de Master en Administración Pública (Universidad del País Vasco) y Master en Dirección y Gestión de Centros Educativos (Universidad de Deusto/

Universidad Autónoma de Barcelona). Ha sido profesora en la Escuela Municipal de Música de Santurtzi, desempeñando además el cargo de directora. Ha formado parte de la directiva de la Asociación de Escuelas de Música del País Vasco (EHME), siendo su presidenta entre los años 2008 al 2010. En este mismo periodo presidió la Unión de Escuelas de Música y Danza (UEMYD), representando al colectivo en European Music Schools Union (EMU). Actualmente es Profesora en el Departamento de Didáctica de la Expresión Musical, Plástica y Corporal en la Escuela Universitaria de Magisterio de Bilbao (Universidad del País Vasco), en los Grados de Maestro en Educación Infantil y en Educación Primaria.

Maravillas Díaz Gómez. Doctora en Filosofía y Ciencias de la Educación, profesora jubilada del área de Didáctica de la Expresión Musical en la Universidad del País Vasco. Sus intereses de investigación giran en torno a currículum y educación artística, creatividad e interculturalidad. Autora de diversas publicaciones en libros y revistas especializadas. Ha impartido numerosos cursos como profesora invitada y dirigido congresos, jornadas y conferencias destacando la dirección de la XXVI Conferencia de la *International Society for Music Education*, celebrada en julio de 2004. Ha participado en numerosos Comités Científicos nacionales e internacionales como evaluadora experta, asimismo, es invitada como conferenciante en diversos foros de investigación y docencia en España, Portugal, Brasil, Ecuador, Argentina, Chile, México e Italia. Durante los años 1996–2006 ha presidido la Sociedad para la Educación Musical del Estado Español (SEM-EE). Es miembro del Consejo Asesor de Enseñanzas Musicales de Euskadi del Departamento de Educación, Cultura y Política lingüística del Gobierno Vasco. Ha dirigido el máster de investigación en Psicodidáctica: Psicología de la Educación y Didácticas Específicas de la Universidad del País Vasco (2011–2015) y ha sido miembro de la Comisión Permanente de la Escuela de Máster y Doctorado de su Universidad (2012–2015).

Clarissa Gomes Foletto. Doutora em música no ramo do ensino instrumental e mestre em música/performance pela Universidade de Aveiro (Portugal), especialista em análise musical e música de câmara pela Escola de Música e Belas Artes do Paraná (Brasil) e graduada em violino pela Universidade Federal de Santa Maria (Brasil). No âmbito do seu doutoramento, realizou um período de estudos (ERASMUS) de 6 meses no *University College of London/ Institute of Education* que lhe permitiu obter o título de doutoramento europeu. Clarissa possuí formação pedagógica como professora de violino pela *Suzuki Association of the Americas*. As suas atividades pedagógicas incluem os anos como professora de violino, música de câmara e orquestra em conservatórios e academias no Brasil e em Portugal. A sua colaboração com a comunidade do ensino instrumental vem sendo destacada pelos diversos convites para seminários e palestras para professores e pais e ainda pelo trabalho ativo na delegação portuguesa da ESTA (*European String Teachers Association*), no qual foi membro fundador e atualmente faz parte da direção. Também mantém ativa participação na ESTA internacional fazendo parte do grupo de trabalho *"Public relations, publicity and communication"*. Atualmente é investigadora integrada no Instituto de Etnomusicologia – Centro de estudos de Música e Dança (INET-md) e pós-doutoranda na Universidade de Aveiro, ambos em Portugal. Além de sua atividade como pesquisadora e professora, Clarissa desenvolve uma prática artística regular como performer e compositora no grupo *Atma Kirtana*.

Estela García Ballesteros. Doctora en Bellas Artes por la Universidad de Vigo. Obtuvo en el año 2000 el Grado Medio de Música en la especialidad de Piano. Tras los cursos de doctorado "Modos de Conocimiento en la Práctica Artística Contemporánea" en la Facultad de Bellas Artes de Pontevedra, empieza en 2009 su relación con el *Musiktheater* en Alemania, realizando unas prácticas como atrezzista en el Stadttheater de Augsburg dentro del programa de becas Leonardo da Vinci. En el año 2011 obtiene una beca del Ministerio de Educación para una estancia de investigación en el Internationales Musikinstitut de Darmstadt. Tras la obtención del título de doctor en el año 2013 participa en una residencia Artística en el Sim Reykjavik, Islandia. Desde mayo del 2013 vive y trabaja en Stuttgart, Alemania, participando en varios proyectos teatrales como asistente de escenario y vestuario. En su práctica personal, combina una vertiente pictórica con otras prácticas más cercanas a la performance, el teatro y la música contemporánea

Felipe Gértrudex Barrio. Contratado Doctor en la Universidad de Castilla-La Mancha, área de Didáctica de la Música y Vicedecano de la Facultad de Educación de Toledo. Con un sexenio de investigación y acreditado como

TU, ha sido IP de cinco proyectos de investigación y miembro investigador en catorce. Ha dirigdo tres proyectos de innovación docente y ha participado en dieciséis. Es IP del Grupo de Investigación CIBERIMAGINARIO-UCLM, miembro del grupo CIDoM, y actualmente lleva la dirección de doce tesis doctorales. Ha recibido los Premios Extraordinarios en los Títulos Superiores en Musicología y Guitarra; Premio Nacional Fundación Jacinto e Inocencio Guerrero en la Modalidad de Musicología y 1er Premio de Interpretación concedido por la SGAE. Desde 1993, Funcionario de Carrera de los Cuerpos de Enseñanza Secundaria y de Enseñanzas Artísticas (ambos en excedencia). Profesor visitante en la Universidad Católica de Chile, Universidad de Managua, Universidad Complutense y Universidad UNINORTE de Barranquilla. Autor de 32 artículos en revistas nacionales e internacionales, 14 capítulos de libro, 3 monografías, 10 libros coordinados, coordinador de 12 publicaciones de contenidos digitales y director artístico de 78 ediciones artísticos en distintos formatos de grabación (Casette, LP, CD). Ha participado en 45 congresos internacionales (Chile, México, Colombia, Brasil, Portugal, Francia).

Andrea Giráldez Hayes. Doctora en Filosofía y Ciencias de la Educación por la UNED, Experto Profesional en e-learning (UNED), Posgrado en Soft Skills y Aprendizaje Experiencial (University of Roehampton) y Profesora Superior de Pedagogía Musical (Universidad Nacional de Córdoba – Argentina). Actualmente trabaja como consultora internacional en artes y educación para la Organización de los Estados Iberoamericanos para la Educación, la Ciencia y la Cultura y para Ministerios de Educación y Cultura latinoamericanos, y es directora de e-learning en Growth Coaching Online, tareas que compatibiliza con su dedicación a tiempo parcial como Profesora Titular de Universidad. Colabora habitualmente como profesora invitada en distintas universidades, entre ellas la UNED (España, 2002–2012), la UNAM (México, 2013–2016), la Universidad de Jaén (2014–2016) o la Universidad del País Vasco (2016). Desde 2009 dirige el curso de Especialista Universitario en Educación Artística, Cultura y Ciudadanía (OEI – Universidad de Valladolid). En junio de 2015 fue nombrada miembro de número del Consejo de Honor Internacional de la Academia Mexicana para la Educación e Investigación en Ciencias, Artes y Humanidades.Sus principales líneas de investigación giran en torno a la Educación Artística en el contexto iberoamericano y el coaching como estrategia para el desarrollo personal y profesional del profesorado. Es autora de artículos publicados en revistas indexadas y de numerosos libros, entre otros: *Didáctica de la Música* (Síntesis, 2013); *7 ideas clave, la competencia cultural y artística* (Graó, 2012); *Investigación cualitativa en educación musical* (Graó, 2013); *Educación Artística, Cultura y Ciudadanía: De la Teoría a la Práctica* (OEI, 2012); *La competencia cultural y artística* (Alianza, 2007).

Magdalena Jaume. Licenciada en Bellas Artes y Doctora en Teoría e Historia por la Universidad de Barcelona. Profesora de Educación Artística y Estética, y de Proyectos Artísticos en la Universitat de les Illes Balears. Ha realizado su tesis doctoral sobre el proceso de trabajo del pintor Henri Matisse. Miembro del Grupo de Investigación GRAiE, en Arte y Educación y colaboradora en el Grupo de Investigación en Primera Infancia y en el Grupo de Investigación en Patrimonio Cultural y Artístico, del Departamento de Historia del Arte de la UIB. Co-dirige la revista Quaderns de Didàctica Artística de la Universitat de les Illes Balears y coordina actividades de proyección cultural en la Associació d'Idees, Centre d'Investigacions Estètiques, de Sant Cugat del Vallés, Barcelona. Comisaria en exposiciones sobre arte y arquitectura moderna. Ponente en congresos internacionales y nacionales sobre arte y educación artística. Ha colaborado en proyectos de arquitectura premiados y construidos. Realiza proyectos de investigación en arte moderno y contemporáneo como instrumento pedagógico, y proyectos de innovación docente y nuevas metodologías en colaboración con centros educativos y museos.

Remigi Morant Navasquillo. Premio Extraordinario de Doctorado en Educación (Didáctica de la Música) por la Universidad Jaume I de Castellón. Ha trabajado 15 años como asesor de educación musical en la Conselleria de Educación de la Generalitat Valenciana. Es director del Departamento de Didáctica de la Expresión Musical, Plástica y Corporal de la Universidad de Valencia y vicepresidente/responsable educativo de la Federación de Sociedades Musicales de la Comunidad Valenciana. Es miembro del Instituto Universitario de Creatividad e Innovaciones Educativas de la Universidad de Valencia. Sus principales líneas de investigación son: TIC aplicadas a la enseñanza de la música, Escuelas de Música, Enseñanza formal, no formal e informal de la música, La banda sonora de la programación infantil de televisión y Buenas prácticas en educación musical. Ha publicado en distintas editoriales nacionales e internacionales y también en revistas indexadas especializadas en educación musical.

Adolf Murillo Ribes. Doctor en Educación por la Universitat Jaume I de Castelló. Licenciado en música por el Conservatorio Superior de Barcelona y especialista universitario en música electrónica y vídeo creación por la Universitat Politècnica de València (UPV). Es funcionario de carrera por el cuerpo de profesores de Educación Secundaria. Actualmente es asesor de formación del profesorado en la Consejería de Educación de la Generalitat Valenciana y profesor del master de música de la UPV. Ha recibido importantes premios dentro del campo de la didáctica y pedagogía musical entre los que cabe destacar: el primer premio de didáctica en la Universidad de Vic (Barcelona) en 2002 y 2006 con los premios de innovación educativa de la Generalitat Valenciana, 2013 Premio a Maestros y Profesores Baldiri Reixac por su ensayo pedagógico "Diario de una NO propuesta", Premio Simo 2016 de innovación tecnológica en programación y robótica por el proyecto Soundcool. Participa como investigador y responsable pedagógico en el proyecto Soundcool: creación colaborativa a través de dispositivos móviles (UPV). Sus líneas de investigación están centradas en la creatividad, creación colaborativa, música contemporánea y las nuevas tecnologías. Desde el año 2015 es miembro del consejo de dirección de la revista Eufonía de Graó.

João Paulo Queiroz. Curso Superior de Pintura pela Escola Superior de Belas-Artes de Lisboa. Mestre em Comunicação, Cultura, e Tecnologias de Informação pelo Instituto Superior de Ciências do Trabalho e da Empresa (ISCTE). Doutor em Belas-Artes pela Universidade de Lisboa. É professor na Faculdade de Belas-Artes desta Universidade (FBAUL). Coautor dos programas de Desenho (10º ao 12º anos) do Ensino Secundário. Coordenou ações de formação de professores. Autor do livro "Cativar pela imagem, 5 textos sobre Comunicação Visual". Coordenou o Congresso Internacional CSO-Criadores Sobre outras Obras (em 2010, 2011, 2012, 2013, 2014, 2015, 2016, 2017) e diretor das revistas académicas "Estúdio" ISSN 1647-6158 (16 números publicados), "Gama" ISSN 2182-8539 (8 números publicados), e "Croma" ISSN 2182-8547 (8 números publicados). Também é Coordenador do Congresso Internacional Matéria-Prima: Práticas das Artes Visuais no

Ensino Básico e Secundário (edições em 2012, 2013, 2014, 2015, 2016) e dirige a Revista "Matéria-Prima" ISSN 2182-9756 (10 números publicados). Membro de diversas comissões e painéis científicos, de avaliação, e de conselhos editoriais internacionais. Integrou painéis de atribuição de Bolsas de Doutoramento e de Pós-Doutoramento da Fundação para a Ciência e Tecnologia (FCT), sendo em 2016 o presidente do júri do painel "Artes". Apresentou o seu trabalho em 16 exposições individuais e numerosas coletivas. Prémio de Pintura Gustavo Cordeiro Ramos pela Academia Nacional de Belas-Artes em 2004.

María Elena Riaño Galán. Titulada Superior de Música (Conservatorio Superior, Madrid). Doctora en Filosofía y Ciencias de la Educación (Universidad del País Vasco). Profesora Contratada Doctora en el Área de Didáctica de la Expresión Musical, Facultad de Educación (Universidad de Cantabria). Algunas líneas de investigación son: música y creatividad, creación artística contemporánea y TICs y educación musical. Con respecto a esta última, en 2015 y 2016 recibió dos premios nacionales SIMO a la Innovación Educativa. Posee una larga experiencia en gestión: en la Universidad de Cantabria, Directora del Aula de Música, Vicerrectorado de Extensión Universitaria (2009–2012); Directora de Área de Participación y Difusión (2012–2013); Directora de Cursos de Verano de Especialización Musical (2009–2012) y Coordinadora de Pruebas de Acceso a la Universidad (PAU) (2015–2016). Asimismo, fue presidenta de SEM-EE (Sociedad para la Educación Musical del Estado Español) (2006–2011). Actualmente, es miembro del Consejo de Dirección de la revista *Eufonía. Didáctica de la Música*. Ha realizado diversas estancias docentes e investigadoras por Europa y ha participado en comités organizadores y científicos de congresos internacionales. Recientemente, ha entrado a formar parte del equipo investigador de un proyecto relacionado con el uso del sistema interactivo de creación sonora colaborativa *Soundcool* en ámbitos educativos (2016–2019).

Teresa Torres de Eça. Artista Plástica e Professora de Artes Visuais. Investigadora auxiliar do Núcleo de Educação Artística do Instituto de Investigação em Arte, Design e Sociedade (i2ADS), Faculdade de Belas Artes, Universidade do Porto. Presidente da International Society for Education Through Art-InSEA (2014–2017); Presidente da Associação de Professores de Expressão e Comunicação Visual – APECV (2008–2016); Diretora do Centro de Formação de Professores Almada Negreiros (APECV); Colabora também com o Centro de Investigação em Artes e Comunicação (CIAC) – Universidade Aberta, Portugal. Editou vários livros e escreveu vários artigos em revistas internacionais sobre educação artística. É co-editora das E-publicações internacionais IMAG (InSEA Emagazine) e revista Ibero-Americana de Pesquisa em Educação, Cultura e Artes Invisibilidades.

Ana Luísa Veloso. É Bolseira de Pós-Doutoramento no CIPEM/INET-md – Centro de Investigação em Psicologia da Música e Educação Musical, polo do Instituto Politécnico do Porto no Instituto de Etnomusicologia – Centro de Estudos em Música e Dança. É Doutorada em Música na área da Educação pela Universidade de Aveiro, com uma bolsa da FCT (Fundação para a Ciência e Tecnologia), tendo sido orientada pela Doutora Sara Carvalho e Doutora Graça Mota. Tem vindo a desenvolver diversos projetos nos domínios da música e da educação, mais especificamente nas áreas da criatividade, composição musical, improvisação, música em contextos não formais, música e transformação pessoal e social. Tem também vindo a participar em diversas conferências nacionais e internacionais através da comunicação de papers ou participação em painéis, e a publicar diversos artigos e capítulos em livros nacionais e internacionais sobre estas temáticas. É coordenadora nacional da European Association for Music in Schools, membro da direção da Associação Portuguesa de Educação Musical e diretora da Revista Portuguesa de Educação Musical. Mantém ativamente a sua atividade enquanto música e guitarrista, colaborando em diversas formações ligadas à improvisação, à música contemporânea, experimental e à sound art.
https://cipem.wordpress.com/musica-na-comunidade/quadro-de-investigadores-ana-luisa-veloso/.

Lightning Source UK Ltd.
Milton Keynes UK
UKHW041421081221
395308UK00002B/326